Schriften zum Arbeitsrecht und Wirtschaftsrecht

Herausgegeben von Abbo Junker

Band 76

Das Recht der Arbeitnehme

Jennifer Junker

Das Recht der Arbeitnehmerüberlassung in Japan

PL ACADEMIC RESEARCH

Bibliografische Information der Deutschen Nationalbibliothek
Die Deutsche Nationalbibliothek verzeichnet diese Publikation in der Deutschen Nationalbibliografie; detaillierte bibliografische Daten sind im Internet über http://dnb.d-nb.de abrufbar.

Zugl.: München, Univ., Diss., 2012

D 19
ISSN 1433-4666
ISBN 978-3-631-62711-2

PL Academic Research ist ein Imprint der Peter Lang GmbH

www.peterlang.de

Dank an meine Eltern und Freunde, die mich hierbei unterstützt haben

Gliederung

Inhaltsverzeichnis

Abkürzungsverzeichnis

§	Paragraph
Abs.	Absatz
a. F.	Alte Fassung
ALT	Assistant Language Teacher
APSG	Arbeitsplatzsicherungsgesetz (Japan)
APSG-VO	Ausführungsverordnung des Ministeriums für Gesundheit, Arbeit und Soziales zum Arbeitsplatzsicherungsgesetz (Japan)
ArbAusführung	Arbeitsausführung
ArbLeistung	Arbeitsleistung
ArbN	Arbeitnehmer
Art.	Artikel
ASG	Arbeitsstandardgesetz (Japan)
ASG-VO	Ausführungsverordnung des Ministeriums für Gesundheit, Arbeit und Soziales zum Arbeitsstandardgesetz (Japan)
AÜG	Arbeitnehmerüberlassungsgesetz (Deutschland)
AVG	Arbeitsvertragsgesetz (Japan)
BetrVG	Betriebsverfassungsgesetz (Deutschland)
BR-Drucks.	Bundesratsdrucksache
BT-Drucks.	Bundestagsdrucksache
Co.	Company
CGZP	Tarifgemeinschaft Christliche Gewerkschaften Zeitarbeit und PersonalService-Agenturen
DGB	Deutscher Gewerkschaftsbund
EG	Europäische Gemeinschaft
Einl.	Einleitung
ERI	Economic Research Institute
Et al.	Et alii/et aliae (Deutsch: „und andere“)
f.	Folgende
ff.	Fortfolgende
G5	Gruppe der fünf größten Industrienationen (heute G8)
GBG	Gesetz zur gleichen Beschäftigungsmöglichkeit und zur Gleichbehandlung von Männern und Frauen (Japan)
GewG	Gewerkschaftsgesetz (Japan)
Hinsichtl.	Hinsichtlich

HRM	Human Resource Management
Hrsg.	Herausgeber
HS.	Halbsatz
IAO	Internationale Arbeitgeberorganisation
ICESCR	Internationaler Pakt über wirtschaftliche, soziale und kulturelle Rechte
IIRA	International Industrial Relations Association
JASSA	Japan Staffing Service Association
JAÜG	Gesetz zum Schutz von Leiharbeitnehmern und zur Sicherung der ordnungsgemäßen Durchführung von Arbeitnehmerüberlassungsgeschäften (Japan)
JAÜG-A	Ausführungsanordnung des Kabinetts zum Arbeitnehmerüberlassungsgesetz (Japan)
JAÜG-VO	Ausführungsverordnung des Ministeriums für Gesundheit, Arbeit und Soziales zum Arbeitnehmerüberlassungsgesetz (Japan)
JBGB	Zivilgesetzbuch (Japan)
JETRO	Japan External Trade Organization
JILPT	Japan Institute for Labor Policy and Training
Job-AQTIV-Gesetz	Gesetz zur Reform der arbeitsmarktpolitischen Instrumente; AQTIV steht dabei für „Aktivieren, Qualifizieren, Trainieren, Investieren und Vermitteln“ (Deutscher Bundestag, Stenographischer Bericht, 190. Sitzung am 27. September 2001, Plenarprotokoll 14/190, 18511)
JPRI	Japan Policy Research Institute (an der Universität von San Francisco)
JV	Verfassung von 1947 (Japan; zu unterscheiden von der Meiji-Verfassung)
LeiharbeitsRL	Leiharbeitsrichtlinie
Lit.	litera
Ltd.	Limited
M + E	Metall- und Elektro-Industrie
n. F.	Neue Fassung
No.	Number (Englisch)
Nr.	Nummer
Rn.	Randnummer
S.	Seite

Slg.	Amtliche Sammlung des Europäischen Gerichtshofs
SSE	Stockholm School of Economics
TWSAJ	Temporary Work Services Association of Japan (Bezeichnung der JASSA von 1986 bis 1994)
TzBfG	Gesetz über Teilzeitarbeit und befristete Arbeitsverträge (Deutschland)
TzG	Gesetz zur Verbesserung des Beschäftigungsmanagements bei Teilzeitarbeitskräften (Japan)
u. a.	Unter anderem
UCLA	University of California, Los Angeles
UN-Komitee	Komitee der Vereinten Nationen
Unterabs.	Unterabsatz
USA	United States of America (in diesem Zusammenhang auch „US-amerikanisch“)
Vol.	Band
WZB	Wissenschaftszentrum Berlin für Sozialforschung

Einleitung

> *„Häufig wird das kritische Empfinden der Unzulänglichkeit einer Lösung in der eigenen Rechtsordnung zu der Untersuchung drängen, ob ausländische Rechtsordnungen vielleicht besseres zustande gebracht haben.“*[1]

Außerhalb des europäischen Rechtsraumes bietet sich insbesondere ein Blick auf die japanische Rechtsordnung an, da deren Ursprung nicht nur im französischen und US-amerikanischen, sondern auch im deutschen Recht liegt.

Im Rahmen der sogenannten „Meiji-Restauration“ (明治維新, *Meiji Ishin*), die mit dem Tod des Kaisers Kômei und der Rückübertragung der Macht vom *Shôgun* (将軍) auf den *Tennô* (天皇) im Jahr 1868 ihren Anfang fand[2], wurden deutsche Rechtsgelehrte nach Japan eingeladen, um bei der Reform der Rechtsordnung mitzuwirken[3]. Aus diesem Grund wiesen vor allem die ersten Entwürfe des Handelsgesetzbuches, des Zivilgesetzbuches, der Zivilprozessordnung, des Gerichtsverfassungsgesetzes und der Meiji-Verfassung Ähnlichkeiten mit den deutschen Kodifikationen auf[4].

Später gelangten auch Rechtstheorien aus Deutschland nach Japan. Hierzu gehörten das Prinzip der positiven Vertragsverletzung, die Trennung von Stück- und Gattungskauf, die Verzugs- und Unmöglichkeitslehre, der Grundsatz der culpa in contrahendo sowie der Schadensbegriff bei der Naturalrestitution[5]. In einem Prozess der Rechtsvergleichung wurden die deutschen Theorien dem japanischen Rechtsdenken angepasst und in ein einheitliches, der japanischen

---

1 Zweigert/Kötz, S. 33.

2 Röhl, in: Baum/Stiege (Hrsg.), S. 45; Marutschke, S. 35; Jehle/Lipp/Yamanaka, in: Jehle/Lipp/Yamanaka (Hrsg.), S. 5; Kaufman, S. 500; Matsumoto, Europäische Geschichte Online, 3. Dezember 2010.

3 Röhl, in: Baum/Stiege (Hrsg.), S. 45; Marutschke, S. 37; Sanders, Zeitschrift für europäisches Privatrecht 2002, S. 99 Fußnote 21.

4 Näheres hierzu bei: Rahn, S. 95 ff.; Röhl, in: Baum/Stiege (Hrsg.), S. 46 ff.; Schenck, S. 97/98, 102 ff.; Marutschke, S. 37 ff.; Wendehorst, in: Jehle/Lipp/Yamanaka (Hrsg.), S. 23 f.; Matsumoto, Europäische Geschichte Online, 3. Dezember 2010.

5 Sanders, Zeitschrift für europäisches Privatrecht 2002, S. 117/118; Richter, Die Harmonisierung des europäischen Privatrechts und ihre Auswirkungen auf das japanische BGB, S. 1.

Tradition und dem Selbstverständnis Japans Rechnung tragendes Rechtssystem überführt[6].

Während Japan sich in der Vergangenheit am deutschen Recht orientierte, besteht für Deutschland in der Zukunft eventuell Bedarf an einer Orientierung am japanischen Recht. Grund hierfür könnte die in Deutschland häufig kritisierte Starrheit des Rechts sein[7]. Die Flexibilität des japanischen Arbeitsrechts und der Arbeitsbeziehungen wird oftmals als Ursache dafür herangezogen, dass sich die japanische Wirtschaft in Krisenzeiten schnell wieder erholte[8]. So fehlt es zum Beispiel im japanischen Kündigungs- und Befristungsrecht an konkreten Gesetzesvorschriften. Die wenigen vorhandenen Vorschriften sind meist abstrakt gehalten und begnügen sich mit der Festsetzung niedriger Standards[9]. Auch das Richterrecht, das in Japan eine entscheidende Rolle in der Rechtsformung einnimmt, ist eher zurückhaltend mit der Aufstellung allgemeiner Rechtsgrundsätze und der Formulierung konkreter Kriterien[10].

Gerade hinsichtlich des deutschen Arbeitnehmerüberlassungsrechts herrscht seit Jahren Unzufriedenheit in Literatur und Rechtsprechung. Es wird nicht nur die mangelnde Notwendigkeit bestimmter Rechtsnormen[11] sowie deren begriffliche Unklarheit[12] kritisiert, sondern vor allem die Umsetzung des Gleichbehandlungsgrundsatzes[13] sowie des Missbrauchsschutzes[14]. Da auch das japanische Arbeitnehmerüberlassungsgesetz auf einen deutschen Ursprung zurückblickt[15], könnten sich Lösungsansätze für gegenwärtige oder zukünftige Probleme unter Umständen dort finden lassen.

---

6 Marutschke, S. 2.

7 Dieterich, Recht der Arbeit 2002, S. 2.; Reichold, Recht der Arbeit 2002, S. 321 ff.; Niemann/Sauga/Schlegel, Der Spiegel, 6/2002, S. 82/83; Schlachter/Meinhardt, Recht der Internationalen Wirtschaft 2003, S. 764; Rüthers, Neue Juristische Wochenzeitschrift 2003, S. 546; Höpfner, Neue Zeitschrift für Arbeitsrecht – Beilage 2011, S. 97.

8 Araki, Zeitschrift für ausländisches und internationales Arbeits- und Sozialrecht 1993, S. 1.

9 Nishitani, Zeitschrift für japanisches Recht, Vol. 10 (2000), S. 74.

10 Nishitani, Zeitschrift für japanisches Recht, Vol. 10 (2000), S. 74.

11 Zum Beispiel: Hamann, in: Schüren/Hamann (Hrsg.), AÜG, 4. Auflage, 2010, § 1 Rn. 361, 483, 522; Hamann, Europäische Zeitschrift für Arbeitsrecht 2009, S. 301 ff.

12 Zum Beispiel: Lembke, Der Betrieb 2011, S. 414/415.

13 Zum Beispiel: Bauer/Krets, Neue Juristische Wochenschrift 2003, S. 538, 545; Hamann, JURA 2003, S. 365; Rieble/Klebeck, Neue Zeitschrift für Arbeitsrecht 2003, S. 28; Grobys/Schmidt/Brocker, Neue Zeitschrift für Arbeitsrecht 2003, S. 777 ff.; Bayreuther, Neue Zeitschrift für Arbeitsrecht 2005, 341 ff.; Schüren, Recht der Arbeit 2006, S. 304 ff.; Waltermann, Neue Zeitschrift für Arbeitsrecht 2010, 482 ff.

14 Zum Beispiel: Lembke, Der Betrieb 2011, S. 419.

15 Nishitani, S. 305/306.

Bisher existiert kein umfassendes Werk zum japanischen Arbeitnehmerüberlassungsrecht in englischer oder deutscher Sprache. Die meisten japanischen Sachbücher (mit Ausnahme der Kommentare) sind lediglich Handbücher für Verleihunternehmen und Leiharbeitnehmer und genügen somit nicht dem wissenschaftlichen Anspruch an eine umfassende rechtliche Würdigung. Diese Abhandlung hat sich daher zum Ziel gesetzt, das Recht der japanischen Arbeitnehmerüberlassung zu analysieren und verständlich darzustellen. Als Methode wurde zu diesem Zwecke nicht die Rechtsvergleichung gewählt, da eine Rechtsvergleichung erst nach systematischer Erarbeitung der gegenwärtigen Rechtslage sinnvoll erscheint. Die Abhandlung beschränkt sich stattdessen auf die normbezogene und deskriptive Darstellung[16] der japanischen Rechtsordnung, welche die Diskussion anregen und den Boden für eine spätere Rechtsvergleichung ebnen soll. Soweit zwischen japanischem und deutschem Recht für einen Rechtsvergleich bedeutsame Unterschiede bestehen, wird an der entsprechenden Stelle im Text darauf eingegangen.

Im ersten Kapitel wird der Rahmen der vorliegenden Abhandlung anhand einer Begriffsbestimmung sowie einer Abgrenzung zu anderen Beschäftigungsformen auf dem japanischen Arbeitsmarkt abgesteckt. Die Bedeutung der Arbeitnehmerüberlassung für den japanischen Arbeitsmarkt unter Berücksichtigung des Begriffs des nicht-regulären Beschäftigten und des Prinzips der lebenslangen Beschäftigung ist Gegenstand des zweiten Kapitels. An die Darstellung des gesetzlichen Rahmens der Arbeitnehmerüberlassung (Kapitel 3) schließt sich die Darstellung der historischen Entwicklung des Arbeitnehmerüberlassungsrechts an (Kapitel 4). Aufgrund der Abänderung des sachlichen Geltungsbereichs des Arbeitnehmerüberlassungsgesetzes im deutschen Rechtsraum durch die Reform im Jahr 2011 wird in Kapitel 5 eine Analyse des Geltungsbereichs des japanischen Gesetzes vorgenommen. Kapitel 6 gibt einen Überblick über die im Gesetz vorgesehenen Einstellungsformen in der Leiharbeit sowie die Voraussetzungen, die zur Vornahme von Arbeitnehmerüberlassungen vom Gesetzgeber aufgestellt wurden. In Kapitel 7 werden die einzelnen Rechtsbeziehungen zwischen Verleiher, Entleiher und Leiharbeitnehmer herausgearbeitet. Die besonderen Formen der Arbeitnehmerüberlassung (Temp-to-Perm und die konzerninterne Arbeitnehmerüberlassung) sind Gegenstand des achten Kapitels. In Kapitel 9 wird der neu eingeführte Grundsatz der ausgeglichenen Behandlung analysiert. Kapitel 10 behandelt kollektivrechtliche Besonderheiten, namentlich das Problem der Organisation von Leiharbeitnehmern und die Verpflichtung des Entleihers zur Teilnahme an Kollektivverhandlungen. Im Anschluss hieran wird das

16 Rusch, Methoden und Ziele der Rechtsvergleichung, S. 1.

Recht der Arbeitnehmerüberlassung in Japan noch einmal zusammenfassend dargestellt.

Kapitel 1: Begriffsbestimmung und Abgrenzung der Arbeitnehmerüberlassung von anderen Beschäftigungsformen

Diese Abhandlung befasst sich mit dem geltenden Recht der Arbeitnehmerüberlassung. Ähnlich wie in Deutschland kann es dabei zu Abgrenzungsproblemen hinsichtlich anderer Beschäftigungsformen kommen. Um den Rahmen dieser Abhandlung abzustecken, soll daher zu Beginn die Arbeitnehmerüberlassung nach japanischem Recht definiert sowie zu sonstigen Beschäftigungsformen abgegrenzt werden.

§ 1 Begriffsbestimmung

Der Begriff der Arbeitnehmerüberlassung wird im deutschen Arbeitnehmerüberlassungsgesetz (AÜG) nicht definiert. § 1 Abs. 1 Satz 1 AÜG umschreibt die Arbeitnehmerüberlassung lediglich als die Überlassung eines Arbeitnehmers durch den Arbeitgeber zur Arbeitsleistung an einen Dritten. Erst das Bundesarbeitsgericht lieferte in seinem Urteil vom 10. Februar 1977 eine brauchbare Abgrenzungsformel. Danach ist Arbeitnehmerüberlassung

> *„immer dann gegeben, wenn ein ArbN seine ArbLeistung in einem Drittbetrieb erbringt und er hierbei hinsichtl. der ArbAusführung den Weisungen des fremden Betriebsinhabers oder seiner Repräsentanten unterliegt“*[17].

Im Gegensatz hierzu ist im japanischen Arbeitnehmerüberlassungsgesetz eine Legaldefinition von Arbeitnehmerüberlassung (労働者派遣, *rôdôsha haken*) enthalten. Gemäß Art. 2 Abs. 1 des japanischen Arbeitnehmerüberlassungsgesetzes liegt eine Arbeitnehmerüberlassung sinngemäß dann vor, wenn

> *„ein Arbeitnehmer, der von einer Person angestellt wird, mit der Arbeit einer anderen Person betraut wird und den Anweisungen dieser letztgenannten Person unterliegt, während er seine Arbeitsbeziehung zur erstgenannten Person*

17 Bundesarbeitsgericht, Beschluss vom 10. Februar 1977 – 2 ABR 80/76, Arbeitsrechtliche Praxis BetrVG 1972 § 103 Nr. 9, unter II 1 b.

> *beibehält, wobei solche Fälle hiervon ausgenommen sind, in denen die erstgenannte und die letztgenannte Person darin übereinstimmen, dass der Arbeitnehmer von der letztgenannten Person angestellt werden soll".*

Voraussetzungen für das Vorliegen einer Arbeitnehmerüberlassung nach dem japanischen Arbeitnehmerüberlassungsgesetz sind demnach ein Anstellungsverhältnis zwischen Leiharbeitnehmer und Verleiher, der tatsächliche Einsatz des Arbeitnehmers im Einflussbereich des Entleihers sowie die Weisungsbefugnis des Entleihers. Hieraus ergibt sich eine dem deutschen Recht vergleichbare Dreieckskonstellation: Der Verleiher und der Entleiher schließen einen Überlassungsvertrag, in dem sich der Entleiher verpflichtet, an den Verleiher eine Gebühr zu zahlen, und der Verleiher verpflichtet sich im Gegenzug dazu, dem Entleiher einen Arbeitnehmer zur Verfügung zu stellen. Das Anstellungsverhältnis bleibt dabei zwischen dem Verleiher und dem Leiharbeitnehmer bestehen, während der Leiharbeitnehmer im Einflussbereich und unter der Weisung des Entleihers tätig wird.

§ 2 Abgrenzung zu anderen Beschäftigungsformen

Die Nennung der einzelnen Komponenten in der Legaldefinition ermöglicht die Abgrenzung der Arbeitnehmerüberlassung von anderen Beschäftigungsformen des japanischen Arbeitsmarktes.

I. Unmittelbare Beschäftigungsverhältnisse

Unmittelbare Beschäftigungsverhältnisse sind solche, an denen nur zwei Personen beteiligt sind: der Arbeitgeber und der Arbeitnehmer. In der Regel besteht hier keine Verwechslungsgefahr in Bezug auf die Arbeitnehmerüberlassung. Um Missverständnisse im Rahmen der Terminologie zu vermeiden, wird hier dennoch eine kurze Übersicht gegeben.

Zum einen existieren auch in Japan Vollzeitarbeitskräfte. Ihre Kennzeichen sind ein unbefristeter Arbeitsvertrag, Arbeitszeiten von mehr als 35 Stunden in der Woche und der Einsatz im Betrieb des Arbeitgebers. Sie werden in Japan als „reguläre Beschäftigte"[18] bezeichnet.

Das Gegenteil zur unbefristeten Anstellung stellt auch in Japan der befristete Arbeitsvertrag dar. Im japanischen Arbeitsrecht wird insoweit unterschieden

18 Zum Begriff des "regulären Beschäftigten" siehe Kapitel 2 § 3.

zwischen sogenannten Vertragsangestellten (契約社員, *keiyaku shain*) und Arbeitnehmern, deren Arbeitsverträge aus sonstigen Gründen befristet sind.

Vertragsangestellte sind solche Personen, die über spezielle Fähigkeiten verfügen und meistens im Rahmen eines bestimmten Projektes angeworben werden[19]. Der Hauptunterschied zwischen Vertragsangestellten und Leiharbeitnehmern besteht darin, dass Vertragsangestellte direkt von dem Unternehmen angestellt werden, in dessen Verantwortung das Projekt fällt[20]. Leiharbeitnehmer dagegen werden von einem Verleihunternehmen eingestellt und arbeiten als Arbeitnehmer dieses Unternehmens in dritten Unternehmen, welche schließlich die Verantwortung für die Fertigstellung des Werkes tragen.

Arbeitnehmer mit befristeten Arbeitsverträgen (短期契約, *tanki keiyaku*) aus sonstigen Gründen unterscheiden sich von den deutschen befristeten Arbeitnehmern darin, dass in Japan eine Befristung auch über den Zweijahreszeitraum hinaus ohne Sachgrund möglich ist[21] und sich die Höchstbefristungsdauer nicht auf die Gesamtdauer der Beschäftigung bezieht, sondern auf den einzelnen Arbeitsvertrag[22], mithin eine Befristung über die Höchstbefristungsdauer hinaus durch erneuten Vertragsabschluss möglich ist.

Zu den aus sonstigen Gründen befristeten Arbeitnehmern zählen auch die sogenannten Tagelöhner (日取傭, *hiyôtori*), die Arbeitsangebote entweder auf einem Open-Air-Informationsarbeitsmarkt (寄せ場, *yoseba*) durch einen Arbeitsvermittler (手配師, *tehaishi*) oder beim örtlichen Arbeitsamt (職業紹介所, *shokugyô shôkaijyo*) finden[23]. In der Regel sucht ein Arbeitsvermittler die Arbeiter aus und verteilt sie an mehrere Bauunternehmen, zu deren Einsatzort sie mit Minibussen transportiert werden und dort für die Dauer ihrer Beschäftigung in speziellen Arbeiterunterkünften (飯場, *hamba*) leben[24]. Wie die Berufsbezeichnung unschwer erkennen lässt, beschränkt sich die Beschäftigungsdauer zumeist auf wenige Tage.

---

19 Schaede, S. 180; Asao, Japan Labor Review, Vol. 7 (2010), No. 4, S. 85; Seifert, Atypical Employment in Japan and Germany, S. 8; Takeuchi-Okuno, in: JILPT (Hrsg.), Labor Policy on Fixed-term Employment Contracts, S. 72 Fußnote 6.

20 Assmann/Maslow, The Asia-Pacific Journal, 12. April 2010; Asao, in: JILPT (Hrsg.), Non-regular Employment, S. 2.

21 Takeuchi-Okuno, in: Blanpain (Hrsg.), Regulation of Fixed-Term Employment Contracts, S. 124; Takeuchi-Okuno, in: JILPT (Hrsg.), Labor Policy on Fixed-term Employment Contracts, S. 80.

22 Takeuchi-Okuno, in: Blanpain (Hrsg.), Regulation of Fixed-Term Employment Contracts, S. 116; Takeuchi-Okuno, in: JILPT (Hrsg.), Labor Policy on Fixed-term Employment Contracts, S. 74.

23 Kojima, Contemporary Japan, Vol. 22 (2010), S. 27.

24 Kojima, Contemporary Japan, Vol. 22 (2010), S. 27.

Eine Besonderheit des japanischen Arbeitsmarktes sind die *shokutaku shain* (嘱託社員), was sinngemäß mit „anvertraute Arbeitnehmer" übersetzt wird. Darunter werden solche Arbeitnehmer verstanden, die nach Erreichung des Rentenalters aus dem Betrieb ausscheiden und auf der Grundlage eines befristeten Vertrages von demselben Unternehmen erneut eingestellt werden[25].

Weiterhin sind 16,8 Prozent der Arbeitskräfte in Japan Teilzeitarbeitskräfte (非常勤職員, *hinjyôkinshokuin*)[26]. Ihre Arbeitsverträge können sowohl befristet als auch unbefristet sein. Das Gesetz zur Verbesserung des Beschäftigungsmanagements bei Teilzeitarbeitskräften (短時間労働者の雇用管理の改善等に関する法律, *Tanjikan Rôdôsha no Koyôkanri no Kaizentô Nikansuro Hôritsu*, im Folgenden abgekürzt: TzG)[27] definiert Teilzeitarbeitskräfte in Art. 2 als solche Arbeitnehmer, *deren wöchentliche Arbeitszeit kürzer ist als die eines regulären Arbeitnehmers, der von demselben Unternehmen beschäftigt wird*. Die Legaldefinitionen stimmen somit in Deutschland und Japan überein. Im japanischen Arbeitsrecht und vor allem in amtlichen Statistiken haben sich jedoch noch zwei weitere Definitionen etabliert. Zu den Teilzeitarbeitskräften sollen zum einen nur solche Arbeitnehmer zählen, die höchstens 35 Stunden in der Woche arbeiten[28]. Andererseits werden aber auch solche Arbeitnehmer von dem Begriff des Teilzeitarbeitnehmers erfasst, die von den Arbeitszeiten her vergleichbar mit Vollzeitarbeitskräften sind, aber vom Arbeitsmarkt hinsichtlich der Lohnfestsetzung sowie der Arbeitsbedingungen nur als Teilzeitarbeitskräfte betrachtet werden (sogenannte Pseudo- oder Quasi-Teilzeitarbeitnehmer)[29]. Die letzte Definition orientiert sich also nicht an der zu leistenden Stundenzahl, sondern vielmehr an dem Status, der dem Arbeitnehmer zugeschrieben wird[30].

Die geringfügige Beschäftigung (些少作業従事, *sashausagyôjûji*) ist eine Variante der Teilzeitarbeit, bei der das Augenmerk nicht auf der zu leistenden Stundenzahl liegt, sondern das Einkommen im Vordergrund steht[31]. Eine gering-

---

25 Asao, Japan Labor Review, Vol. 7 (2010), No. 4, S. 84; Asao, in: JILPT (Hrsg.), Non-regular Employment, S. 2; Seifert, Atypical Employment in Japan and Germany, S. 8; Takeuchi-Okuno, in: JILPT (Hrsg.), Labor Policy on Fixed-term Employment Contracts, S. 72 Fußnote 17; Hanami/Komiya, S. 73.

26 JILPT, Main Labor Economic Indicators: March 2012, S. 12.

27 Im Internet abrufbar unter: law.e-gov.go.jp/htmldata/H05/H05HO076.html (Japanisch), Zugriff zuletzt am: 25. Mai 2012.

28 Keizer, Non-Regular Employment in Japan, S. 6; Asao, in: JILPT (Hrsg.), Non-regular Employment, S. 2.

29 Gottfried, in: Vosko/MacDonald/Campbell (Hrsg.), S. 81; Seifert, Atypical Employment in Japan and Germany, S. 7.

30 Seifert, Atypical Employment in Japan and Germany, S. 7; Asao, in: JILPT (Hrsg.), Non-regular Employment, S. 2.

31 Seifert, Atypical Employment in Japan and Germany, S. 7.

fügige Beschäftigung liegt dann vor, wenn das Einkommen unter die Steuerfreigrenze fällt, die im Jahr 2010 bei 1, 3 Millionen Yen lag[32].

In die Kategorie der befristeten Teilzeit-Arbeitsverträge fallen auch die *arubaito* (アルバイト). Hierunter versteht man die Beschäftigung von Schülern im Rahmen einer Nebentätigkeit, die nur wenige Stunden in der Woche in Anspruch nimmt[33].

II. Mittelbare Beschäftigungsverhältnisse

Den unmittelbaren Beschäftigungsverhältnissen stehen die mittelbaren Beschäftigungsverhältnisse gegenüber, zu denen auch die Arbeitnehmerüberlassung zählt. An mittelbaren Beschäftigungskonstellationen sind nicht nur der Arbeitgeber und der Arbeitnehmer beteiligt, sondern auch eine dritte Person. Der Arbeitnehmer hat in diesen Fällen einen Arbeitsvertrag mit seinem Arbeitgeber, führt die ihm zugeteilte Arbeit jedoch meistens an einem Arbeitsplatz im Organisations- und Herrschaftsbereich des Dritten aus. Nicht selten tauchen dabei Abgrenzungsprobleme zwischen den unterschiedlichen Formen mittelbarer Beschäftigung auf, vor allem aber zwischen der Arbeitnehmerüberlassung und den übrigen mittelbaren Beschäftigungsformen.

1. Konzerninterner Arbeitnehmertransfer

Abgrenzungsprobleme zur Arbeitnehmerüberlassung können sich zum einen beim konzerninternen Arbeitnehmertransfer ergeben. Dieser kommt in zwei unterschiedlichen Erscheinungsformen vor.

a) Zaiseki shûkko[34]

Zaiseki shûkko (出向, kurz: *shûkko*) liegt vor, wenn ein Unternehmen den Arbeitsvertrag mit dem Arbeitnehmer, der in dem Unternehmen auch seinen Arbeitsplatz hat, aufrechterhält, der Arbeitnehmer aber befristet an ein Unternehmen ausgeliehen wird, das in den meisten Fällen mit dem entsendenden Unternehmen wirtschaftlich, finanziell oder freundschaftlich verbunden ist[35]. Es han-

32 Seifert, Atypical Employment in Japan and Germany, S. 7.

33 Keizer, Non-Regular Employment in Japan, S. 6.

34 Näheres zu zaiseki shûkko in Kapitel 8 § 23.

35 Sugeno, S. 375; Schregle, International Labour Review, Vol. 132 (1993), No. 4, S. 517; JILPT, Japan Labor Bulletin, Dezember 2001, S. 3; Ouchi, Japan Labor Bulletin, Juli 2003, S. 6; Grainger/Miyamoto, Journal of Human Values, Vol. 9 (2003), No. 2, S. 108; Schlachter/Meinhardt, Recht der Internationalen Wirtschaft 2003, S. 771; Flämig, S. 227.

delt sich also um eine Art vorübergehende Versetzung. Neben dem Arbeitsvertrag mit dem entsendenden Unternehmen existiert nach herrschender Ansicht ein weiterer Arbeitsvertrag mit dem aufnehmenden Unternehmen[36]. In diesem Punkt unterscheidet sich *shûkko* von der Arbeitnehmerüberlassung: Aufgrund der Annahme von zwei Arbeitsverhältnissen fehlt es an der typischen Dreieckskonstellation, welche die Arbeitnehmerüberlassung kennzeichnet[37]: Der Arbeitnehmer hat einen eigenen Arbeitsvertrag mit dem aufnehmenden Unternehmen und gilt somit auch als dessen Arbeitnehmer. Diese doppelte arbeitsvertragliche Beziehung wird zudem dadurch verstärkt, dass das aufnehmende Unternehmen die Entgeltzahlungen direkt an den Arbeitnehmer leistet und nicht an das entsendende Unternehmen, wie dies bei der Arbeitnehmerüberlassung der Fall ist[38]. Das aufnehmende Unternehmen tritt durch den zweiten Arbeitsvertrag auch in weitestem Umfang in die Verpflichtungen als Arbeitgeber ein, während bei der Arbeitnehmerüberlassung arbeitgeberähnliche Verpflichtungen die Ausnahme sind[39].

Ein weiterer Abgrenzungspunkt zur Arbeitnehmerüberlassung stellt der Umstand dar, dass in dem entsendenden Betrieb für den Arbeitnehmer bis zu dessen Versetzung ein Arbeitsplatz besteht, da der Arbeitnehmer in der Regel einige Zeit in diesem Unternehmen arbeitet, bis es zur Entsendung kommt[40]. Hieraus lässt sich gegenüber der Arbeitnehmerüberlassung auch ein anderer Einstellungszweck ableiten: Bei *shûkko*-Maßnahmen wurde der Arbeitnehmer nicht mit dem Ziel der Überlassung an ein anderes Unternehmen eingestellt[41].

Ein älteres, allerdings sehr schwaches Abgrenzungskriterium gegenüber der Arbeitnehmerüberlassung ist die Tatsache, dass die Versetzung im Rahmen von *shûkko*-Maßnahmen in der Regel nur ein einziges Mal erfolgt, während eine Arbeitnehmerüberlassung mehrmalig eintritt[42]. Es ist jedoch nicht ausgeschlossen, dass der Arbeitnehmer in seiner beruflichen Laufbahn mehrmals im Rahmen von *shûkko* das Unternehmen wechselt. *Shûkko*-Maßnahmen werden dann eingeleitet, wenn sich das Unternehmen in einem wirtschaftlichen Engpass befindet oder angegliederte Unternehmen mit Know-How versorgt werden müssen. Gerät das Unternehmen im Abstand mehrerer Jahre in eine finanziell schwierige Lage

---

36 Yamakawa, Japan Labor Bulletin, Dezember 1993, S. 6; Araki, Japan Labor Bulletin, August 1994, S. 8 Fußnote 8; Flämig, S. 228; Nishitani, S. 18, 173.

37 Flämig, S. 229.

38 Sugeno, S. 380; Yamakawa, Japan Labor Bulletin, Dezember 1993, S. 6; Nishitani, S. 173; Schlachter/Meinhardt, Recht der Internationalen Wirtschaft 2003, S. 771.

39 Sugeno, S. 380.

40 Flämig, S. 249; Nishitani, S. 168/169.

41 Ernst, Dauerbeschäftigung und Flexibilität in Japan, S. 90; Flämig, S. 249.

42 Ernst, Dauerbeschäftigung und Flexibilität in Japan, S. 90; Flämig, S. 249.

oder werden neue Unternehmen im Konzern gegründet, so kann es vorkommen, dass ein und derselbe Arbeitnehmer mehrmals an ein anderes Unternehmen verliehen wird. Genauso kann es sein, dass der Leiharbeitnehmer nach seinem ersten Einsatz im Entleihunternehmen von diesem als Arbeitnehmer übernommen und somit nur ein einziges Mal an ein Unternehmen überlassen wird. Das Kriterium der einmaligen Versendung ist daher nur begrenzt zur Abgrenzung geeignet.

b) Tenseki shûkko[43]

Im Rahmen des *tenseki shûkko* (転籍, kurz: *tenseki*) wird die Arbeitsbeziehung zwischen Arbeitnehmer und entsendendem Unternehmen beendet und es erfolgt eine dauerhafte Neueinstellung des Arbeitnehmers in einem wirtschaftlich verbundenen Unternehmen[44]. Mit der Beendigung des Arbeitsvertrages scheidet das entsendende Unternehmen aus der Arbeitgeberverpflichtung aus. In diesem Fall bestehen keine Abgrenzungsschwierigkeiten zur Arbeitnehmerüberlassung.

2. Externalisierung der Arbeitsleistung

Erhebliche Abgrenzungsschwierigkeiten ergeben sich dagegen zu *ukeoi* oder *shitauke* (werden oftmals synonym verwendet[45]). Das Gesetz zur Förderung der Subunternehmerbeziehungen von kleinen und mittelständischen Unternehmen (下請中小企業振興法, *Shitauke Shôkigyô Shinkô Hô*)[46] definiert in Art. 2 indirekt *shitauke* als eine vertragliche Beziehung zwischen einem Mutterunternehmen und einem kleineren Unternehmen, das über weniger Kapital und weniger Arbeitnehmer verfügt. Das kleinere Unternehmen wird im Rahmen dieser vertraglichen Beziehung mit der Herstellung, Verarbeitung oder Reparatur von Waren, Teilen, Zubehör oder Rohstoffen beauftragt.

Rechtlich gesehen gibt es zwei Formen von *ukeoi*. Als *kôgai ukeoi* (構外請負) werden diejenigen Arbeitnehmer bezeichnet, die vollständig außerhalb der personellen und wirtschaftlichen Organisation des beauftragenden Unternehmens stehen[47]. *Kônai ukeoi* (構内請負) sind dagegen solche Arbeitnehmer, die

43 Näheres zu tenseki shûkko in Kapitel 8 § 23.

44 Sugeno, S. 375; JILPT, Japan Labor Bulletin, Dezember 2001, S. 3; Flämig, S. 227; Ouchi, Japan Labor Bulletin, Juli 2003, S. 6.

45 Ukeoi bedeutet „Werkvertrag", während shitauke mit „Unterlieferung" übersetzt wird und somit das Subordinationsverhältnis stärker betont [Hemmert, in: Krebs/ Küppers (Hrsg.), Japanstudien Band 3, S. 209 Fußnote 8].

46 Im Internet abrufbar unter: law.e-gov.go.jp/htmldata/S45/S45HO145.html (Japanisch), Zugriff zuletzt am: 25. Mai 2012.

47 Imai, The Rise of Temporary Employment in Japan, S. 5/6.

in das beauftragende Unternehmen leiharbeitnehmerähnlich entsendet werden, dort aber unter der Weisung des eigenen Arbeitgebers arbeiten[48]. Die letztgenannte Beschäftigungsform kann unter Umständen rechtswidrig sein, wenn der anweisende Arbeitgeber nicht die rechtliche Verantwortung für die Durchführung des Auftrags hat und weder die eigenen Einrichtungen, Maschinen oder Instrumente noch das eigene Know-How, die eigenen Pläne oder Techniken nutzt.

Es gibt kein Gesetz, das sich umfassend mit der Rechtmäßigkeit von *ukeoi*-Maßnahmen auseinandersetzt. Zum einen betrifft das Gesetz gegen Zahlungsrückstände bei Subunternehmerarbeit (下請代金支払遅延等防止法, *Shitauke Daikin Shihara Saenra Bôshi Hô*)[49] lediglich das Vorgehen bei Zahlungsverzögerungen in Subunternehmerbeziehungen. Zum anderen enthält das Gesetz zur Förderung der Subunternehmerbeziehungen von kleinen und mittelständischen Unternehmen neben den Definitionen ausschließlich Förderrichtlinien. *Shitauke*-Maßnahmen finden daher ihre Grenzen lediglich im japanischen Arbeitnehmerüberlassungsgesetz sowie im Arbeitsplatzsicherungsgesetz.

Da es in der Vergangenheit Umgehungsversuche hinsichtlich der Beschränkungen des japanischen Arbeitnehmerüberlassungsgesetzes durch sogenannte „verschleiernde Werkverträge“ gab, soll hier näher auf diese Arbeitsform eingegangen werden.

a) Ukeoi/shitauke als Arbeitsmaßnahme

Bei der Maßnahme des *ukeoi* liegt ebenfalls eine der Arbeitnehmerüberlassung ähnliche Dreieckskonstellation vor: Das Nutzerunternehmen trennt einen bestimmten Produktionsprozess ab und beauftragt ein anderes Unternehmen mit dessen Durchführung, wobei die Abtrennung nicht notwendigerweise auch räumlich erfolgt[50]. Die zur Durchführung des Arbeitsprozesses eingesetzten Personen sind Arbeitnehmer des beauftragten Unternehmens und erbringen ihre Arbeitsleistung im Falle von *kôgai ukeoi* im Herrschafts- und Organisationsbereich des beauftragten Unternehmens und im Falle von *kônai ukeoi* im Herrschafts- und Organisationsbereich des Nutzerunternehmens[51]. In beiden Fällen unterstehen sie dabei nicht der Überwachung und den Anweisungen des Nutzer-

---

48 Imai, The Rise of Temporary Employment in Japan, S. 6.

49 Im Internet abrufbar unter: www.japaneselawtranslation.go.jp/law/detail/?ft=1&re=02&dn=1&co=01&ky=subcontract&page=2 (Englisch und Japanisch), Zugriff zuletzt am: 25. Mai 2012.

50 Kojima, Contemporary Japan, Vol. 22 (2010), S. 28.

51 JETRO, Japanese Market Report No. 66, S. 25; Minagawa, 日本労働研究雑誌, Vol. 582 (2009), S. 7; Kojima, Contemporary Japan, Vol. 22 (2010), S. 27.

unternehmens, sondern allein der Aufsicht und den Anweisungen des beauftragten Unternehmens[52]. Daher wird den Arbeitnehmern bei einem Einsatz im Nutzerunternehmen eine Führungskraft des beauftragten Unternehmens zur Seite gestellt, die für das Nutzerunternehmen in der Regel gebührenfrei ist[53]. Kommt es dagegen vor, dass das Nutzerunternehmen die Arbeitnehmer anweist, so liegt ein Fall der illegalen Arbeitnehmerbereitstellung nach Art. 44 des Arbeitsplatzsicherungsgesetzes vor[54].

In der Vergangenheit setzten Arbeitsleistungen, die von den *ukeoi*-Arbeitnehmern erbracht wurden, kaum Erfahrung oder besondere Fähigkeiten voraus und konnten mit einer kurzen Unterweisung innerhalb weniger Tage erlernt werden[55]. Aufgrund der parallelen Einsatzmöglichkeiten von Leiharbeitnehmern und *ukeoi*-Arbeitnehmern im produzierenden Gewerbe wird heutzutage jedoch auch von den *ukeoi*-Arbeitnehmern erwartet, dass sie über spezielle Fähigkeiten verfügen, da diese Vertragsform nur so auf Dauer konkurrenzfähig bleiben kann[56].

b) Vertragsverhältnisse bei ukeoi/shitauke

In rechtlicher Hinsicht existieren hier zwei Verträge.

aa) Werkvertrag zwischen dem Nutzerunternehmen und dem beauftragten Unternehmen

Zum einen besteht zwischen dem Nutzerunternehmen und dem beauftragten Unternehmen ein Werkvertrag im Sinne des Art. 632 Zivilgesetzbuch.

(1) Definition: Werkvertrag

Das Ziel eines Werkvertrages ist gemäß Art. 632 Zivilgesetzbuch die Fertigstellung eines vertraglich bestimmten Werkes. Vergleichbar mit dem deutschen Recht liegt daher auch in Japan ein Werkvertrag vor, wenn eine Person die Arbeit für eine andere Person ausführt, welche die Arbeitsleistung angefordert hat,

52 Sugeno, S. 164; Hanami, in: Blanpain/Graham (Hrsg.), S. 162.
53 Fujimoto/Kimura, Japan Labor Review, Vol. 2 (2005), No. 2, S. 109 Fußnote 8.
54 Hanami, in: Blanpain/Graham (Hrsg.), S. 162.
55 Sato, Japan Labor Bulletin, April 2003, S. 10.
56 Fujimoto/Kimura, Japan Labor Review, Vol. 2 (2005), No. 2, S. 106.

und die beauftragte Person ausschließlich befugt ist, Anweisungen an ihre Arbeitnehmer zur Ausführung der Werkes zu geben[57].

(2) „Verschleiernder Werkvertrag“

Da das japanische Arbeitnehmerüberlassungsgesetz bei Werkverträgen nicht anwendbar ist und somit auch das Erfordernis einer Lizenzerwerbung oder einer Mitteilung an das Ministerium für Gesundheit, Arbeit und Soziales[58] nicht besteht, hat sich im Laufe der Jahre eine Beschäftigungsform entwickelt, die in der japanischen Literatur als „verschleiernder Werkvertrag“ (偽装請負, *kasô ukeoi*) bezeichnet wird[59]. Im Rahmen eines *kasô ukeoi* wird lediglich formal ein Werkvertrag abgeschlossen, tatsächlich werden die Arbeitnehmer des beauftragten Unternehmens aber unter der Leistung und Weisung des Nutzerunternehmens beschäftigt[60].

Die Wurzeln des „verschleiernden Werkvertrages“ reichen zurück bis 1948. Art. 44 des Arbeitsplatzsicherungsgesetzes verbot die Arbeitnehmerbereitstellung, worunter in den ersten Jahren nach Erlass des Arbeitsplatzsicherungsgesetzes auch die Beschäftigung vermittelter Arbeitnehmer, mit Ausnahme der unentgeltlichen Vermittlung durch Gewerkschaften, Schulen und Behörden, fiel[61]; die einzige Möglichkeit zum Einsatz externer Arbeitnehmer bestand daher im Abschluss eines Werkvertrages[62]. Aus diesem Grund beriefen sich die Unternehmen darauf, dass der Beschäftigung keine Arbeitnehmerbereitstellung, sondern ein Werkvertrag zugrunde liege[63].

---

57 Oberster Gerichtshof, Urteil vom 18. Dezember 2009, www.courts.go.jp/english/judgments/text/2009.12.18-2008.-Ju-.No..1240.html (Zugriff zuletzt am: 5. Juni 2012); Minagawa, 日本労働研究雑誌, Vol. 582 (2009), S. 6.

58 Das Ministerium für Gesundheit, Arbeit und Soziales ist Bestandteil des Kabinetts und entstand am 6. Januar 2001 durch den Zusammenschluss des früheren Ministeriums für Gesundheit und Soziales und dem Ministerium für Arbeit (JILPT, Japan Labor Bulletin, Januar 2001, S. 1). Es hat die Aufgabe, durch seine Arbeitsbüros auf Präfekturebene und seine örtlichen Arbeitsstandardinspektionsbüros die Einhaltung der Arbeitsgesetze zu gewährleisten, politische Programme auszuarbeiten, sowie Rahmenbedingungen zu schaffen, in denen die Parteien eines Arbeitsvertrags ihre individuelle Arbeitsbeziehung autonom gestalten können (Ueno/Ohba/Takahashi, in: Collins (Hrsg.), S. 319; Port/McAlinn, S. 545).

59 Minagawa, 日本労働研究雑誌, Vol. 582 (2009), S.7.

60 Minagawa, 日本労働研究雑誌, Vol. 582 (2009), S.7.

61 Watanabe, Japan Labor Bulletin, November 1985, S. 6; Araki, Japan Labor Bulletin, Mai 1997, S. 10 Fußnote 3; Imai, Japanese Studies, Vol. 29 (2009), No. 2, S. 256; Hamaguchi/Ogino, Non-regular work, S. 23.

62 Sugeno, S. 164; Troppenz, S. 4.

63 Troppenz, S. 4.

Das Ministerium für Arbeit sah sich daher gezwungen, Abgrenzungsrichtlinien aufzustellen. 1948 erließ das Ministerium für Arbeit die Mitteilung Nr. 4, die später als Art. 4 Abs. 1 Bestandteil der Ausführungsverordnung zum Arbeitsplatzsicherungsgesetz wurde[64]. Gemäß Art. 4 Abs. 1 der Ausführungsverordnung wird angenommen, dass trotz Abschluss eines Werkvertrages eine illegale Arbeitnehmerbereitstellung vorliegt, sofern nicht die Voraussetzungen einer Arbeitnehmerüberlassung (gültige Lizenz oder Mitteilung) oder die folgenden Voraussetzungen kumulativ gegeben sind: (1) Das beauftragte Unternehmen übernimmt die finanzielle und rechtliche Verantwortung hinsichtlich der Fertigstellung des Werkes, (2) das beauftragte Unternehmen erteilt Anweisungen und führt die Überwachung seiner Arbeitnehmer durch, (3) das beauftragte Unternehmen schuldet alle Handlungen, die durch das Gesetz einem Arbeitgeber auferlegt werden und (4) die Leistung des beauftragten Unternehmens stellt sich nicht ausschließlich als die Bereitstellung von Arbeitskraft dar, sondern besteht im Einsatz von Maschinen, Ausrüstung oder sonstigem Material des beauftragten Unternehmens oder in der Bereitstellung von Plänen und sonstigen Leistungen, welche die speziellen Kenntnisse und Fähigkeiten der Arbeitnehmer des beauftragten Unternehmens erfordern. Selbst wenn alle Voraussetzungen des Abs. 1 vorliegen, so kann dennoch eine illegale Arbeitnehmerbereitstellung angenommen werden, wenn der Werkvertrag mit der Intention der Umgehung des japanischen Arbeitnehmerüberlassungsgesetzes abgeschlossen wurde, Art. 4 Abs. 2 der Ausführungsverordnung zum Arbeitsplatzsicherungsgesetz.

Zur Konkretisierung dieser Voraussetzungen erließ das Ministerium für Arbeit schließlich am 17. April 1986 die Mitteilung Nr. 37 „Richtlinien zur Unterscheidung von Arbeitnehmerüberlassung und Werkverträgen“[65]. Nach dieser Mitteilung liegt eine Überwachung und Anweisung der Arbeitnehmer durch das beauftragte Unternehmen als Arbeitgeber im Sinne des Art. 4 Abs. 1 Nr. 2 und 3 der Ausführungsverordnung zum Arbeitsplatzsicherungsgesetz nur dann vor, wenn das beauftragte Unternehmen Anweisungen zur Durchführung der Arbeit sowie sonstige verwaltungstechnische Anweisungen erteilt, die Arbeitszeiten, Pausen, Ruhezeiten und Überstunden bestimmt, Disziplinarmaßnahmen verhängt und den Einsatz und Austausch einzelner Arbeitnehmer unabhängig vom Nutzerunternehmen festlegt.

Zwar wurden durch diese beiden Mitteilungen des Ministeriums die Missbrauchsmöglichkeiten eingeschränkt und die Anzahl der „verschleiernden

64 Imai, The Rise of Temporary Employment in Japan, S. 4; Hanami, in: Blanpain/Graham (Hrsg.), S. 162.

65 www.hisamatsu-sr.com/haken/news/37.htm (Japanisch), Zugriff zuletzt am: 24. Mai 2012.

Werkverträge" ging zurück[66], doch ist diese Praxis noch nicht vom Arbeitsmarkt verschwunden[67]. Für die Zukunft lassen die geplanten Änderungen des japanischen Arbeitnehmerüberlassungsgesetzes sogar einen erneuten Anstieg „verschleiernder Werkverträge" erwarten. Die meisten solcher „Werkverträge" kamen im produzierenden Gewerbe vor, das bis 2004 noch von der Arbeitnehmerüberlassung ausgenommen war[68]. In ihren gescheiterten Reformentwürfen von 2010 strebte die Regierung erneut ein Verbot der Arbeitnehmerüberlassung im produzierenden Gewerbe an[69]. Hält die Regierung an diesem Vorhaben fest, werden die Unternehmen im produzierenden Gewerbe wieder verstärkt auf den Einsatz von Werkverträgen setzen. Es ist somit davon auszugehen, dass die Abgrenzungskriterien für das Vorliegen eines Werkvertrages weiterhin von Bedeutung sein werden.

bb) Arbeitsvertrag zwischen ausführender Person und beauftragtem Unternehmen

Das Rechtsverhältnis zwischen der ausführenden Person und dem beauftragten Unternehmen ist dagegen nicht durch einen Werkvertrag, sondern durch einen Arbeitsvertrag gekennzeichnet. Das Arbeitsverhältnis kann dabei jede unter Punkt I. genannte Form annehmen.

cc) Rechtsverhältnis zwischen ausführender Person und Nutzerunternehmen

Die Bewertung des Rechtsverhältnisses zwischen der ausführenden Person und dem Nutzerunternehmen hängt im Wesentlichen von der tatsächlichen Durchführung ab.

(1) Grundsätzlich kein Arbeitsverhältnis

Es kommt grundsätzlich kein Arbeitsvertrag zwischen den eingesetzten Arbeitnehmern und dem Nutzerunternehmen zustande. Gegenüber dem Arbeitnehmer ist das beauftragte Unternehmen der einzige verantwortliche Arbeitgeber im Sinne des Arbeitsstandardgesetzes; das Nutzerunternehmen trifft keine arbeitgeberähnliche Verantwortung[70]. Allerdings bleibt die Möglichkeit bestehen, dass

---

66 Arai/Watanabe, JILPT Research Report No. 126, S. 3 Fußnote 2.

67 Zum Beispiel: Beschäftigung von Aushilfslehrer durch das Kashiwa Municipal Board of Education (Japan Press Weekly, Labor bureau sees the use of ALT in Kashiwa illegal, 17. April 2010).

68 Sato, Japan Labor Bulletin, April 2003, S. 7.

69 Godwin et al., Japan Regulatory Newsletter No. 17, S. 2.

70 Sugeno, S. 165.

zumindest die Verantwortung für die Sicherheit am Arbeitsplatz nach dem Arbeitsstandardgesetz auf das Nutzerunternehmen übergeht[71].

(2) Rechtslage bei Verstoß gegen das Arbeitnehmerüberlassungsgesetz

Abweichend hiervon hatte sich 2009 der Oberste Gerichtshof (最高裁判所, *Saikô Saibansho*) mit der Frage zu befassen, ob nicht unter Umständen im Rahmen eines „verschleiernden Werkvertrages" doch ein Arbeitsvertrag zwischen dem Nutzerunternehmen und dem Arbeitnehmer zustande kommt.

Dem Fall lag folgender Sachverhalt zu Grunde[72]: Die Revisionsklägerin hatte einen Teil ihrer Produktion ausgelagert und im Rahmen eines Werkvertrages am 1. April 2002 an das Unternehmen C übertragen. Am 20. Januar 2004 schloss der Revisionsbeklagte einen auf zwei Monate befristeten Arbeitsvertrag mit dem Unternehmen C, in dem als Arbeitsort der Betrieb der Revisionsklägerin angegeben war. Bis zum 20. Juli 2005 wurde der Arbeitsvertrag regelmäßig verlängert, wobei die Arbeitsbedingungen fast ausschließlich durch die Revisionsklägerin festgelegt wurden. Nach einem erfolglosen Herantreten an die Revisionsklägerin mit der Bitte um Festanstellung, wandte sich der Revisionsbeklagte am 26. Mai 2005 an das Arbeitsbüro in Osaka, welches im Juli desselben Jahres entschied, dass ein Verstoß gegen Art. 24-2, 26 des japanischen Arbeitnehmerüberlassungsgesetzes vorliege, da der Vertrag der Revisionsklägerin mit dem Unternehmen C als Überlassungsvertrag nach dem japanischen Arbeitnehmerüberlassungsgesetz zu qualifizieren sei. Die Revisionsklägerin sei daher verpflichtet, den Revisionsbeklagten einzustellen. Am 2. August 2005 unterschrieb der Revisionsbeklagte unter Vorbehalt einen höchstens bis zum 31. März 2006 befristeten Arbeitsvertrag der Revisionsklägerin. Die Befristung wurde damit begründet, dass die Revisionsklägerin kein System zur direkten Beschäftigung habe und nun ihr Produktionssystem so abändern wolle, dass es bis spätestens März 2006 durch den ordnungsgemäßen Einsatz von Werkverträgen betrieben werden könne. Nach Ende der Befristung reichte der Revisionsbeklagte beim zuständigen Gericht Klage ein auf Feststellung, dass das Arbeitsverhältnis nicht durch Fristablauf beendet wurde, sondern dass bereits zuvor ein unbefristetes Arbeitsverhältnis zustande gekommen sei, da die Revisionsklägerin ihn über die zulässige Überlassungsdauer von einem Jahr hinaus beschäftigt habe.

Das Bezirksgericht Osaka urteilte am 26. April 2007[73], dass zwischen dem Revisionsbeklagten und der Revisionsklägerin während der Beschäftigung des

---

71 Sugeno, S. 165.

72 Oberster Gerichtshof, Urteil vom 18. Dezember 2009, www.courts.go.jp/english/judgments/text/2009.12.18-2008.-Ju-.No..1240.html.

73 Bezirksgericht Osaka, Urteil vom 26. April 2007, Rôdô Hanrei, Vol. 941, S. 5.

Revisionsbeklagten bis zum 20. Juli 2005 keine arbeitsvertragliche Beziehung zustande gekommen sei, da die Gehaltszahlungen als wesentliches Merkmal eines Arbeitsvertrages von dem Unternehmen C vorgenommen worden seien und auch keine Kapitalverbindungen zwischen dem Unternehmen C und der Revisionsklägerin bestanden haben[74]. Das Gericht verneinte somit den konkludenten Abschluss eines unbefristeten Arbeitsvertrages. Weiterhin führte das Gericht aus, dass selbst bei Annahme eines Überlassungsvertrages anstelle eines Werkvertrages kein Arbeitsverhältnis zustande gekommen sei, da die Verpflichtung des Entleihers nach Art. 40-4 des japanischen Arbeitnehmerüberlassungsgesetzes, eine Festanstellung anzubieten, nicht denselben Effekt habe wie das tatsächliche Angebot auf Abschluss eines Arbeitsvertrages[75]. Der Revisionsbeklagte reichte daraufhin Berufung ein.

Am 25. April 2008 entschied das Obere Gericht von Osaka über den Fall. Das Obere Gericht sah in der Vereinbarung zwischen dem Unternehmen C und der Revisionsklägerin eine illegale Arbeitnehmerbereitstellung nach Art. 44 des Arbeitsplatzsicherungsgesetzes, da der Revisionsbeklagte Anweisungen von der Revisionsklägerin erhalten habe[76]. Da zum Zeitpunkt des Vertragsabschlusses im Jahr 2002 die Arbeitnehmerüberlassung im produzierenden Gewerbe noch untersagt war, konnten die Parteien nicht wirksam einen Überlassungsvertrag im Sinne des japanischen Arbeitnehmerüberlassungsgesetzes schließen[77]. Die Qualifizierung als legale Arbeitnehmerüberlassung scheide daher aus und es komme nur ein Verstoß gegen Art. 44 des Arbeitsplatzsicherungsgesetzes in Betracht[78]. Eine Verpflichtung zur Festanstellung nach Art. 40-4 des japanischen Arbeitnehmerüberlassungsgesetzes sei daher nicht entstanden. Andererseits sei aber

---

74 Bezirksgericht Osaka, Urteil vom 26. April 2007, Rôdô Hanrei, Vol. 941, S. 5; Ishida/Kuroiwa/Akimoto, Waseda Bulletin of Comparative Law, Vol. 28 (2010), S. 28.

75 Bezirksgericht Osaka, Urteil vom 26. April 2007, Rôdô Hanrei, Vol. 941, S. 5; Ishida/Kuroiwa/Akimoto, Waseda Bulletin of Comparative Law, Vol. 28 (2010), S. 128.

76 Oberes Gericht von Osaka, Urteil vom 25. August 2008, Rôdô Hanrei, Vol. 960, S. 5; Oberster Gerichtshof, Urteil vom 18. Dezember 2009, www.courts.go.jp/english/judgments/text/2009.12.18-2008.-Ju-.No..1240.html.

77 Oberes Gericht von Osaka, Urteil vom 25. August 2008, Rôdô Hanrei, Vol. 960, S. 5; Oberster Gerichtshof, Urteil vom 18. Dezember 2009; www.courts.go.jp/english/judgments/text/2009.12.18-2008.-Ju-.No..1240.html.

78 Oberes Gericht von Osaka, Urteil vom 25. August 2008, Rôdô Hanrei, Vol. 960, S. 5; Oberster Gerichtshof, Urteil vom 18. Dezember 2009; www.courts.go.jp/english/judgments/text/2009.12.18-2008.-Ju-.No..1240.html.

aufgrund der erhaltenen Anweisungen von der Beklagten ein konkludenter Arbeitsvertrag zustande gekommen[79].

Der Fall gelangte schließlich vor den Obersten Gerichtshof. Ähnlich wie in Deutschland entschied der Oberste Gerichtshof am 18. Dezember 2009, dass es nicht auf die tatsächliche Bezeichnung des Vertrages durch die Parteien ankomme, sondern allein auf dessen rechtliche Ausgestaltung[80]. Weist das Nutzerunternehmen den Arbeitnehmer an, ohne dass ein Arbeitsvertrag zwischen ihnen besteht, so werde diese Konstellation als Arbeitnehmerüberlassung im Sinne des Art. 2 Nr. 1 des japanischen Arbeitnehmerüberlassungsgesetzes und nicht als Werkvertrag behandelt[81]. Dass zum Zeitpunkt des Vertragsabschlusses die Arbeitnehmerüberlassung im produzierenden Gewerbe noch untersagt gewesen sei, führe aber nicht dazu, dass ein Verstoß gegen Art. 4 Abs. 6, 44 des Arbeitsplatzsicherungsgesetzes vorliegt, sondern lediglich ein Verstoß gegen die Bestimmungen des japanischen Arbeitnehmerüberlassungsgesetzes[82]. Ein Verstoß gegen das japanische Arbeitnehmerüberlassungsgesetz führe aber nicht zur Annahme eines Arbeitsvertrages zwischen Leiharbeitnehmer und Entleiher[83]. Auch in sonstiger Hinsicht sei kein konkludenter unbefristeter Vertrag zustande gekommen, zumal die Revisionsklägerin keinen Einfluss auf die Anstellung des Revisionsbeklagten durch das Unternehmen C gehabt, das Gehalt nicht festgelegt oder ausgezahlt habe und auch das Weisungsrecht des Unternehmens C nicht vollkommen ausgeschlossen gewesen sei[84].

Aus der Entscheidung des Obersten Gerichtshofs geht hervor, dass allein die fehlerhafte Durchführung eines Werkvertragsverhältnisses noch nicht zum konkludenten Abschluss eines Arbeitsvertrages zwischen Arbeitnehmer und Nutzerunternehmen führt. Allerdings wird auch nicht ausgeschlossen, dass es unter Umständen doch möglich ist, einen solchen konkludenten Vertragsschluss anzunehmen. Übernimmt das Nutzerunternehmen die Entgeltzahlungen, weist es den Arbeitnehmer direkt an und legt es auch seine sonstigen Arbeitsbedingungen

79 Oberes Gericht von Osaka, Urteil vom 25. August 2008, Rôdô Hanrei, Vol. 960, S. 5; Oberster Gerichtshof, Urteil vom 18. Dezember 2009, www.courts.go.jp/english/judgments/text/2009.12.18-2008.-Ju-.No..1240.html.

80 Oberster Gerichtshof, Urteil vom 18. Dezember 2009, www.courts.go.jp/english/judgments/text/2009.12.18-2008.-Ju-.No..1240.html.

81 Oberster Gerichtshof, Urteil vom 18. Dezember 2009, www.courts.go.jp/english/judgments/text/2009.12.18-2008.-Ju-.No..1240.html.

82 Oberster Gerichtshof, Urteil vom 18. Dezember 2009, www.courts.go.jp/english/judgments/text/2009.12.18-2008.-Ju-.No..1240.html.

83 Oberster Gerichtshof, Urteil vom 18. Dezember 2009, www.courts.go.jp/english/judgments/text/2009.12.18-2008.-Ju-.No..1240.html.

84 Oberster Gerichtshof, Urteil vom 18. Dezember 2009, www.courts.go.jp/english/judgments/text/2009.12.18-2008.-Ju-.No..1240.html.

eigenständig ohne Absprache mit dem beauftragten Unternehmen fest, so ist die Annahme des konkludenten Abschlusses eines Arbeitsvertrages möglich. In diesem Fall wird aber der Vertrag zwischen den beiden Unternehmen nicht als Werkvertrag qualifiziert werden können und es muss überprüft werden, ob der ursprüngliche Arbeitsvertrag mit dem beauftragten Unternehmen weiter aufrechterhalten bleibt.

c) Abgrenzung zur Arbeitnehmerüberlassung

Aus dem oben Genannten ergeben sich folgende Abgrenzungskriterien:

Im Rahmen einer Werkvertragsbeziehung ist das beauftragte Unternehmen für die finanzielle und sozialrechtliche Absicherung der ausführenden Person sowie für die Fertigstellung des Werkes verantwortlich, wobei die Leistung des beauftragten Unternehmens nicht ausschließlich in der Bereitstellung von Arbeitskraft bestehen darf, Art. 4 Abs. 1 der Ausführungsverordnung zum Arbeitsplatzsicherungsgesetz. Bei der Arbeitnehmerüberlassung dagegen ist die Verantwortung geteilt. Das Verleihunternehmen ist verantwortlich für die finanzielle und sozialrechtliche Absicherung des Arbeitnehmers, während die Verantwortung für die Produktion dem Entleihunternehmen zukommt. Zudem besteht die Leistung des Verleihunternehmens allein in der Bereitstellung der Arbeitskraft.

Wichtigstes Angrenzungskriterium ist jedoch das Weisungsrecht[85]. Während dieses bei der Arbeitnehmerüberlassung auf den Entleiher übergeht, verbleibt es im Rahmen einer *ukeoi*-Maßnahme beim beauftragten Unternehmen. Bei Werkverträgen ist das Nutzerunternehmen gerade nicht berechtigt, den Arbeitnehmern zur Art und Weise der Durchführung der Leistung Anweisungen zu geben.

Als weiteres Abgrenzungskriterium nannte Ernst 1987 noch die Einsatzdauer im Betrieb. Danach sollte kein Werkvertrag, sondern rechtswidrige Arbeitnehmerüberlassung vorliegen, wenn der Arbeitnehmer nicht zur Erstellung eines bestimmten, zeitlich beschränkten Werkes in den Herrschaftsbereich des Nutzerunternehmens entsandt wurde, sondern zum längerfristigen oder gar dauerhaften Einsatz[86]. Ob dem gefolgt werden kann, ist fraglich. Grundlegendes Charakteristikum der japanischen Arbeitnehmerüberlassung ist gerade, dass diese nur für eine bestimmte Höchstfrist möglich sein soll. Die gängige Auffassung von *ukeoi* dagegen setzt eine Langzeitbeziehung zwischen den beiden Unter-

85 Sato, Japan Labor Bulletin, April 2003, S. 7; Fujimoto/Kimura, Japan Labor Review, Vol. 2 (2005), No. 2, S. 105 Fußnote 3; Minagawa, 日本労働研究雑誌, Vol. 582 (2009), S. 7.

86 Ernst, Mitteilungen aus der Arbeitsmarkt- und Berufsforschung, Vol. 20 (1987), S. 100.

nehmen voraus und nicht nur einen einmaligen Vorgang[87]. Es ist also durchaus möglich, dass der Arbeitnehmer im Rahmen eines Werkvertrages über einen längeren Zeitraum oder sogar dauerhaft im Herrschaftsbereich des Nutzerunternehmens tätig wird. Denkbar ist dies zum Beispiel dann, wenn das Nutzerunternehmen nicht nur für ein bestimmtes Projekt einen Produktionsprozess ausgliedert, sondern einen grundlegenden Arbeitsschritt, den es für alle Projekte benötigt, im Rahmen eines Werkvertrages an ein anderes Unternehmen überträgt. Es besteht also keine Notwendigkeit das Vorliegen eines Werkvertrages abzulehnen, wenn auch bei einem langfristigen Einsatz des Arbeitnehmers die Kriterien des Art. 4 Abs. 1 der Ausführungsverordnung zum Arbeitsplatzsicherungsgesetz erfüllt sind.

III. Arbeitsvermittlung

Die Arbeitsvermittlung (職業紹介, *shokugyô shôkai*) passt weder in die Kategorie der unmittelbaren Beschäftigungsverhältnisse noch in die der mittelbaren. Zum einen wird der Arbeitssuchende zwar direkt von dem suchenden Unternehmen angestellt, zum anderen darf aber die Rolle des vermittelnden Unternehmens nicht vollständig ausgeblendet werden.

1. Definition

Das Gesetz definiert Arbeitsvermittlung in Art. 4 Abs. 1 des Arbeitsplatzsicherungsgesetzes als den Erhalt von Bewerbungen von Arbeitssuchenden sowie Ausschreibungen freier Stellen von Unternehmen und die anschließende Durchführung von Dienstleistungen, die auf das Zustandekommen eines Arbeitsvertrages zwischen einem Stellenanbieter und einem Arbeitssuchenden gerichtet sind. Gemäß Art. 4 Abs. 1 des Arbeitsplatzsicherungsgesetzes sind also für eine Arbeitsvermittlungsmaßnahme sowohl eine Anfrage des Arbeitssuchenden als auch des Stellenausschreibers erforderlich.

Insoweit ist es aber nicht notwendig, dass beide Anfragen bereits vor Beginn der Vermittlungstätigkeit vorliegen. Es reicht aus, dass die Anfrage des Arbeitssuchenden als Antwort auf die Vermittlungstätigkeit der Vermittlungsperson abgegeben wird[88]. Unter „Veranlassung eines Arbeitsverhältnisses“ im Sinne des Art. 4 Abs. 1 des Arbeitsplatzsicherungsgesetzes wird jede Handlung verstanden, die auf die Bereitstellung von Hilfeleistung zur Begründung eines Ar-

87 Kimura, Subcontracting and the Performance of Small and Medium Firms in Japan, S. 1.

88 Oberster Gerichtshof, Urteil vom 22. April 1994, www.courts.go.jp/english/judgments/text/1994.04.22-1991.-O-.No..1943.html (Zugriff zuletzt am: 2. Juni 2012).

beitsverhältnisses gerichtet ist[89]. Als Begründung hierfür brachte der Oberste Gerichtshof vor, dass das Arbeitsplatzsicherungsgesetz zu dem Zweck geschaffen worden sei, Angebot und Nachfrage am Arbeitsmarkt zu regeln sowie jedem Arbeitssuchenden die Möglichkeit zu geben, eine Beschäftigung unter angemessenen Bedingungen zu finden, die seinen Fähigkeiten entspricht [90]. Zur Erreichung dieses Zieles ist es nicht erforderlich, auf eine bestimmte Reihenfolge der notwendigen Handlungen zu beharren. Viel eher wird eine Zielerreichung sogar dann sichergestellt, wenn die Vermittlungseinrichtungen nicht auf eine bloße Zusammenführung von Angebot und Nachfrage beschränkt sind, sondern von sich aus tätig werden dürfen, um passende Arbeitnehmer zu finden. Mit Urteil vom 22. April 1994 entschied daher der Oberste Gerichtshof, dass auch Headhunting (ヘッドハンティング) unter den Begriff der Arbeitsvermittlung im Sinne des Art. 4 Abs. 1 des Arbeitsplatzsicherungsgesetzes fällt. Headhunting wird dabei vom Obersten Gerichtshof definiert als die gezielte Suche nach einem Arbeitssuchenden, um diesen einem Stellenausschreiber vorzustellen und ihn zu ermutigen, mit dem Stellenausschreiber einen Arbeitsvertrag abzuschließen[91].

2. Abgrenzung zur Arbeitnehmerüberlassung

Hinsichtlich der Arbeitnehmerüberlassung können sich Abgrenzungsschwierigkeiten ergeben, da auch hier im weitesten Sinne ein Unternehmen auf Nachfrage eines anderen Unternehmens eine Person zur Erbringung einer Arbeitsleistung in das letztgenannte Unternehmen schickt. Der Unterschied zur Arbeitnehmerüberlassung besteht im fehlenden Arbeitsverhältnis mit dem Vermittler. Eine Arbeitsvermittlungsmaßnahme führt zur Begründung eines Arbeitsverhältnisses des Arbeitssuchenden mit dem ausschreibenden Unternehmen; der Arbeitsvermittler wird zu keinem Zeitpunkt Arbeitgeber des Suchenden. Bei der Arbeitnehmerüberlassung dagegen muss der Verleiher zunächst mit dem Arbeitssuchenden einen Arbeitsvertrag abschließen, bevor er diesen einem anderen Unternehmen überlassen kann.

---

89 Oberster Gerichtshof, Urteil vom 22. April 1994, www.courts.go.jp/english/judgments/text/1994.04.22-1991.-O-.No..1943.html.

90 Oberster Gerichtshof, Urteil vom 22. April 1994, www.courts.go.jp/english/judgments/text/1994.04.22-1991.-O-.No..1943.html.

91 Oberster Gerichtshof, Urteil vom 22. April 1994, www.courts.go.jp/english/judgments/text/1994.04.22-1991.-O-.No..1943.html.

Kapitel 2: Die Bedeutung der Arbeitnehmerüberlassung für den japanischen Arbeitsmarkt

Auch wenn die Leiharbeit nur rund 1,9 Prozent[92] der japanischen Arbeitskräfte betrifft, so handelt es sich dennoch um eine der in der Arbeitsmarktpolitik umstrittensten Beschäftigungsformen.

§ 3 Leiharbeitnehmer als nicht-reguläre Beschäftigte

Leiharbeitnehmer zählen in Japan zu den sogenannten „nicht-regulären Beschäftigten".

Die Unterscheidung zwischen regulären/gewöhnlichen (正社員, *seishain*) und nicht-regulären (非正社員, *hiseishain*) Beschäftigten stellt eine Eigenart des japanischen Arbeitsrechts dar[93]. Sie ist als solche dem deutschen Recht fremd.

Charakteristiken des regulären Arbeitnehmers sind nach allgemeiner Ansicht der unbefristete Arbeitsvertrag, die Vollzeitbeschäftigung und die Beschäftigung in der Betriebsstätte des Arbeitgebers[94]. Daraus folgt, dass eine Person als „nicht-regulärer Beschäftigter" qualifiziert wird, wenn eines dieser Merkmale fehlt[95]. Zu den „nicht-regulären Beschäftigte" zählen daher auch die Teilzeitarbeitskräfte (keine Vollzeitanstellung), befristete Arbeitnehmer (befristet), Vertragsarbeitnehmer (befristet) und solche Arbeitnehmer, die nach Erreichung des Rentenalters wieder eingestellt werden (befristet).

Zwar gibt es Leiharbeitnehmer, die bei den Verleihunternehmen (労働者派遣事業, *rôdôshahakenjigyô*) auf unbefristeter Basis eingestellt sind, da sie ihren Arbeitsplatz jedoch nicht in der Betriebsstätte des Verleihunternehmens haben, entspricht ihr Arbeitsumfeld nicht dem eines regulären Beschäftigten[96]. Sie zäh-

---

92 JILPT, Labor Situation in Japan and Its Analysis: General Overview 2011/2012, S. 23.

93 Tsuneki/Matsunaka, Pacific Rim Law and Policy Journal, Vol. 20 (2011), No. 3, S. 534. Sie wird zum Beispiel in Art. 32-5 Abs. 1 Arbeitsstandardgesetz, Art. 8, 9 Teilzeitgesetz und Art. 30-2 des japanischen Arbeitnehmerüberlassungsgesetzes vorgenommen.

94 Rebick, S. 16, 57; Takeuchi-Okuno, in: JILPT (Hrsg.), Labor Policy on Fixed-term Employment Contracts, S. 69; Asao, in: JILPT (Hrsg.), Non-regular Employment, S. 1; Hanami/Komiya, S. 70.

95 Asao, in: JILPT (Hrsg.), Non-regular Employment, S. 1.

96 Rebick, S. 57.

len daher selbst im Falle einer Vollzeitbeschäftigung auf unbefristeter Basis nicht zu den regulären Beschäftigten.

Der Status als „nicht-regulärer Beschäftigter“ ist in Japan mit der Versagung arbeitsrechtlicher Privilegien verbunden[97]. „Reguläre Arbeitskräfte“ genießen einen hohen Kündigungsschutz und erhalten Rentenzahlungen, regelmäßige Gehaltserhöhungen sowie eine Vielzahl von Zulagen neben ihrem Basislohn[98]. „Nicht-reguläre Beschäftigte“ gelten dagegen als eine Art „Stoßdämpfer“[99]. Sie werden in wirtschaftlichen Notlagen zuerst entlassen[100], nur selten befördert und erhalten keine oder nur wenige Sonderzahlungen neben ihrem Basislohn[101].

Die arbeitsrechtlichen Privilegien stehen in engem Zusammenhang mit einer geringeren Flexibilität des Unternehmens[102]. Aufgrund des starken Kündigungsschutzes ist es den Unternehmen nicht möglich, in wirtschaftlich schlechten Zeiten beliebig Arbeitnehmer zu entlassen oder generell leistungsschwächere durch leistungsstärkere Arbeitnehmer auszutauschen. Ihnen bleibt daher nur die Möglichkeit, durch Versetzungen beziehungsweise Weiterbildungsmaßnahmen der Situation entgegenzuwirken.

Ebenso gehen diese Privilegien mit einer Einschränkung der Konkurrenzfähigkeit des Unternehmens einher. Die besondere Fürsorgepflicht des Arbeitgebers, die gegenüber den regulären Arbeitnehmern besteht, verpflichtet diesen zur Zahlung von Zulagen und Gratifikationen sowie zur Einrichtung einer sozialen Absicherung und Weiterbildungsmaßnahmen. Hieraus resultieren hohe Personalkosten[103], die den finanziellen Handlungsspielraum des Unternehmens begrenzen.

Den befürchteten Nachteilen, wie Arbeitsplatzmangel und negativen Auswirkungen auf das Sozialwesen[104], zum Trotz greifen die Unternehmen daher

---

97 Hanami/Komiya, S. 70.

98 Rebick, S. 17; Hanami/Komiya, S. 70.

99 Keizer, Non-Regular Employment in Japan, S. 4; Hanami/Komiya, S. 70.

100 Oberster Gerichtshof, Urteil vom 4. Dezember 1986, Hanrei Jiho, Vol. 1221, S. 134; Bezirksgericht Tokio, Urteil vom 29. November 1999, Rôdô Hanrei, Vol. 780, S. 67; Nishitani, Arbeit und Recht 2001, S. 449; Ouchi, Japan Labor Bulletin, Januar 2002, S. 10; Schlachter/Meinhardt, Recht der Internationalen Wirtschaft 2003, S. 765.

101 Oshige, Arbeitsmarktstruktur und industrielle Beziehungen in Japan, S. 9; Hanami/Komiya, S. 70.

102 Nakata/Miyazaki, Increasing Labor Flexibility During the Recession in Japan, S. 5; Fukushima, Non-regular Employment and Labour Costs, S. 2; Asao, in: JILPT (Hrsg.), Non-regular Employment, S. 9.

103 Oshige, Arbeitsmarktstruktur und industrielle Beziehungen in Japan, S. 10; Fukushima, Non-regular Employment and Labour Costs, S. 2; Asao, in: JILPT (Hrsg.), Non-regular Employment, S. 9.

104 Fukushima, Non-regular Employment and Labour Costs, S. 2.

vermehrt auf den Einsatz von nicht-regulären Beschäftigten zurück. Die Anzahl der regulären Beschäftigten sank von 84,7 Prozent im Jahr 1984[105] auf 64,3 Prozent im Dezember 2011[106]. Die größte Gruppe der nicht-regulären Beschäftigten stellen die Teilzeitarbeitskräfte mit 16,8 Prozent[107]. Konkrete Angaben zu den Leiharbeitnehmern sind in der Statistik des Japan Institute for Labour Policy and Training vom März 2012 nicht enthalten, ihr Umfang an der Gesamtarbeitskraft wird aber in anderen Quellen für das Jahr 2010 mit 1,9 Prozent angegeben[108].

§ 4 Das Prinzip der lebenslangen Beschäftigung

Die Ursache für die Privilegien der „regulären Beschäftigten" bildet das Prinzip der lebenslangen Beschäftigung (終身雇用, *shûshinkoyô*) als eine der drei „Säulen"[109] des japanischen Arbeitsmarktes.

Es gibt drei Gründe, weshalb das Prinzip der lebenslangen Beschäftigung auch bei der Betrachtung der Leiharbeit nicht außer Acht gelassen werden darf: Dieses Prinzip findet zum einen auf „nicht-reguläre Beschäftigte" keine Anwendung, zum anderen wird es oftmals als Begründung für Einschränkungen im Arbeitsrecht, welche gerade die „nicht-regulären Beschäftigten" betreffen, herangezogen. Drittens werden der Einsatz und das rapide zahlenmäßige Wachstum von nicht-regulären Beschäftigten dahingehend interpretiert, dass hierdurch die Privilegien, die mit dem Prinzip der lebenslangen Beschäftigung einhergehen, für reguläre Arbeitnehmer aufrechterhalten werden sollen[110].

I. Definition und Anwendungsbereich

Bei dem Prinzip der lebenslangen Beschäftigung handelt es sich um eine soziale Verpflichtung, die weder im Gesetz[111] noch in Kollektivvereinbarungen[112] niedergelegt ist oder in Individualarbeitsverträge[113] explizit aufgenommen wird. „Lebenslang" in diesem Zusammenhang bedeutet, dass der Arbeitnehmer direkt

105 Assmann/Maslow, The Asia-Pacific Journal, 12. April 2010.
106 JILPT, Main Labor Economic Indicators: March 2012, S. 12.
107 JILPT, Main Labor Economic Indicators: March 2012, S. 12.
108 JILPT, Labor Situation in Japan and Its Analysis: General Overview 2011/2012, S. 23.
109 Endo, Meiji Business Review, Vol. 53 (2006), No. 4, S. 9.
110 Keizer, Non-Regular Employment in Japan, S. 9.
111 Moriguchi/Ono, Institutional Change in Japan, S. 13.
112 Bredgaard/Larsen, Comparing Flexicurity in Denmark and Japan, S. 18.
113 Ono, Lifetime Employment in Japan, S. 1; Saito/Vuszkun, Journal of Asia Pacific Studies, Vol. 1 (2010), No. 3, S. 593.

nach dem Abschluss der Schule oder der Universität in einem Unternehmen angestellt wird und dort bis zum Erreichen des Rentenalters verbleibt[114]. Kündigungen sind zwar möglich, es wird aber von dem Arbeitgeber erwartet, dass er alle Möglichkeiten ausschöpft, um eine Kündigung zu verhindern. Hinzu kommt die moralische Forderung an den Arbeitgeber, den Arbeitnehmer regelmäßig zu befördern, das Gehalt des Arbeitnehmers entsprechend der Dauer der Betriebszugehörigkeit anzuheben, Zulagen neben dem Grundgehalt zu gewähren und dem Arbeitnehmer Aus- und Weiterbildungsmaßnahmen zur Verfügung zu stellen[115]. Im Gegenzug wird vom Arbeitnehmer nicht nur verlangt, dass er bis zur Erreichung des Rentenalters in dem Unternehmen bleibt, sondern auch, dass er sich mit dem Unternehmen identifiziert, an Weiterbildungen teilnimmt sowie Versetzungen und Änderungen seiner Arbeitsbedingungen akzeptiert[116].

Wann sich das Prinzip der lebenslangen Beschäftigung letztlich auf dem japanischen Arbeitsmarkt durchsetzte, ist bis heute strittig[117]. Ebenso strittig ist aber auch, ob das Prinzip der lebenslangen Beschäftigung heute noch Gültigkeit besitzt. Nishitani, Adhikari und Bertero sind der Auffassung, dass das Prinzip heute nur noch schwach ausgeprägt sei und sich auf dem Niedergang befinde[118]. Kato, Moriguchi, Ono und Matanle wiederum argumentieren, dass das Prinzip der lebenslangen Beschäftigung nach wie vor berücksichtigt werde[119]. Diese Abhandlung geht von einer vermittelnden Ansicht aus. Schaede spricht in diesem Zusammenhang von einem „qualitativen Wandel" des Prinzips der lebens-

114 Kato, Journal of the Japanese and International Economics, Vol. 15 (2001), S. 490 Fußnote 2; Port/McAlinn, S. 569; Schlachter/Meinhardt, Recht der Internationalen Wirtschaft 2003, S. 765; Menkhaus/Meinhardt, Zeitschrift für ausländisches und internationales Arbeits- und Sozialrecht 2004, S. 204; Nishitani, S. 3; Keizer, Non-Regular Employment in Japan, S. 5; Uzama, Ritsumeikan Asia Pacific Journal, Vol. 24 (2008), No. 3, S. 71; Schaede, S. 175; Kojima, Contemporary Japan, Vol. 22 (2010), S. 26; Takeuchi-Okuno, in: Blanpain (Hrsg.), Regulation of Fixed-Term Employment Contracts, S. 110; Hanami/Komiya, S. 48.

115 Hanami/Komiya, S. 48.

116 Schregle, International Labour Review, Vol. 132 (1993), No. 4, S. 511.

117 Zu den verschiedenen Ansichten: Schregle, International Labour Review, Vol. 132 (1993), No. 4, S. 511; Port/McAlinn, S. 555 f.; Hornsby, ASIANetwork Exchange, Vol. 12 (2004), No. 2, S. 19 f.; Moriguchi/Ono, Institutional Change in Japan, S. 6; Adhikari, S. 48, 62/63; Rebick, S. 17/18; Schaede, S. 175; Saito/Vuszkun, Journal of Asia Pacific Studies, Vol. 1 (2010), No. 3, S. 596 f.

118 Nishitani, S. 3; Adhikari, S. 14; Bertero, The Haken Crisis, S. 2.

119 Kato, Journal of the Japanese and International Economics, Vol. 15 (2001), S. 489; Moriguchi/Ono, Institutional Change in Japan, S. 2, 5, 13; Matanle, in: Matanle/Lunsing (Hrsg.), S. 62.

langen Beschäftigung[120]. Es handele sich heute nur noch um eine informelle, stillschweigende Abrede zwischen den Arbeitsvertragsparteien dahingehend, dass zwar eine lebenslange Beschäftigung angestrebt werde, diese Absprache aber auch jederzeit wieder aufgehoben werden könne[121]. Der Arbeitnehmer muss sich nicht mehr verpflichtet fühlen, sein Leben lang in ein und demselben Unternehmen zu verbleiben, während dem Arbeitgeber die Möglichkeit eingeräumt wird, in gewissem Umfang freier in Personalangelegenheiten zu entscheiden.

Auch der Anwendungsbereich des Prinzips muss in zweierlei Hinsicht neu definiert werden.

Um die Beschäftigung der regulären Arbeitnehmer sicherstellen zu können, werden diese in wirtschaftlichen Notlagen oder bei fehlenden Beförderungsmöglichkeiten in andere konzernangehörige Unternehmen versetzt. Eine Fürsorgeverpflichtung des Arbeitgebers anzunehmen, die sich auf das einzelne Unternehmen beschränkt, griffe folglich zu kurz[122]. Das Prinzip der lebenslangen Beschäftigung wird daher hier zum einen verstanden als eine konzernweite Verpflichtung oder zumindest als eine Verpflichtung des Arbeitgebers, die nicht an den Grenzen seines eigenen Verantwortungsbereichs aufhört.

Zum anderen kamen Untersuchungen zu dem Ergebnis, dass das Prinzip der lebenslangen Beschäftigung nur noch rund ein Drittel der japanischen Arbeitnehmer erfasst[123]. Auf der einen Seite sind nur solche Unternehmen, die die wirtschaftlichen Risiken, die mit dem Einsatz von regulären Arbeitnehmern verbunden sind, weitgehend externalisieren können, in der Lage, weiterhin die Privilegien der lebenslangen Beschäftigung anzubieten[124]. Dies werden in der Regel größere Unternehmen sein, die als *keiretsu*-Unternehmen[125] (系列) die Möglichkeit haben, ihre Arbeitnehmer an zugehörige Unternehmen abzugeben oder über den internen Arbeitsmarkt anzuwerben[126]. Doch bedeutete dies nicht, dass große Unternehmen überwiegend aus regulären Beschäftigten bestehen. Um eine le-

---

120 Schaede, S. 199.

121 Schaede, S. 174, 187.

122 Araki, Zeitschrift für ausländisches und internationales Arbeits- und Sozialrecht 1993, S. 17; Kato, Journal of the Japanese and International Economics, Vol. 15 (2001), S. 511.

123 Port/McAlinn, S. 569; Kingston, S. 90.

124 Iwasa, Osaka Keidai Ronshu, Vol. 62 (2011), No. 1, S. 78.

125 *Keiretsu* sind Zusammenschlüsse von Unternehmen. Sie treten in horizontaler und vertikaler Form auf. Vertikale *Keiretsu* sind Unternehmen auf gleicher Stufe, die sogenannte Zulieferpyramiden bilden [Pascha, in: Kevenhörster/Pascha/Shire (Hrsg.), S. 99]. Horizontale *Keiretsu* sind branchenübergreifende Zusammenschlüsse, die in der Regel aus einer Großbank, einem Generalhandelsunternehmen und weiteren kleineren Unternehmen bestehen [Pascha, in: Kevenhörster/Pascha/Shire (Hrsg.), S. 99].

126 Iwasa, Osaka Keidai Ronshu, Vol. 62 (2011), No. 1, S. 78.

benslange Anstellung gewährleisten zu können, sind die größeren Unternehmen vielmehr dazu übergegangen, nur noch wenige reguläre Arbeitnehmer einzustellen, die von einer Vielzahl nicht-regulärer Beschäftigter unterstützt werden[127]. Auf der anderen Seite sind nicht-reguläre Beschäftigte von den Privilegien des Prinzips der lebenslangen Beschäftigung ausgeschlossen, unabhängig davon wie lange ihre Beschäftigungsdauer in oder wie stark ihre Identifizierung mit dem Unternehmen ist[128]. Dies bedingt zeitgleich einen weitreichenden Ausschluss der weiblichen Arbeitskräfte, denn eine Untersuchung des Ministeriums für Interne Angelegenheiten und Kommunikation ergab, dass im Jahr 2010 53,8 Prozent der weiblichen Arbeitskräfte in nicht-regulären Beschäftigungsverhältnissen vorgefunden wurden, während dies bei den männlichen Arbeitskräften nur 18,9 Prozent waren[129].

Hinsichtlich des personellen Anwendungsbereichs des Prinzips der lebenslangen Beschäftigung kann daher der Schluss gezogen werden, dass die Privilegien fast ausschließlich nur noch männlichen Stammarbeitnehmern in großen Unternehmen zugutekommen[130], diese aber nicht uneingeschränkt auf einen Verbleib in ihrem Unternehmen vertrauen dürfen, sondern auch mit einer Versetzung in konzernangehörige Unternehmen rechnen müssen.

II. Auswirkungen auf die Arbeitnehmerüberlassung

Zwar sind Leiharbeitnehmer als nicht-reguläre Arbeitnehmer grundsätzlich vom Prinzip der lebenslangen Beschäftigung ausgenommen, dennoch hat dieses Prinzip Auswirkungen auf das Recht der Arbeitnehmerüberlassung.

Zum einen war das Prinzip der lebenslangen Beschäftigung eine der Ursachen für das Verbot der Arbeitnehmerüberlassung bis 1985. Das Gleiche muss auch für die erst sehr viel spätere Einführung des Temp-to-Perm-Services gelten.

Zum anderen ist Ausfluss des Prinzips der lebenslangen Beschäftigung auch heute noch die Normierung einer Höchstüberlassungsdauer sowie die Übernahmeverpflichtung des Entleihers bei Überschreiten der Höchstüberlassungsdauer. Diese Einschränkungen wurden letztlich geschaffen, um die Arbeitsplätze regu-

127 Hanami/Komiya, S. 49.

128 Ono, Lifetime Employment in Japan, S. 11.

129 JILPT, Japanese Working Life Profile 2011/2012, S. 33.

130 Kato, Journal of the Japanese and International Economics, Vol. 15 (2001), S. 490.

lärer Arbeitnehmer zu sichern und eine Ersetzung der Stammbelegschaft durch Leiharbeitnehmer zu verhindern[131].

Das Prinzip der lebenslangen Beschäftigung begründet eine gesteigerte Fürsorgepflicht, die den Arbeitgeber verpflichtete, dafür Sorge zu tragen, dass der Arbeitnehmer ausreichend finanziell abgesichert ist. Da Leiharbeitnehmer zu den nicht-regulären Beschäftigten gehören, besteht diese Fürsorgepflicht ihnen gegenüber nicht. Folglich kann das Prinzip der lebenslangen Beschäftigung auch als Begründung herangezogen werden, weshalb sich das Gleichbehandlungsgebot in der Leiharbeit noch nicht durchgesetzt hat.

§ 5 Arbeitnehmerüberlassung als Teil des japanischen Arbeitsmarktes

Der Umstand, dass das Prinzip der lebenslangen Beschäftigung auf nicht-reguläre Beschäftigte keine Anwendung findet, hat in der Wirtschaft zu einem erheblichen Anstieg der Leiharbeitnehmerzahl geführt.

Bereits erwähnt wurde die relativ sichere Beschäftigungsposition der regulären Beschäftigten im Unternehmen und der Fakt, dass die Unternehmen ihre wirtschaftliche Flexibilität aus dem Einsatz nicht-regulärer Beschäftigter ziehen[132].

Der Einsatz von Leiharbeitnehmern ist zudem auch für den Entleiher mit sinkenden Personal- und Organisationskosten verbunden[133]. Zwar unterscheidet sich der Basislohn des Leiharbeitnehmers nur geringfügig von dem eines regulären Arbeitnehmers und die Entleihunternehmen sind zusätzlich zur Zahlung einer Überlassungsgebühr verpflichtet, doch entfällt für die Entleihunternehmen weitgehend die Verpflichtung zur Leistung von Zulagen und Bonuszahlungen sowie zur Bereitstellung von Weiterbildungsmaßnahmen[134]. Diese Kosten hat das Verleihunternehmen zu tragen.

Doch auch unabhängig vom Prinzip der lebenslangen Beschäftigung bietet die Leiharbeit den Unternehmen wirtschaftliche und arbeitsrechtliche Vorteile.

---

131 Imai, The Rise of Temporary Employment in Japan, S. 13; Kojima/Fujikawa, in: Houseman/Osawa (Hrsg.), S. 400; Hanami, in: Blanpain/Graham (Hrsg.), S. 166.

132 Rebick, S. 57; Ministerium für Gesundheit, Arbeit und Soziales, 平成20年派遣労働者実態調査, Tabelle 45.

133 Weathers, Social Science Japan Journal, Vol. 4 (2001), No. 2, S. 201.

134 Weathers, Social Science Japan Journal, Vol. 4 (2001), No. 2, S. 201, 204.

Durch den Einsatz von Leiharbeitnehmern kann die Produktivität eines Unternehmens gesteigert beziehungsweise aufrechterhalten werden[135]. In einer Umfrage des Ministeriums für Gesundheit, Arbeit und Soziales aus dem Jahr 2007 gaben die Entleihunternehmen dies als häufigsten Grund (35,2 Prozent) für den Einsatz von Leiharbeitnehmern an[136]. Leiharbeitnehmer können aufgrund ihrer beruflichen Erfahrung anders als Schulabgänger und Universitätsabsolventen in der Regel sofort gewinnbringend eingesetzt werden[137]. Die Unternehmen müssen daher keine oder zumindest kürzere Einarbeitungsphasen einplanen, was vor allem bei der Ersetzung eines ausfallenden regulären Arbeitnehmers, zur Überbrückung von Hochkonjunkturphasen sowie in saisonalen oder projektbedingten Engpässen[138] vorteilhaft ist.

Schließlich bietet die Leiharbeit den Unternehmen die Möglichkeit, den Leiharbeitnehmer zu testen, bevor sie ihn als regulären Arbeitnehmer einstellen. Zwar besteht auch in Japan die Möglichkeit, zunächst ein Probearbeitsverhältnis zu vereinbaren, doch entstehen in diesem Fall für das Unternehmen arbeitgeberseitige Verpflichtungen, die bei einer vorgeschalteten Arbeitnehmerüberlassung beim Verleiher verbleiben.

Aufgrund dieser wirtschaftlichen Vorteile hat sich in den letzten Jahren eine starke Leiharbeitsbranche in Japan entwickelt. Im Jahr 2008 waren insgesamt 1.460.000 Leiharbeitnehmer gemeldet, Mitte 2010 belief sich die Zahl noch auf ungefähr 900.000[139]. Auch wenn die Anzahl der Leiharbeitnehmer damit im Vergleich zu den sonstigen Beschäftigungsgruppen nur einen kleinen Teil ausmacht (zirka 1,9 Prozent[140]), ist ihre Bedeutung für den japanischen Arbeitsmarkt nicht zu unterschätzen. Seit der Zulassung der Leiharbeit im Jahr 1986 hat sich der japanische Leiharbeitsmarkt, hinter dem US-amerikanischen und dem britischen, zum drittgrößten weltweit entwickelt und nimmt ungefähr 14 Prozent des globalen und 95 Prozent des Arbeitnehmerüberlassungsmarktes im Asien-Pazifik-Raum ein[141]. Im Jahr 2007 gab es insgesamt 50.149 Verleihunternehmen, was eine Verzehnfachung in den letzten 10 Jahren bedeutet[142]. Die fünf

135 Weathers, Social Science Japan Journal, Vol. 4 (2001), No. 2, S. 202; Ministerium für Gesundheit, Arbeit und Soziales, 平成20年派遣労働者実態調査, Tabelle 45.

136 Hamaguchi/Ogino, Non-regular work, S. 8.

137 Weathers, Social Science Japan Journal, Vol. 4 (2001), No. 2, S. 202.

138 Hamaguchi/Ogino, Non-regular work, S. 8.

139 JILPT, in: JILPT (Hrsg.), Labor Situation in Japan and Analysis: Detailed Exposition 2011/2012, S. 21.

140 JILPT, Labor Situation in Japan and Its Analysis: General Overview 2011/2012, S. 23.

141 Coe/Johns/Ward, Transforming the Japanese labour market, S. 8.

142 Imai, Japanese Studies, Vol. 29 (2009), No. 2, S. 258.

größten Verleihunternehmen sind Staff Service, Pasona, Tempstaff, Recruit Staffing und Adecco[143].

Inzwischen sind die Unternehmen nicht mehr nur auf die Arbeitnehmerüberlassung beschränkt. Gerade durch die Zulassung des Temp-to-Perm-Services hat sich der Handlungsspielraum der Verleihunternehmen erheblich erweitert. Heute sind die meisten Verleihunternehmen Personaldienstleister, die neben der Arbeitnehmerüberlassung, die Erledigung ausgegliederter Produktionsbereiche sowie die Vermittlung von befristeten oder regulären Arbeitnehmern durch vorangegangene Arbeitnehmerüberlassung anbieten[144].

143 Coe/Johns/Ward, Transforming the Japanese labour market, S. 8.
144 Imai, Japanese Studies, Vol. 29 (2009), No. 2, S. 258, 259.

Kapitel 3: Rechtlicher Rahmen

In Kapitel 3 wird entsprechend der Normenhierarchie ein kurzer Überblick über die Rechtsquellen des japanischen und internationalen Arbeitsrechts gegeben, sofern diese für das Recht der Arbeitnehmerüberlassung von Bedeutung sind. An höchster Stelle in der Normenhierarchie steht die japanische Verfassung. Nach der herrschenden Meinung in Rechtsprechung und Literatur nehmen die Übereinkommen der Internationalen Arbeitsorganisation (IAO) eine Position zwischen der Verfassung und den formellen Gesetzen ein. Relevante formelle Gesetze sind das Zivilgesetzbuch, das Arbeitsstandardgesetz, das Arbeitsplatzsicherungsgesetz, das Arbeitsvertragsgesetz und insbesondere das Arbeitnehmerüberlassungsgesetz. In der Hierarchie unter diesen formellen Gesetzen stehen die ministeriellen Verordnungen und Mitteilungen, Kabinettsanordnungen sowie Vereinbarungen von Arbeitgeberorganisationen. Auf der Unternehmensebene schließlich kommen Kollektivvereinbarungen, Arbeitsordnungen und Arbeitsverträge hinzu. Abschließend wird zur Bedeutung der Rechtsprechung Stellung genommen.

§ 6 Rechtsquellen auf nationaler Ebene

I. Die japanische Verfassung von 1947[145]

Gemäß Art. 98 Abs. 1 der japanischen Verfassung (日本国憲法, *Nihon Koku Kenpô*, im Folgenden abgekürzt: JV) ist das höchste Recht im Staat die Verfassung. Sofern Gesetze, kaiserliche Bescheide, Verordnungen oder sonstige Handlungen der Regierung gegen die Verfassung verstoßen, verlieren sie ihre rechtliche Wirkung.

Die japanische Verfassung behandelt in insgesamt vier Vorschriften die Rechte der Arbeitnehmer und die Prinzipien des Arbeitsrechts.

Art. 22 JV garantiert jedem Menschen das Recht auf freie Wahl seines Berufes, sofern seine Berufswahl nicht mit dem öffentlichen Wohl kollidiert. Im Allgemeinen wird Art. 22 JV jedoch nicht dahingehend verstanden, dass hierdurch – wie in Deutschland – ein durchsetzbares Recht geschaffen wird; Art. 22 JV ist vielmehr Ausdruck einer sozialen Verpflichtung des Staates[146].

Art. 25 Abs. 1 JV normiert, dass alle Menschen das Recht haben sollen, den Mindeststandard an gesundem und kultiviertem Leben zu erhalten. Das Recht

145 Im Internet abrufbar unter: www.kantei.go.jp/foreign/constitution_and_government_of_japan/constitution_e.html (Englisch), Zugriff zuletzt am: 1.Juni 2012.

146 Port/McAlinn, S. 544.

auf ein Minimum an gesundem und kultiviertem Leben stellt ein grundlegendes sozialstaatliches Prinzip[147] dar, welches den Gesetzgeber dazu anhält, durch den Erlass von Gesetzen, Richtlinien oder Programmen tätig zu werden[148]. Die Verpflichtung des Staates zur aktiven Förderung wird in Art. 25 Abs. 2 JV noch einmal ausdrücklich betont, indem von ihm in allen Lebensbereichen Anstrengungen gefordert werden, um das soziale Wohlergehen, die soziale Absicherung und die öffentliche Gesundheit zu fördern und auszubauen. Mindestlöhne, Arbeitszeitregelungen und sonstige Arbeitnehmerschutzbestimmungen finden ihren Ursprung und ihre Rechtfertigung in dem in Art. 25 JV verankerten Sozialstaatsprinzip. Bisher können sich Individuen vor Gericht jedoch nicht auf Art. 25 JV berufen. In seinen Urteilen von 1948 bis 2006 sah der Oberste Gerichtshof in Art. 25 JV lediglich einen Programmsatz, eine nicht durchsetzbare Aufforderung an den Gesetzgeber, tätig zu werden[149]. Ob dies so bleibt, muss abgewartet werden, da Art. 25 JV durchaus auch als durchsetzbares Individualrecht interpretiert werden kann[150].

Nach Art. 27 Abs. 1 JV haben alle Menschen das Recht und die Verpflichtung zu arbeiten. Das in Art. 27 Abs. 1 JV normierte Recht auf Arbeit enthält zwei politische Verpflichtungen: Zum einen verpflichtet es den Staat, so in den Arbeitsmarkt einzugreifen, dass es den Arbeitnehmern ermöglicht wird, zu ihren Fähigkeiten passende Arbeit zu finden, und zum anderen soll das Recht auf Arbeit den Mindeststandard jener Menschen sicherstellen, die trotz Bemühungen eine passende Arbeit nicht finden können[151]. Die „Verpflichtung" zur Arbeit wird dabei nicht im Sinne von zwangsweiser Arbeit verstanden, sondern vielmehr dahingehend interpretiert, dass der Staat diejenigen nicht unterstützen muss, die nicht arbeiten wollen[152].

Art. 27 Abs. 2 JV bestimmt, dass der Maßstab für die Vergütung, die Arbeitszeiten, die Ruhezeiten und sonstige Arbeitsbedingungen durch ein Gesetz

147 Araki, in: JILPT (Hrsg.), The Mechanism for Establishing and Changing Terms and Conditions of Employment, S. 3.

148 Kegan, Pacific Rim Law and Policy Journal, Vol. 17 (2008), S. 736.

149 Oberster Gerichtshof, Urteil vom 29. September 1948, Saikô Saibansho Hanreishû, Vol. 2, No. 10, S. 1235; Oberster Gerichtshof, Urteil vom 24. Mai 1967, Saikô Saibansho Hanreishû, Vol. 21, No. 5, S. 1043; Oberster Gerichtshof, Urteil vom 1. März 2006, www.courts.go.jp/english/judgments/text/2006.03.01-2000.-Gyo-Tsu-.No..62.html (Zugriff zuletzt am: 2. Juni 2012); Kegan, Pacific Rim Law and Policy Journal, Vol. 17 (2008), S. 746/747.

150 Kegan, Pacific Rim Law and Policy Journal, Vol. 17 (2008), S. 738 ff.

151 Sugeno, S. 15; Adhikari, S. 31; Araki, in: JILPT (Hrsg.), The Mechanism for Establishing and Changing Terms and Conditions of Employment, S. 4.

152 Araki, in: JILPT (Hrsg.), The Mechanism for Establishing and Changing Terms and Conditions of Employment, S. 4 Fußnote 5.

festgelegt werden sollen. Die Festlegung von bestimmten Arbeitsbedingungen darf somit nicht vollständig vertraglichen Regelungen überlassen werden, sondern der Staat ist verpflichtet, hier einzuschreiten und die Standards gesetzlich vorzuschreiben[153]. Ergebnis dieser staatlichen Verpflichtung ist das Arbeitsstandardgesetz von 1947.

Art. 25 und 27 JV stellen den Grund für den starken Arbeitnehmerschutz in Japan dar: Auf ihrer Grundlage entwickelten die Gerichte in richterlicher Rechtsfortbildung die heute geltenden strengen Voraussetzungen zu Kündigung aus betrieblichen Gründen, den Grundsatz der Kündigung als ultima ratio, sowie die Rechtsfolgen einer ungerechtfertigten Kündigung, die, wie in Deutschland, in der Fortgeltung des Arbeitsverhältnisses und der rückwirkenden Lohnfortzahlung bestehen[154].

Schließlich garantiert Art. 28 JV dem Arbeitnehmer das Recht, sich zu organisieren, im Kollektiv zu verhandeln und als solches auch aufzutreten. Mit Art. 28 JV sind drei Wirkungen verbunden: Erstens verbietet Art. 28 JV eine Gesetzgebung, die ohne einen rechtfertigenden Grund den Arbeitnehmern ihr Recht, sich zu organisieren sowie kollektiv aufzutreten und zu verhandeln, untersagt oder beschneidet; zweitens sind bestimmte Handlungen von Gewerkschaften und Arbeitnehmern, die im Zusammenhang mit der Ausübung dieses Rechts stehen, vor zivilrechtlichen und strafrechtlichen Sanktionen geschützt; drittens wird der Staat verpflichtet, Gewerkschaftsrechte zu fördern[155]. Art. 28 JV stellt die verfassungsrechtliche Grundlage für den Erlass des Gewerkschaftsgesetzes dar.

II. Übereinkommen der Internationalen Arbeitsorganisation

Auf der zweiten Hierarchieebene stehen die internationalen Abkommen. Die Übereinkommen der IAO gehören als internationale Verträge somit ebenfalls zu den für die Leiharbeit relevanten Rechtsquellen.

Gemäß Art. 98 Abs. 2 JV sollen internationale Verträge, die vom Kabinett abgeschlossen werden [Art. 73 (3) JV], gewissenhaft beachtet werden. In welchem Umfang die internationalen Verträge Beachtung finden sollen, geht allerdings aus der Verfassung nicht hervor. In Rechtsprechung und Literatur hat sich hierzu jedoch eine klare Vorstellung entwickelt.

---

153 Sugeno, S. 17.

154 Rebick, S. 19.

155 Araki, in: JILPT (Hrsg.), The Mechanism for Establishing and Changing Terms and Conditions of Employment, S. 5, Hanami/Komiya, S. 153.

Nahezu unstrittig ist, dass die Verträge automatisch, das heißt ohne Umsetzungsakt, Gesetzeskraft besitzen, sobald sie durch das Kabinett abgeschlossen, durch Mehrheitswahl im Parlament angenommen und im Amtsblatt veröffentlich wurden[156]. Hierfür wird vorgetragen, dass bereits in der Meiji-Verfassung von 1889 die Gesetzeskraft solcher Verträge vorausgesetzt wurde[157], Art. 73 Nr. 3 der gegenwärtigen Verfassung von 1946 die Anerkennung der Verträge durch das Parlament voraussetzt[158] und Art. 7 Nr. 1 der gegenwärtigen Verfassung die Bekanntmachung der Verträge durch den Kaiser verlangt[159]. Aufgrund des Mehrheitsbeschlusses durch das Parlament und die anschließende Bekanntmachung durch den Kaiser werden die Verträge in die Nähe der formellen Gesetze gerückt (Art. 7 Nr. 1, 59 JV), so dass ihnen ebenfalls Gesetzeskraft zuzusprechen ist.

Ebenso unstrittig ist auch der Rang, den die Verträge in der Rechtsordnung einnehmen. Der Oberste Gerichtshof und die Regierung gehen insoweit davon aus, dass die Verträge im Sinne des Art. 98 Abs. 2 JV im Rang über den formellen Gesetzen, aber unterhalb der Verfassung stehen[160].

Am 11. Juni 1956 ratifizierte Japan das IAO-Übereinkommen Nr. 96 „Gebührenpflichtige Vermittlungsunternehmen“[161], welches dazu führte, dass die Arbeitsvermittlung und in dessen Folge auch die Arbeitnehmerüberlassung für private Unternehmen untersagt wurde. Das IAO-Übereinkommen Nr. 96 wurde mit Wirkung zum 10. Mai 2000 durch das IAO-Übereinkommen Nr. 181 „Private Vermittlungsunternehmen“ abgelöst, das nun im Gegenzug die Arbeitsvermittlung durch private Unternehmen gestattet. Am 28. Juli 1999[162] ratifizierte Japan das IAO-Übereinkommen Nr. 181 und trat zeitgleich aus dem IAO-

---

156 Iwasawa, Proceedings of the Annual Meeting (American Society of International Law), Vol. 91 (1997), S. 302; Iwasawa, in: Conforti/Francioni (Hrsg.), S. 227; Abe, Refuge, Vol. 18 (1999), No. 2, S. 28; Franck/Thiruvengadam, Chinese Journal of International Labor 2003, S. 478.

157 Iwasawa, Proceedings of the Annual Meeting (American Society of International Law), Vol. 91 (1997), S. 302; Franck/Thiruvengadam, Chinese Journal of International Labor 2003, S. 478/479.

158 Iwasawa, Proceedings of the Annual Meeting (American Society of International Law), Vol. 91 (1997), S. 302.

159 Iwasawa, Proceedings of the Annual Meeting (American Society of International Law), Vol. 91 (1997), S. 302.

160 Iwasawa, Proceedings of the Annual Meeting (American Society of International Law), Vol. 91 (1997), S. 302/303; Franck/Thiruvengadam, Chinese Journal of International Labor 2003, S. 480; Abe, Refuge, Vol. 18 (1999), No. 2, S. 28.

161 www.ilo.org/ilolex/cgi-lex/ratifce.pl?C096, Zugriff zuletzt am: 1. Juni 2012.

162 www.ilo.org/ilolex/cgi-lex/ratifce.pl?C181, Zugriff zuletzt am: 1. Juni 2012.

Übereinkommen Nr. 96 aus[163]. Die IAO-Übereinkommen haben aufgrund ihrer verfassungsrechtlich verankerten Gesetzeskraft und ihrem Rang in der Normenhierarchie Einfluss auf die einfachgesetzlichen Regelungen des japanischen Arbeitsrechts.

III. Einfachgesetzliche Regelungen

Aufgrund der verfassungsrechtlichen Handlungsaufträge an den Staat wurden diverse einfachgesetzliche Regelungen erlassen, die auch für die Arbeitnehmerüberlassung relevant sind und in der Normenhierarchie an dritter Stelle stehen.

1. Gesetz zur Sicherung der ordnungsgemäßen Durchführung von Arbeitnehmerüberlassungsgeschäften und zum Schutz von Leiharbeitnehmern [164]

Das Recht der Arbeitnehmerüberlassung ist speziell im „Gesetz zur Sicherung der ordnungsgemäßen Durchführung von Arbeitnehmerüberlassungsgeschäften und zum Schutz von Leiharbeitnehmern“ [労働者派遣事業の適正な運営の確保及び派遣労働者の保護等に関する法律, *Rôdôsha Haken Jigyô no Tekisaina Unei no Kakuho Oyobi Hakenrôdôsha no Hogotô nikansuro Hôritsu*, kurz: *Rôdôsha Haken IIô* (Arbeitnehmerüberlassungsgesetz); im Folgenden abgekürzt: JAÜG] vom 5. Juli 1985 geregelt. Das Gesetz wurde mehrmals umbenannt und hieß bis zum Erlass der neuesten Fassung am 28. März 2012 noch „Gesetz zur Sicherstellung der ordnungsgemäßen Durchführung der Arbeitnehmerüberlassungsgeschäfte und verbesserter Arbeitsbedingungen für Leiharbeitnehmer“ (労働者派遣事業の適正な運営の確保及び派遣労働者の就業条件の整備等に関する法律, *Rô- dôshahakenjigyô no Tekisaina Unei no Kakuhooyobi Hakenrôdôsha no Shôgyôjyôken no Seibira nikansuro Hôritsu*)[165].

Das Gesetz trifft Maßnahmen zur Sicherstellung der ordnungsgemäßen Durchführung von Arbeitnehmerüberlassungsgeschäften, um eine angemessene Passung von Angebot und Nachfrage zu erreichen und schützt in diesem Zu-

---

163 www.ilo.org/ilolex/cgi-lex/ratifce.pl?C096, Zugriff zuletzt am: 1. Juni 2012.

164 Fassung bis zum 27. März 2012 im Internet abrufbar unter: www.cas.go.jp/jp/seisaku/hourei/data/aspo.pdf (Englisch), Zugriff zuletzt am: 1. Juni 2012. Zu den Änderungen durch die Gesetzesreform vom 28. März 2012 vergleiche: Ministerium für Gesundheit, Arbeit und Soziales, 労働者派遣事業の適正な運営の確保及び派遣労働者の就業条件の整備等に関する法律等の一部を改正する法律新旧対照条文, S. 1 – 37.

165 Ministerium für Gesundheit, Arbeit und Soziales, 労働者派遣事業の適正な運営の確保及び派遣労働者の就業条件の整備等に関する法律等の一部を改正する法律新旧対照条文, S. 1; Takahashi, 労働者派遣法の改正について (1).

sammenhang die Leiharbeitnehmer durch Anhebung der Beschäftigungsstabilität, Art. 1 JAÜG in der Fassung vom 28. März 2012. In Kapitel 1 („Allgemeine Bestimmungen") werden der Zweck des Gesetzes, die Anwendungsbereiche sowie Legaldefinitionen der relevanten Begriffe wiedergegeben. Kapitel 2 („Maßnahmen zur Sicherstellung der ordnungsgemäßen Durchführung von Arbeitnehmerüberlassungsgeschäften") befasst sich mit den Bereichsausnahmen, in denen eine Arbeitnehmerüberlassung verboten ist. Weiterhin regelt dieses Kapitel das Lizenz- beziehungsweise Mitteilungsverfahren für die allgemeine (Art. 5 bis 15 JAÜG) und spezielle (Art. 16 bis 22 JAÜG) Arbeitnehmerüberlassung. Die Art. 23 bis 25 JAÜG normieren die Erstellung des Geschäftsberichts durch das Verleihunternehmen. Kapitel 3 („Maßnahmen zum Schutz der Leiharbeitnehmer") enthält Vorschriften über den Inhalt und die Kündigung des Überlassungsvertrages sowie über Maßnahmen, die von Entleiher und Verleiher hinsichtlich der Arbeitsplatzsicherung von Leiharbeitnehmern getroffen werden müssen. Auf die Rolle des Ministeriums für Gesundheit, Arbeit und Soziales sowie sonstiger Organisationen wird in Kapitel 4 („Sonstige Bestimmungen") eingegangen. Die strafrechtlichen Sanktionen für Verstöße gegen Regelungen des JAÜG sind Gegenstand des fünften Kapitels.

2. Zivilgesetzbuch[166]

Das Zivilgesetzbuch (民法, *Mimpô*, im Folgenden abgekürzt: JBGB) trat 1898 in Kraft und enthält allgemeingültige Regelungen, die immer dann zum Einsatz kommen, wenn in spezielleren Gesetzen eine Regelungslücke besteht.

Im ersten Abschnitt des zweiten Kapitels sind allgemeine Regelungen zum Abschluss, den Wirkungen und der Beendigung von Verträgen niedergelegt. Diese Regelungen werden im achten (Art. 623 bis Art. 631 JBGB) und neunten Abschnitt (Art. 632 bis 642 JBGB) desselben Kapitels für die Begründung und Beendigung eines Arbeitsverhältnisses konkretisiert. Besondere Relevanz im Arbeitsrecht hat aber Art. 1 Abs. 3 JBGB („kein Rechtsmissbrauch ist zulässig") erlangt, da aus ihm die Gerichte die Missbrauchsdoktrin im Rahmen von Kündigungen abgeleitet haben.

---

166 Im Internet abrufbar unter: www.law.tohoku.ac.jp/kokusaiB2C/legislation/pdf/Civil%20Code.pdf (Englisch), Zugriff zuletzt am: 1. Juni 2012.

3. Arbeitsstandardgesetz[167]

Das Arbeitsstandardgesetz (労働基準法, *Rôdô Kijun Hô*, im Folgenden abgekürzt: ASG) vom 7. April 1947 enthält die grundlegenden Vorschriften zum Arbeitnehmerschutz und findet Anwendung auf alle Unternehmen und Einrichtungen im privaten Sektor – und somit auch auf Verleih- und Entleihunternehmen im Rahmen der Arbeitnehmerüberlassung –, unabhängig von deren Größe, Unternehmensgegenstand oder Standort[168]. Es regelt den Abschluss und die Beendigung von Arbeitsverträgen, Löhne und andere Vergütungen, Arbeitszeiten, Ruhetage, den Jahresurlaub sowie den Schutz von Kindern und Schwangeren. Arbeitsbedingungen in Individualarbeitsverträgen und Arbeitsordnungen, die einen niedrigeren Standard festlegen als das ASG, sind gemäß Art. 92, 93 ASG unwirksam.

4. Arbeitsplatzsicherungsgesetz[169]

Das Arbeitsplatzsicherungsgesetz (職業安定法, *Shokugyô Antei Hô*, im Folgenden abgekürzt: APSG) vom 30. November 1947 verfolgt den Zweck, jede Person mit einer Beschäftigungsmöglichkeit zu versorgen, die ihren Fähigkeiten entspricht, Art. 1 APSG. Zu diesem Zweck regelt das Gesetz die ordnungsgemäße Durchführung von Arbeitsvermittlungen, Anwerbungsprozessen und Berufsberatungen. Für die Arbeitnehmerüberlassung relevant ist dieses Gesetz deshalb, weil es Vorschriften über die Arbeitsvermittlung enthält, die einige Verleihunternehmen zusätzlich zur Arbeitnehmerüberlassung (unter anderem im Rahmen des „Temp-to-Perm") anbieten.

5. Arbeitsvertragsgesetz[170]

Auf das Rechtsverhältnis zwischen Verleiher und Leiharbeitnehmer ist das Arbeitsvertragsgesetz (労働契約法, *Rôdô Keiyaku Hô*, im Folgenden abgekürzt: AVG) vom 5. Dezember 2007 anwendbar. Neben Definitionen rund um den Arbeitsvertrag enthält dieses Gesetz Vorschriften zum Abschluss, zur Änderung,

167 Im Internet abrufbar unter: www.jil.go.jp/english/laborinfo/library/documents/laborstandardsact_amendment2008.pdf (Englisch und Japanisch), Zugriff zuletzt am: 1. Juni 2012.

168 Yamakawa, The American Journal of Comparative Law, Vol. 49 (2001), No. 4, S. 627, 632.

169 Im Internet abrufbar unter: www.japaneselawtranslation.go.jp/law/detail/?ft=1&re=02&dn=1&co=01&ky=employment+security&page=31 (Englisch), Zugriff zuletzt am: 1. Juni 2012.

170 Im Internet abrufbar unter: www.japaneselawtranslation.go.jp/law/detail/?id=1992&vm=04&re=01 (Englisch), Zugriff zuletzt am: 1. Juni 2012.

Fortsetzung sowie Beendigung von befristeten und unbefristeten Arbeitsverträgen.

IV. Normkonkretisierung durch die Exekutive

Neben der Verfassung und den formellen Gesetzen spielen vor allem Kabinettsanordnungen sowie ministerielle Verordnungen und Richtlinien eine große Rolle, da japanische Gesetze in der Regel abstrakt formuliert sind und daher der Konkretisierung durch die Exekutive bedürfen. Diese Verordnungen, Anordnungen und Mitteilungen stehen im Rang unter den formellen Gesetzen[171].

1. Kabinettsanordnungen

Während die Rechtssetzungsbefugnis beim japanischen Parlament (国会, *Kokkai*) liegt (Art. 41 JV), das aus dem Räte- und dem Repräsentantenhaus besteht (Art. 42 JV), steht die ausführende Gewalt dem Kabinett (内閣, *Naikaku*) zu (Art. 65 JV), welches vom Premierminister angeführt wird (Art. 66 JV). Gemäß Art. 73 JV kommt dem Kabinett die Aufgabe zu, Anordnungen zur Ausführung von Gesetzesvorschriften der Verfassung und sonstiger Gesetze zu erlassen.

Eine für das Recht der Arbeitnehmerüberlassung relevante Anordnung durch das Kabinett liegt mit der „Ausführungsanordnung zum Gesetz zur Sicherstellung der ordnungsgemäßen Durchführung der Arbeitnehmerüberlassung und verbesserter Arbeitsbedingungen für Leiharbeitnehmer“ (労働者派遣事業の適正な運営の確保及び派遣労働者の就業条件の整備等に関する法律施行令, *Rôdôsha Haken Jigyô no Tekisaina Unei no Kakuho Oyobi Haken Rôdôsha no Shûgyô Jyôken no Saibira Nikansuro Hôritsu Shikôrei,* im Folgenden abgekürzt: JAÜG-A) vom 3. April 1986[172] vor. Besonders relevant ist hier die Auflistung der Berufsfelder in Art. 1 JAÜG-A, in denen eine Arbeitnehmerüberlassung nicht zulässig ist. Des Weiteren enthält die Anordnung Anweisungen, welche Begriffe durch andere ersetzt werden müssen, wenn das ASG oder sonstige Gesetze im Rahmen der Arbeitnehmerüberlassung angewandt werden. Es ist zu erwarten, dass aufgrund der Änderung des JAÜG vom 28. März 2012 in nächster Zeit eine Überarbeitung der Ausführungsanordnung erfolgen wird.

---

171 Hanami/Komiya, S. 55.

172 Im Internet abrufbar unter: www.cas.go.jp/jp/seisaku/hourei/data/oeaspo.pdf (Englisch), Zugriff zuletzt am: 1. Juni 2012.

2. Ministerielle Verordnungen

Kodifikationen im Arbeitsrecht enthalten oftmals Aufforderungen an das Ministerium für Gesundheit, Arbeit und Soziales zur Konkretisierung der einzelnen Normen. Diese Konkretisierung wird von dem Ministerium in sogenannten Ausführungsverordnungen vorgenommen.

a) Ausführungsverordnung zum JAÜG

Konkretisiert wird zum einen das JAÜG durch die „Ausführungsverordnung zum Gesetz zur Sicherstellung der ordnungsgemäßen Durchführung der Arbeitnehmerüberlassung und verbesserter Arbeitsbedingungen für Leiharbeitnehmer" (労働者派遣事業の適正な運営の確保及び派遣労働者の就業条件の整備等に関する法律施行規則, *Rôdôsha Haken Jigyô no Tekisaina Unei no Kakuho Oyobi Haken Rôdôsha no Shûgyô Jyôken no Saibira Nikansuro Hôritsu Shikôkisoku,* im Folgenden abgekürzt: JAÜG-VO) vom 17. April 1986[173].

Kapitel 1 Abschnitt 1 benennt, neben der Anordnung des Kabinetts und dem JAÜG selbst, weitere Berufsfelder, in denen eine Arbeitnehmerüberlassung unzulässig ist. Abschnitt 2 Unterabschnitt 1 beschäftigt sich mit der Erteilung, Änderung, Erneuerung und dem Entzug der Lizenz für Verleihunternehmen, die eine allgemeine Arbeitnehmerüberlassung anstreben. Die Ausführungsverordnung enthält hierzu unter anderem in Art. 1-2 JAÜG-VO eine Auflistung der notwendigen Unterlagen, die zur Erlangung der Lizenz eingereicht werden müssen. In Unterabschnitt 2 ist im Gegenzug das Verfahren zur schriftlichen Mitteilung an das Ministerium für Gesundheit, Arbeit und Soziales bei der speziellen Arbeitnehmerüberlassung normiert. Kapitel 2 Abschnitt 1 enthält diejenigen Angaben, die in einen Überlassungsvertrag aufgenommen werden müssen. Die Abschnitte 2 und 3 benennen Maßnahmen, die vom Verleih- und Entleihunternehmen getroffen werden müssen, um die ordnungsgemäße Durchführung der Arbeitnehmerüberlassung sowie das Wohlergehen des Leiharbeitnehmers sicherzustellen. Die Geltung von bestimmten Vorschriften aus dem ASG und anderen Gesetzen ist Gegenstand des vierten Abschnitts. Auch bezüglich dieser Verordnung ist eine alsbaldige Überarbeitung zu erwarten.

b) Ausführungsverordnungen zum ASG und zum APSG

Ähnlich wie das JAÜG werden auch das ASG und das APSG durch die „Ausführungsverordnung zum Arbeitsstandardgesetz" (労働基準法施行規則, *Rôdô Kijyon Hô Shikôkisoku*, im Folgenden abgekürzt: ASG-VO) vom 30. August

173 Im Internet abrufbar unter: www.cas.go.jp/jp/seisaku/hourei/data/easpo.pdf (Englisch), Zugriff zuletzt am: 1. Juni 2012.

1947[174] sowie die „Ausführungsverordnung zum Arbeitsplatzsicherungsgesetz" (職業安定法施行規則, *Shokugyô Antei Hô Shikôkisoku*, im Folgenden abgekürzt: APSG-VO) vom 29. Dezember 1947[175] ergänzt. Beide Verordnungen sind jedoch für die Arbeitnehmerüberlassung nur von geringer Bedeutung.

3. Ministerielle Mitteilungen

Neben den Verordnungen erlässt das Ministerium für Gesundheit, Arbeit und Soziales Mitteilungen, in denen entweder Bewertungskriterien oder Richtlinien niedergelegt sind.

Relevante Richtlinien für die Arbeitnehmerüberlassung enthalten vor allem die Mitteilung Nr. 137 (1999) in der überarbeiteten Fassung Nr. 244 (2009) („Maßnahmen, die der Verleiher ergreifen muss")[176] und die Mitteilung Nr. 138 (1999) in der überarbeiteten Fassung Nr. 245 (2009) („Maßnahmen, die der Entleiher ergreifen muss")[177]. Solche Richtlinien sind für Privatpersonen nicht bindend im rechtlichen Sinne, sie legen lediglich den Standard fest, der zur Erreichung der gesetzlichen Zielsetzung einhalten werden soll[178].

In solchen Mitteilungen enthaltene Bewertungskriterien entfalten zumindest innerbehördlich eine Bindungswirkung, jedoch ebenfalls nicht gegenüber Privatpersonen[179]. Relevant für die Arbeitnehmerüberlassung ist in diesem Bereich die Mitteilung Nr. 37 des Ministeriums für Arbeit vom 17. April 1961 („Kriterien zur Unterscheidung von Arbeitnehmerüberlassung und Werkvertrag")[180].

V. Vereinbarungen der JASSA

Die Vereinbarungen der Arbeitgeberorganisation „Japan Staffing Service Association" (JASSA), die zwischen den Mitgliedern dieser Organisation abgeschlossen werden, sind keine Rechtsquellen im eigentlichen Sinn, sondern ent-

---

174 Im Internet abrufbar unter: www.cas.go.jp/jp/seisaku/hourei/data/oelsa.pdf (Englisch), Zugriff zuletzt am: 1. Juni 2012.

175 Im Internet abrufbar unter: www.japaneselawtranslation.go.jp/law/detail/?id=168&vm=04&re=02 (Englisch), Zugriff zuletzt am: 1. Juni 2012.

176 Im Internet abrufbar unter: www.mhlw.go.jp/general/seido/anteikyoku/jukyu/haken/youryou/dl/8shishin.pdf (Japanisch), Zugriff zuletzt am: 1. Juni 2012.

177 Im Internet abrufbar unter: www.mhlw.go.jp/general/seido/anteikyoku/jukyu/haken/youryou/dl/9shishin.pdf (Japanisch), Zugriff zuletzt am: 1. Juni 2012.

178 Hanami/Komiya, S. 55.

179 Hanami/Komiya, S. 55.

180 Im Internet abrufbar unter: www.mhlw.go.jp/bunya/koyou/dl/tekisei.pdf (Japanisch), Zugriff zuletzt am: 1. Juni 2012.

falten vielmehr moralische und soziale Wirkungen. Der Vollständigkeit wegen sollen sie dennoch hier erwähnt werden.

Am 29. Mai 1995 wurde ein so genannter Arbeitscode von den Unternehmen, die in der JASSA[181] organisiert sind, proklamiert. Der Arbeitscode enthält Prinzipien zum Management von Verleihunternehmen sowie Regelungen über die Beziehungen zu Leiharbeitnehmern und Entleihunternehmen. Danach verpflichten sich alle Verleihunternehmen unter anderem, fair und qualitätsbewusst im Einklang mit den Gesetzen zu agieren sowie die Rechte und den Lebensstandard der Leiharbeitnehmer zu fördern.

Des Weitern hat JASSA eine Charta erlassen, die Richtlinien für das moralische und soziale Verhalten ihrer Mitglieder enthält. Nummer 3 der Charta verpflichtet zum Beispiel die Mitglieder dazu, eine angenehme und sichere Arbeitsatmosphäre zu schaffen, die auch die individuellen Bedürfnisse der Leiharbeitnehmer respektiert.

§ 7 Rechtsquellen auf Unternehmensebene

Auf der Unternehmensebene gehören die Kollektivvereinbarung, die Arbeitsordnung sowie der Arbeitsvertrag zu den relevanten Rechtsquellen.

I. Kollektivvereinbarung

Anders als in Deutschland werden Kollektivverträge auf Unternehmensebene abgeschlossen[182]. Dies hängt damit zusammen, dass die meisten Gewerkschaften auch auf Unternehmensebene organisiert sind.

Gemäß Art. 16 des Gewerkschaftsgesetzes (労働組合法, *Rôdô Kumiai Hô*, im Folgenden abgekürzt: GewG[183]) sind Arbeitsordnungen und Individualar-

---

181 Die Gesellschaft wurde 1986 als „Temporary Work Services Association of Japan" (TWSAJ) gegründet, änderte ihren Namen 1995 zu „Japan Staffing Service Association" und verzeichnete im April 2010 699 Unternehmen als Mitglieder (JASSA, Profile of JASSA; JASSA, Operation of the Association/Organizational History). JASSA unterstützt die Mitgliedsunternehmen bei der Durchführung von Arbeitnehmerüberlassungsgeschäften, führt Aus- und Fortbildungsmaßnahmen für Leiharbeitnehmer durch und stellt gleichzeitig das Verbindungsglied zwischen Unternehmen und Regierung dar (JASSA, Operation of the Association/Organizational History).

182 Nishitani, S. 127.

183 Im Internet abrufbar unter: www.jil.go.jp/english/laborinfo/library/documents/llj_law2.pdf (Englisch), Zugriff zuletzt am 2. Juni 2012. Im GewG sind sämtliche Regelungen zum kollektiven Arbeitsrecht enthalten. Das Gesetz ist in weiten Teilen dem National

beitsverträge, die gegen Kollektivvereinbarungen (労働協約, *rôdô kyôyaku*) verstoßen, unwirksam. Kollektivvereinbarungen stehen daher auf Unternehmensebene an der Spitze der Normenhierarchie. Dennoch ist ihre Bedeutung eher gering. Das liegt zum einen daran, dass Normen in Kollektivvereinbarungen eher allgemein gehalten und vage formuliert sind und zum anderen daran, dass nur noch wenige Arbeitnehmer Mitglied einer Gewerkschaft sind[184].

Aus Art. 16 GewG wird nicht nur die Stellung der Kollektivvereinbarungen in der Normenhierarchie entnommen, sondern noch ein anderer wichtiger Punkt: Kollektivvereinbarungen haben normative Wirkung[185]. Anders als in Deutschland findet jedoch das Günstigkeitsprinzip im Rahmen der normativen Wirkung keine Anwendung[186]. Vereinbaren daher die Parteien eines Arbeitsvertrages Regelungen, die über solche im Tarifvertrag hinausgehen, so wird dies als Bruch der Tarifvertragsordnung angesehen, sofern nicht sachliche Gründe für ein Überschreiten der tarifvertraglichen Regelung vorliegen[187].

Neben dem normativen Teil existiert in Japan ebenfalls ein schuldrechtlicher Regelungsinhalt. Dieser Teil enthält in der Regel union-shop-Vereinbarungen, Regelungen zu Gewerkschaftsaktivitäten sowie Regelungen zur Benutzung von unternehmenseigenen Einrichtungen[188].

Sofern die Gewerkschaft, die Partei der Kollektivvereinbarung ist, drei Viertel der gesamten Belegschaft in dem Unternehmen organisiert, mit dem die Kollektivvereinbarung abgeschlossen wird, gilt die Kollektivvereinbarung auch für diejenigen Arbeitnehmer des Unternehmens, die entweder nicht organisiert sind oder einer anderen Gewerkschaft angehören, Art. 17 GewG. Ansonsten gelten sie nur zwischen den Mitgliedern der Gewerkschaft und dem Unternehmen. Erforderlich für eine Ausweitung des Geltungsbereichs ist allerdings, dass die Nicht-Gewerkschaftsmitglieder, für die der Tarifvertrag gelten soll, vergleichbar sein müssen mit den Gewerkschaftsmitgliedern, Art. 17 GewG. Für nichtreguläre und reguläre Arbeitnehmer wird eine entsprechende Vergleichbarkeit verneint[189].

Labor Relations Act und dem Taft-Hartley Act der USA nachempfunden [Yamakawa, Comparative Labor Law and Policy Journal, Vol. 21 (1999), S. 107; Rebick, S. 76].

184 Hanami/Komiya, S. 56; Nishitani, S. 128.

185 Suwa, Japan Labor Bulletin, März 1993, S. 6; Nishitani, S. 130; Hanami/Komiya, S. 55; Takeuchi-Okuno, Japan Labor Review, Vol. 9 (2012), No. 1, S. 93.

186 Nishitani, S. 130.

187 Nishitani, S. 131.

188 Nishitani, S. 127/128.

189 Nishitani, S. 140.

II. Arbeitsordnung

Anders als in Deutschland stellt nicht der Arbeitsvertrag das wichtigste Mittel zur Festlegung der Arbeitsbedingungen dar, sondern die Arbeitsordnung (就業規則, *shûgyô kisoku*)[190]. Arbeitsordnungen sind eine Ansammlung von Regelungen, die vom Arbeitgeber aufgestellt werden, um einheitliche Regelungen und Arbeitsbedingungen am Arbeitsplatz zu schaffen[191].

Gemäß Art. 89 ASG muss der Arbeitgeber eine Arbeitsordnung aufstellen, wenn er mehr als 10 Arbeitnehmer beschäftigt. Diese Arbeitsordnung muss der Mehrheitsgewerkschaft oder einer Person, welche die Mehrheit der Arbeitnehmer repräsentiert, vorgelegt (Art. 90 ASG) und schließlich beim Arbeitsnormenaufsichtsbüro (労働基準監督署, *Rôdô Kijun Kantokusho*) eingereicht werden. Sie darf nicht gegen Gesetze, Verordnungen oder Kollektivvereinbarungen verstoßen, Art. 92 ASG, und muss den Arbeitnehmern bekannt gegeben werden, Art. 106 ASG.

Der Oberste Gerichtshof entschied bereits 1968, dass einer Arbeitsordnung normative Wirkung zukommt[192]. Es existiere insofern eine Art prima facie Beweis zwischen dem Arbeitgeber und dem Arbeitnehmer, dass sich die Arbeitsbedingungen aus der Arbeitsordnung ergeben sollen, solange diese angemessene Arbeitsbedingungen enthält[193]. Daher findet die Arbeitsordnung Anwendung auf das Arbeitsverhältnis, unabhängig davon, ob dem Arbeitnehmer der Inhalt oder die Existenz der Arbeitsordnung bekannt ist oder nicht[194].

Die Arbeitsordnung gilt als Grundlage des Arbeitsvertrages, sofern nicht Arbeitgeber und Arbeitnehmer darin übereinstimmen, dass andere Bedingungen gelten sollen, Art. 7 AVG. Die Vereinbarung abweichender Regelungen im Arbeitsvertrag ist jedoch nur dann wirksam, wenn sie den Arbeitnehmern nicht schlechter stellt, Art. 12 AVG, 93 ASG.

Die konsequente Fortführung dieser Regelungen ergibt, dass der Arbeitgeber, der die Arbeitsordnung ohne Zustimmung der Gewerkschaft aufstellen

---

190 Araki, in: JILPT (Hrsg.), The Mechanism for Establishing and Changing Terms and Conditions of Employment, S. 8.

191 Araki, in: JILPT (Hrsg.), The Mechanism for Establishing and Changing Terms and Conditions of Employment, S. 8.

192 Oberster Gerichtshof, Urteil vom 25. Dezember 1968, Saikô Saibansho Hanreishû, Vol. 22, No. 13, S. 3459; Suwa, Japan Labor Bulletin, März 1993, S. 7; Nishitani, S. 41.

193 Oberster Gerichtshof, Urteil vom 25. Dezember 1968, Saikô Saibansho Hanreishû, Vol. 22, No. 13, S. 3459; Ouchi, Kobe University Law Review, No. 36 (2002), S. 6; Hanami/Komiya, S. 57.

194 Oberster Gerichtshof, Urteil vom 25. Dezember 1968, Saikô Saibansho Hanreishû, Vol. 22, No. 13, S. 3459; Suwa, Japan Labor Bulletin, März 1993, S. 7; Nishitani, S. 112; Hanami/Komiya, S. 57.

kann[195], diese auch ohne deren Zustimmung ändern kann und somit, entgegen dem Gegenseitigkeitsprinzip bei Verträgen, die Arbeitsbedingungen des Arbeitnehmers einseitig verschlechtern kann[196]. Die Mehrheit in der Literatur sprach zunächst solchen geänderten Regelungen eine Bindungswirkung ab, sofern die Änderung ohne das Einverständnis des Arbeitnehmers erfolgte[197]. Der Oberste Gerichtshof ging dagegen von einer Bindungswirkung aus, sofern die Änderung zweckmäßig war[198]. Inzwischen hat sich die Rechtsprechung des Obersten Gerichtshofs durchgesetzt und ist in Art. 10 AVG verankert. Die Gerichte müssen daher prüfen, wie groß und welcher Art die Nachteile für die Arbeitnehmer sind, welche Betriebsnotwendigkeit für die Änderung besteht, ob die Änderungen angemessen sind, ob Ausgleichsregelungen für den entstehenden Nachteil vorgesehen sind, ob ähnliche Regelungen in vergleichbaren Unternehmen bestehen und wie der Verhandlungsprozess mit der Gewerkschaft abgelaufen ist und insbesondere, ob diese der Änderung zugestimmt hat[199].

III. Arbeitsvertrag

Ähnlich wie in Deutschland gilt auch in Japan das Prinzip der Vertragsfreiheit[200]. Nach Abschluss des Vertrages bindet dieser die Vertragsparteien, sofern die Regelungen nicht gegen das Gesetz verstoßen (Art. 90 JBGB)[201].

Bis vor ungefähr 10 Jahren war der Abschluss eines schriftlichen Arbeitsvertrages in Japan noch untypisch und das Bewusstsein, einen Arbeitsvertrag

---

195 Araki, in: JILPT (Hrsg.), The Mechanism for Establishing and Changing Terms and Conditions of Employment, S. 8; Tsuneki/Matsunaka, Pacific Rim Law and Policy Journal, Vol. 20 (2011), No. 3, S. 546.

196 Hanami/Komiya, S. 57.

197 Nishitani, S. 112; Araki, in: JILPT (Hrsg.), The Mechanism for Establishing and Changing Terms and Conditions of Employment, S. 8.

198 Oberster Gerichtshof, Urteil vom 25. Dezember 1968, Saikô Saibansho Hanreishû, Vol. 22, No. 13, S. 3459; Oberster Gerichtshof, Urteil vom 25. November 1983, Rôdô Hanrei, Vol. 418, S. 21; Oberster Gerichtshof, Urteil vom 7. September 2000, Saikô Saibansho Hanreishû, Vol. 54, No. 7, S. 2075; Araki, in: JILPT (Hrsg.), The Mechanism for Establishing and Changing Terms and Conditions of Employment, S. 9.

199 Oberster Gerichtshof, Urteil vom 25. November 1983, Rôdô Hanrei, Vol. 418, S. 21; Hanami/Komiya, S. 58; Araki, in: JILPT (Hrsg.), The Mechanism for Establishing and Changing Terms and Conditions of Employment, S. 9; Tsuneki/Matsunaka, Pacific Rim Law and Policy Journal, Vol. 20 (2011), No. 3, S. 546/547.

200 Tsuneki/Matsunaka, Pacific Rim Law and Policy Journal, Vol. 20 (2011), No. 3, S. 540; Hanami/Komiya, S. 79.

201 Tsuneki/Matsunaka, Pacific Rim Law and Policy Journal, Vol. 20 (2011), No. 3, S. 540/541.

abzuschließen, war lediglich rudimentär vorhanden[202]. Hinsichtlich nicht-regulärer Beschäftigter hat sich inzwischen jedoch weitgehend die Praxis etabliert, schriftliche Arbeitsverträge abzuschließen, um klarzustellen, dass es sich nur um eine nicht-reguläre Anstellung handelt[203].

Die Arbeitsbedingungen werden in der Regel nur in Grundzügen in den Individualarbeitsverträgen geregelt; eine detailliertere Festlegung der Arbeitsbedingungen erfolgt in den Kollektivverträgen und Arbeitsordnungen[204]. Gründe hierfür sind zum einen der gesetzlich festgelegte Inhalt einer Arbeitsordnung in Art. 89 ASG sowie der gesetzlich geregelte Vorrang von Arbeitsordnungen und Tarifvertrag und zum anderen das Fehlen des in Deutschland geltenden Günstigkeitsprinzips und der Dispositionsbefugnis bei Tarifverträgen, die ein Abweichen der Arbeitsverträge von den Regelungen der Arbeitsordungen und Tarifverträge verhindern. Daher kommt den Arbeitsverträgen in Japan nur eine geringe Bedeutung bei der Ausgestaltung von Arbeitsverhältnissen zu. Hieran ändert auch Art. 15 ASG in Verbindung mit Art. 5 ASG-VO nichts, da die Verpflichtung zur schriftlichen Niederlegung der Arbeitsbedingungen durch Aushändigung der Arbeitsordnung an den Arbeitnehmer erfüllt werden kann[205].

§ 8 Rechtsprechung

Abschließend soll kurz auf die Bedeutung der Rechtsprechung im japanischen Arbeitsrecht eingegangen werden.

Der Einfluss der Gerichte in Japan ist weit größer als in Deutschland. Dies hängt zum einen damit zusammen, dass in vielen Rechtsgebieten entsprechende Gesetze fehlen. Zum anderen sind die Gesetze, dort wo welche vorhanden sind, oftmals abstrakt formuliert und enthalten unbestimmte Rechtsbegriffe[206]. Im Folgenden sollen zwei Beispiele gegeben werden.

Bis 1985 fehlte in Japan ein Gesetz zur Gleichbehandlung von männlichen und weiblichen Arbeitnehmern. Die Folge waren arbeitsvertragliche Regelungen, wonach Arbeitnehmerinnen bei Heirat oder Schwangerschaft automatisch aus dem Arbeitsverhältnis ausschieden. Ausgangspunkte der richterlichen

---

202 Araki, Zeitschrift für ausländisches und internationales Arbeits- und Sozialrecht 1993, S. 6; Kubo/Marutschke, in: Marutschke (Hrsg.), Arbeitsordnungen und Tarifverträge japanischer Unternehmen, S. 2; Nishitani, S. 102.

203 Araki, Zeitschrift für ausländisches und internationales Arbeits- und Sozialrecht 1993, S. 6.

204 Nishitani, S. 102/103.

205 Ouchi, Kobe University Law Review, Vol. 36 (2002), S. 9.

206 Nishitani, Zeitschrift für japanisches Recht, Vol. 10 (2000), S. 74.

Rechtsfortbildung, wonach männliche und weibliche Arbeitnehmer grundsätzlich gleich zu behandeln seien, waren hier Art. 1-2 (heute Art. 2) JBGB und Art. 90 JBGB sowie die Verfassung[207]. Die Normen der Verfassung gelten zwar ähnlich wie in Deutschland nur zwischen Staat und Bürger, finden aber über den unbestimmten Rechtsbegriff der „öffentlichen Ordnung und der guten Moral" in Art. 90 JBGB Eingang in private Rechtsverhältnisse[208]. Die Ergebnisse der richterlichen Rechtsfortbildung in Form von Diskriminierungsverboten wurden schließlich 1985 in das Gesetz zur gleichen Beschäftigungsmöglichkeit und zur Gleichbehandlung von Männern und Frauen im Beruf (雇用の分野における男女の均等な機会及び待遇の確保等に関する法律, *Koyô no Bunya Niokero Nannyo no Kintôna Kinai Oyobi Taigû no Kakuhonado Nikansuro Hôritsu,* im Folgenden abgekürzt: GBG[209]) übernommen[210].

Das Gleiche gilt für die Rechtsfortbildung im Bereich der Kündigung. Vor dem Erlass des ASG im Jahr 1947 enthielt nur das JBGB Regelungen zur Kündigung von Arbeitsverträgen[211]. Art. 627 Abs. 1 JBGB normiert, dass der Arbeitsvertrag zu jeder Zeit ohne Grund unter Einhaltung einer 14-tägigen Frist gekündigt werden kann. In richterlicher Rechtsfortbildung entwickelten die Gerichte bereits im Jahr 1951 die Doktrin des Rechtsmissbrauchs bei Kündigungen auf der Basis des Art. 1 Abs. 3 JBGB sowie unter Berücksichtigung von Art. 27 JV und führten das Erfordernis eines rechtfertigenden Grundes ein[212]. Später weitete der Oberste Gerichtshof die Missbrauchs-Rechtsprechung auf die Verweigerung der Verlängerung von befristeten Arbeitsverträgen aus[213]. Im Jahr 2003 wurde diese Rechtsprechung in Art. 18-2 ASG übernommen und 2008 in Art. 16 AVG überführt[214].

Der Verdienst der Gerichte kann daher darin gesehen werden, dass sie den Handlungsspielraum der Arbeitgeber verringern und so einen stärkeren Schutz der Arbeitnehmer schaffen[215]. In der Regel wird das Richterrecht nach einigen Jahren in den Gesetzestext übernommen.

---

207 Upham, Washington University Law Review, Vol. 88 (2011), S. 1499.

208 Upham, Washington University Law Review, Vol. 88 (2011), S. 1500.

209 Im Internet abrufbar unter: www.mhlw.go.jp/general/seido/koyou/danjokintou/dl/ktej.pdf (Englisch), Zugriff zuletzt am: 1. Juni 2012.

210 Upham, Washington University Law Review, Vol. 88 (2011), S. 1501.

211 Foote, UCLA Law Review, Vol. 43 (1996), S. 639.

212 Foote, UCLA Law Review, Vol. 43 (1996), S. 643.

213 Oberster Gerichtshof, Urteil vom 22. Juli 1974, Saikô Saibansho Hanreishû, Vol. 28, No. 5, S. 927.

214 Hanami/Komiya, S. 129; Tsuneki/Matsunaka, Pacific Rim Law and Policy Journal, Vol. 20 (2011), No. 3, S. 545 Fußnote 102.

215 Upham, Washington University Law Review, Vol. 88 (2011), S. 1496.

Kapitel 4: Historische Entwicklung

Im folgenden Kapitel wird auf die geschichtliche Entwicklung der Arbeitnehmerüberlassung in Japan eingegangen, um ein Verständnis für die gegenwärtige Gesetzeslage zu schaffen.

§ 9 Vorkriegszeit

Arbeitnehmerüberlassungsähnliche Beziehungen gab es bereits vor dem Zweiten Weltkrieg im produzierenden Gewerbe, in der Bergbauindustrie und im Transportgewerbe, wobei zu diesem Zeitpunkt noch keine geordneten vertraglichen Beziehungen bestanden[216]. Die Beziehungen zwischen den Leiharbeitnehmern und den Verleihern wurden als *oyabun-kobun* (*oyabun* = Oberhaupt/Boss; *kobun* = Schützling/Gefolge) bezeichnet und waren ausbeuterisch ausgestaltet, da die Verleiher hohe Gewinne erzielten, während die Leiharbeitnehmer in ärmlichen Verhältnissen lebten[217].

§ 10 Delegalisierung: 1948 bis 1985[218]

Im Jahr 1948 wurde die Arbeitnehmerüberlassung untersagt. Hierfür gab es in rechtlicher Hinsicht zwei Gründe.

Zum einen war in Art. 6 ASG seit 1947 das Verbot normiert, aus dem gewerblichen Intervenieren in Arbeitsbeziehungen Dritter einen Gewinn zu erzielen. Diese Regelung gehört zur sogenannten Charta der Menschenrechte von Arbeitnehmern[219]. Ein Verstoß gegen das Interventionsverbot wurde zu Beginn noch mit Zuchthaus bis zu einem Jahr oder einer Geldbuße bis zu 10.000 Yen bestraft[220].

Zum anderen existierte auf internationaler Ebene das IAO-Übereinkommen Nr. 34[221]. Art. 2 des Übereinkommens sah ein Verbot von gebührenpflichtigen

216 Imai, The Rise of Temporary Employment in Japan, S. 2; Imai, Japanese Studies, Vol. 29 (2009), No. 2, S. 256.

217 Imai, The Rise of Temporary Employment in Japan, S. 3.

218 Imai, The Rise of Temporary Employment in Japan, S. 2.

219 Watanabe, Japan Labor Bulletin, November 1985, S. 5.

220 Watanabe, Japan Labor Bulletin, November 1985, S. 5/6.

221 IAO-Übereinkommen Nr. 34 betreffend die gebührenpflichtigen Vermittlungsunternehmen, von der IAO angenommen am 29. Juni 1993 in Genua/Italien, abgelöst durch das IAO-Übereinkommen Nr. 96.

Vermittlungunternehmen vor. Gemäß Art. 1 Nr. 1 des IAO-Übereinkommens Nr. 34 wurde gebührenpflichtige Arbeitsvermittlung von solchen Unternehmen, Personen, Einrichtungen, Unternehmen oder anderen Organisationen betrieben, die mit Gewinnerzielungsabsicht als Vermittler einem Arbeitnehmer eine Beschäftigung verschaffen oder einem Arbeitgeber einen Arbeitnehmer vorschlagen, um für diese Leistung direkt oder indirekt vom Arbeitnehmer oder Arbeitgeber Geldleistungen oder sonstige materielle Vorteile zu erhalten. Da bei einer Arbeitnehmerüberlassung der Verleiher ebenfalls einem Arbeitnehmer eine Beschäftigung vermittelt beziehungsweise diesen einem Arbeitgeber vorschlägt und hierfür Geldleistungen erhält, wurde die Arbeitnehmerüberlassung unter den Begriff der Arbeitsvermittlung gefasst und war somit ebenfalls verboten[222].

Obwohl Japan zu keinem Zeitpunkt das IAO-Übereinkommen Nr. 34 ratifizierte[223], entschied sich der Gesetzgeber dennoch im Jahr 1947 dafür, die Vermittlungstätigkeit nahezu ausschließlich von öffentlichen Behörden, Schulen und Gewerkschaften durchführen zu lassen, um Art. 6 ASG zu mehr Durchsetzungskraft zu verhelfen[224]. Aus diesem Grund wurde 1948 das Verbot der Arbeitsvermittlung durch private Unternehmen in Art. 44 APSG aufgenommen. Bei einem Verstoß hiergegen drohte Zuchthaus bis zu einem Jahr oder eine Geldbuße bis zu 10.000 Yen[225].

Danach war die private Arbeitsvermittlung nur noch für die Berufsfelder Arzt, Zahnarzt, Anwalt, Pharmazeut, Koch, Haushälter, Barkeeper und Übersetzer zulässig, da diese Berufsfelder auf einem unabhängigen Arbeitsmarkt organisiert und durch Arbeitsvereinbarungen reguliert waren[226].

Bereits zum Zeitpunkt der Einführung des Art. 44 APSG gab es verfassungsrechtliche Bedenken. Gründe hierfür waren Art. 13 JV und Art. 22 JV. Gemäß Art. 13 JV sollen alle Menschen als Individuen respektiert werden. Ihr Recht auf Leben, Freiheit und das Streben nach Glück sollen in höchstem Maße Beachtung bei der Gesetzgebung und anderen Regierungsangelegenheiten finden, sofern sie nicht gegen das öffentliche Wohl verstoßen. Art. 22 JV garantiert jedem Bürger das Recht, seine Beschäftigung selbst zu wählen, sofern hierdurch

---

222 Araki, Japan Labor Bulletin, Mai 1997, S. 7; Imai, The Rise of Temporary Employment in Japan, S. 2.

223 Sämtliche Ratifizierungen unter: www.ilo.org/ilolex/cgi-lex/ratifce.pl?C034, Zugriff zuletzt am: 10. April 2012.

224 Watanabe, Japan Labor Bulletin, November 1985, S. 6; Araki, Japan Labor Bulletin, Mai 1997, S. 10 Fußnote 3; Imai, Japanese Studies, Vol. 29 (2009), No. 2, S. 256; Hamaguchi/Ogino, Non-regular work, S. 23.

225 Watanabe, Japan Labor Bulletin, November 1985, S. 7.

226 Yamakawa, The American Journal of Comparative Law, Vol. 49 (2001), No. 4, S. 642; Imai, The Rise of Temporary Employment in Japan, S. 3.

das öffentliche Wohl nicht beeinträchtigt wird[227]. Die verfassungsrechtlichen Bedenken wurden nicht vom Obersten Gerichtshof geteilt. Er sah die Vorschrift als verfassungsgemäß an und begründete dies mit der Gefahr der Ausbeutung von Arbeitnehmern[228]. Laut der Rechtsprechung des Obersten Gerichtshofs waren in der Vergangenheit für Arbeitnehmer ungünstige Arbeitsverträge geschlossen worden, ohne Rücksicht auf die Fähigkeiten der Arbeitnehmer oder die Einhaltung von ordnungsgemäßen Arbeitsbedingungen[229]. Das APSG sei geschaffen worden, um Missstände zu beseitigen und jeden Menschen mit passender Arbeit zu versorgen[230]. Diesem Zwecke diene auch Art. 44 APSG, so dass die Vorschrift als verfassungsgemäß angesehen werden müsse[231].

Auf internationaler Ebene wurde ein Jahr nach der Einführung des Art. 44 APSG das IAO-Übereinkommen Nr. 96 unterzeichnet, dass ebenfalls ein Verbot der privaten Arbeitsvermittlung vorsah[232]. Japan ratifizierte dieses Übereinkommen am 11. Juni 1956[233].

1966 gründete das amerikanische Personalunternehmen Manpower in Japan das Unternehmen *Manpower Japan Co. Ltd.*, das größtenteils im Rahmen von verschleiernden Werkverträgen Sekretärinnen in anderen transnationalen Unternehmen einsetzte[234]. Der Grund für das Nichteinschreiten der Regierung gegen die Etablierung dieses Unternehmens war der Umstand, dass nur wenige weibliche Arbeitskräfte vermittelt und daher keine Auswirkungen auf die Arbeitsmarktstrukturen erwartet wurden[235]. In den Folgejahren wurden weitere Perso-

227 Foote, UCLA Law Review, Vol. 43 (1996), S. 674 Fußnote 161.

228 Oberster Gerichtshof, Urteil vom 21. Juni 1950, Hanreishû, Vol. 4, No. 6, S. 1049 (übersetzt in: Maki, S. 289 ff.); Araki, Japan Labor Bulletin, August 1994, S. 5; Foote, UCLA Law Review, Vol. 43 (1996), S. 67; Yamakawa, The American Journal of Comparative Law, Vol. 49 (2001), No. 4, S. 640; Goka/Sato, in: Burgess/Connell (Hrsg.), S. 115; Imai, Japanese Studies, Vol. 29 (2009), No. 2, S. 256.

229 Oberster Gerichtshof, Urteil vom 21. Juni 1950, Hanreishû, Vol. 4, No. 6, S. 1049 (übersetzt in: Maki, S. 291).

230 Oberster Gerichtshof, Urteil vom 21. Juni 1950, Hanreishû, Vol. 4, No. 6, S. 1049 (übersetzt in: Maki, S. 292).

231 Oberster Gerichtshof, Urteil vom 21. Juni 1950, Hanreishû, Vol. 4, No. 6, S. 1049 (übersetzt in: Maki, S. 292).

232 Übereinkommen der Internationalen Arbeitsorganisation betreffend gebührenpflichtige Arbeitsvermittlungsagenturen (überarbeitet 1949), angenommen am 1. Juli 1949 in Genua/Italine, in Kraft seit dem 18. Juli 1951.

233 www.ilo.org/ilolex/cgi-lex/ratifce.pl?C096, Zugriff zuletzt am: 4. Juni 2012.

234 Kuwahara, Japan Labor Bulletin, Februar 1985, S. 5; Coe/Johns/Ward, Transforming the Japanese labour market, S. 15; Hamaguchi/Ogino, Non-regular work, S. 23.

235 Coe/Johns/Ward, Transforming the Japanese labour market, S. 15.

nalunternehmen wie zum Beispiel Tempstaff (1973) und Persona (1976) gegründet[236].

Den ersten Schritt in Richtung Legalisierung der Arbeitnehmerüberlassung machte schließlich das Büro für Verwaltungsmanagement[237]. Entgegen der aufkommenden Bedenken des Ministeriums für Arbeit empfahl das Büro für Verwaltungsmanagement 1978 Vermittlungstätigkeiten, wie sie von Manpower und Tempstaff durchgeführt wurden, zuzulassen, da sie der Arbeitslosigkeit von Frauen entgegenwirkten[238].

Das Ministerium für Arbeit gründete daraufhin im Januar 1979 die „Untersuchungsgruppe zu Arbeitskräftenachfrage- und –bereitstellungssystemen", die aus Wirtschafts- und Rechtswissenschaftlern bestand und als beratendes Organ dem Arbeitsplatzsicherungsbüro angehörte[239]. Auf die Empfehlung dieser Untersuchungsgruppe hin, die private Arbeitsvermittlung zu legalisieren, gründete das Ministerium für Arbeit im Mai 1980 die „Untersuchungsgruppe zu Problemen von Leiharbeitnehmern", die aus Arbeitgebern, Arbeitnehmern und öffentlichen Vertretern bestand und ebenfalls als beratendes Organ dem Arbeitsplatzsicherungsbüro zur Seite stand[240]. Diese Untersuchungsgruppe legte dem Ministerium im Januar 1984 einen Bericht vor, demzufolge die Zeitarbeit mit einem Registrierungssystem und begrenzter Überlassungsdauer eingeführt werden sollte[241]. Dieser Bericht wiederum führte zur Gründung des „Unterkomitees zum Arbeitnehmerüberlassungsgewerbe", das von Takanashi Araki angeführt wurde und den Arbeitsminister beriet[242]. Das Unterkomitee begründete die Zulassung der Arbeitnehmerüberlassung damit, dass hierdurch dem Wunsch der Arbeitnehmer nach einer flexiblen Arbeitsumwelt Rechnung getragen, Fehleinstellungen vermieden, „verschleiernde Werkverträge" unterbunden, ein besserer Schutz der Leiharbeitnehmer erreicht und die Stärkung traditioneller Beschäftigungsformen unterstützt würde[243]. Nach einer anschließenden Tagung der „Zentralen Bera-

---

236 Coe/Johns/Ward, Transforming the Japanese labour market, S. 15.

237 Das Büro für Verwaltungsmanagement wurde am 1. Juli 1984 in das Büro für Management und Koordination umgewandelt, welches heute als externes Organ dem Premierminister untersteht (Sekretariat des Kabinetts, Management and Coordination Agency).

238 Hamaguchi/Ogino, Non-regular work, S. 23.

239 Kuwahara, Japan Labor Bulletin, Februar 1985, S. 6; Troppenz, S. 5.

240 Kuwahara, Japan Labor Bulletin, Februar 1985, S. 6; Troppenz, S. 5.

241 Kuwahara, Japan Labor Bulletin, Februar 1985, S. 6.

242 Kuwahara, Japan Labor Bulletin, Februar 1985, S. 6; Coe/Johns/Ward, Transforming the Japanese labour market, S. 16.

243 Coe/Johns/Ward, Transforming the Japanese labour market, S. 16.

tungskommission zur Arbeitsplatzsicherung“ brachte die Regierung schließlich im März 1985 einen Gesetzesentwurf in das Parlament ein[244].

§ 11 Inkrafttreten des Arbeitnehmerüberlassungsgesetzes im Juli 1986

Das Parlament billigte den Regierungsentwurf im Mai 1985, zunächst allerdings nur unter der Auflage, das Gesetz drei Jahre nach seinem Inkrafttreten erneut zu überprüfen[245]. Am 5. Juli 1985 wurde das Gesetz verabschiedet und trat am 1. Juli 1986 in Kraft[246]. Zu diesem Zeitpunkt umfasste der Gesetzestext 62 Artikel, aufgeteilt auf fünf Kapitel[247]. Im April 1986 erließen das Kabinett die Ausführungsanordnung Nr. 95 und das Ministerium für Arbeit die Ausführungsverordnung Nr. 20.

I. Umfang der Arbeitnehmerüberlassung

Als das JAÜG 1986 erlassen wurde, enthielt die Anordnung Nr. 95 des Kabinetts eine sogenannte „positive Liste“ mit 13 Berufsfeldern, in denen die Arbeitnehmerüberlassung von nun an zulässig war[248]. Es handelte sich um folgende Berufsfelder: (1) Software- und Systemingenieurwesen sowie Programmierung, (2) Maschinendesign und –planung, (3) Maschinenbedienung bei Rundfunk und Fernsehen, (4) Produktion von Rundfunk- und Fernsehprogrammen, (5) Maschinenbedienung in Büroräumen, (6) Übersetzung und Stenographie, (7) Sekretariat, (8) Archivierung, (9) Marktforschung, (10) Finanzbuchhaltung, (11) Anfertigung von Handelspapieren, (12) Präsentation von Waren und (13) Dienstleistungen für Touristen[249]. Die Berufsfelder (14) Gebäudereinigung, (15) Instandhaltung und technischer Gebäudedienst sowie (16) allgemeiner Gebäude-

244 Troppenz, S. 6.

245 Troppenz, S. 6.

246 Watanabe, Japan Labor Bulletin, Juli 1986, S. 6; Troppenz, S. 6.

247 Watanabe, Japan Labor Bulletin, November 1985, S. 5.

248 Shire/van Jaarsveld, The Temporary Staffing Industry in Protected Employment Economies, S. 8; Nakanishi, The Current State of Japan's Non-Regular Workers, S. 1; JILPT, in: JILPT (Hrsg.), Labor Situation in Japan and Analysis: Detailed Exposition 2011/2012, S. 12.

249 Watanabe, Japan Labor Bulletin, Juli 1986, S. 7; Araki, Japan Labor Bulletin, August 1994, S. 6; Foote, UCLA Law Review, Vol. 43 (1996), S. 677; JETRO, Japanese Market Report No. 66, S. 15; Hamaguchi/Ogino, Non-regular work, S. 24.

dienst (zum Beispiel Auskunft und Parkplatzaufsicht) kamen im Oktober desselben Jahres hinzu[250].

Der Beschränkung auf 16 Berufsfelder lag die Befürchtung zugrunde, dass die Arbeitnehmerüberlassung das Prinzip der lebenslangen Beschäftigung verdrängen könnte[251]. Die Zulassung beschränkte sich daher auf solche Berufe, in denen bereits seit einigen Jahren externes Personal eingesetzt wurde (Sekretariat), sowie eine Anzahl von spezialisierten Berufen, in denen es entweder eine große Nachfrage gab (zum Beispiel Software- und Systemingenieure) oder die aufgrund organisatorischer Faktoren eine kurzfristige Beschäftigung verlangten (Marktforschung)[252].

II. Überlassungsdauer

Die maximale Überlassungsdauer betrug gemäß der Mitteilung Nr. 38 des Ministeriums für Arbeit von April 1986 zunächst neun Monate für die Berufsfelder Maschinendesign und –planung, Maschinenbedienung bei Rundfunk und Fernsehen, Produktion von Rundfunk- und Fernsehprogrammen, Maschinenbedienung in Büroräumen, Übersetzung und Stenographie, Sekretariat, Archivierung, Marktforschung und Finanzbuchhaltung[253]. Für Software- und Systemingenieure sowie Programmierer war dagegen eine Überlassungsdauer von einem Jahr vorgesehen[254]. Keine Angaben zur Überlassungsdauer enthielt die Mitteilung Nr. 38 für die Berufsfelder Anfertigung von Handelspapieren, Präsentation von Waren und Dienstleistungen für Touristen[255]. Für den Gebäudereinigungsservice, den Instandhaltungsservice sowie den technischen und allgemeinen Gebäudedienst wurde in der Überarbeitung der Kabinettanordnung von Oktober 1986 keine

---

250 Watanabe, Japan Labor Bulletin, Juli 1986, S. 7; Araki, Japan Labor Bulletin, August 1994, S. 6; Foote, UCLA Law Review, Vol. 43 (1996), S. 677; JETRO, Japanese Market Report No. 66, S. 15; Coe/Johns/Ward, Transforming the Japanese labour market, S. 14, 17; JILPT, in: JILPT (Hrsg.), Labor Situation in Japan and Analysis: Detailed Exposition 2011/2012, S. 12; Hamaguchi/Ogino, Non-regular work, S. 24.

251 Watanabe, Japan Labor Bulletin, November 1985, S. 8; Foote, UCLA Law Review, Vol. 43 (1996), S. 676; Song, Asian Survey, Vol. 50 (2010), No. 6, S. 1026.

252 Shire/van Jaarsveld, The Temporary Staffing Industry in Protected Employment Economies, S. 13; Coe/Johns/Ward, Transforming the Japanese labour market, S. 17.

253 Watanabe, Japan Labor Bulletin, Juli 1986, S. 7; Kojima, Contemporary Japan, Vol. 22 (2010), S. 29.

254 Watanabe, Japan Labor Bulletin, Juli 1986, S. 7; Kojima, Contemporary Japan, Vol. 22 (2010), S. 29.

255 Watanabe, Japan Labor Bulletin, Juli 1986, S. 7.

Höchstüberlassungsdauer genannt[256]. Da die Mitteilung Nr. 38 vor Aufnahme der drei letztgenannten Berufe in die positive Liste im Oktober 1986 veröffentlicht wurde, galten die dort genannten Überlassungsfristen ebenfalls nicht für die neu hinzugekommenen Berufsfelder. Diese rechtliche Unsicherheit wurde wenig später durch eine einheitliche Festsetzung der Überlassungsdauer auf ein Jahr behoben[257].

Die Idee, die hinter der Aufnahme einer Höchstüberlassungsdauer stand, war die, dass Leiharbeitnehmer nur zur Überbrückung kurzzeitiger Engpässe eingesetzt werden sollten und nicht zur Ersetzung von Vollzeitarbeitskräften[258]. Die Umsetzung dieses Grundgedankens gelang nur unzureichend, da es den Parteien des Überlassungsvertrages gestattet war, nach Ablauf der Höchstüberlassungsdauer einen neuen Vertrag mit demselben Inhalt abzuschließen[259].

III. Einstellungsmodalitäten für Leiharbeitnehmer

Entgegen der Empfehlung der „Untersuchungsgruppe zu Problemen von Leiharbeitnehmern" führte der Gesetzgeber ein dualistisches System von Einstellungsformen ein: Auf der einen Seite wurde das Beschäftigungsprinzip normiert und auf der anderen Seite das Registrierungsprinzip. Im Falle des Registrierungsprinzips benötigte der Verleiher eine Lizenz des Arbeitsministers, während bei dem geplanten Abschluss von Arbeitsverträgen nach dem Beschäftigungsprinzip lediglich eine Benachrichtigung an den Arbeitsminister erforderlich war[260].

§ 12 Legalisierung: 1986 bis 1998[261]

Rezessionsbedingt unterlagen das JAÜG, APSG und ASG Überarbeitungen, die das Bild der Arbeitnehmerüberlassung stark veränderten.

---

256 Watanabe, Japan Labor Bulletin, Juli 1986, S. 7.

257 Coe/Johns/Ward, Transforming the Japanese labour market, S. 17.

258 Kojima/Fujikawa, Osaka University Law Review, Vol. 47 (2000), S. 39; JETRO, Japanese Market Report No. 66, S. 18.

259 Watanabe, Japan Labor Bulletin, Juli 1986, S. 7.

260 Watanabe, Japan Labor Bulletin, November 1985, S. 8.

261 Imai, The Rise of Temporary Employment in Japan, S. 2.

I. „Heisei Rezession“[262]

Hintergrund der ersten größeren Überarbeitungswelle war die Heisei Rezession, deren Ursache bereits vor Erlass des JAÜG gelegt worden war. Im September 1985 unterzeichneten die G5-Staaten im Plaza Hotel in New York City ein Abkommen („Plaza-Abkommen“), das die Abwertung des Dollars gegenüber dem Yen und der Deutschen Mark zum Inhalt hatte[263]. Um dem starken Yen entgegenzuwirken und der Befürchtung Rechnung zu tragen, dass die Branchen ihre Wettbewerbsfähigkeit auf dem internationalen Markt durch die Wertsteigerung verlieren könnten, halbierte die Bank of Japan die Diskontierungsrate von fünf auf 2,5 Prozent[264]. Infolge dessen erreichte der Nikkei Dow Jones Index 1989 einen Höhepunkt von 38.915 Yen und die Grundstückswerte verdoppelten sich[265]. Aufgrund der Gefahr der Überhitzung des Anlagemarktes und eines Anstiegs der organisierten Kriminalität stufte die Bank of Japan am 31. Mai 1989 den offiziellen Diskontierungsfaktor von 2,5 auf 3,25 Prozent herauf, was zu einem drastischen Einbruch der Aktien- und Immobilienwerte führte, eine Arbeitslosenquote von 4,7 Prozent nach sich zog[266] und in der Finanzkrise („bubble burst“) endete[267].

Nach dem „bubble burst“ von 1991 wurde deutlich, dass das bisherige Human Ressource Management, das sich auf das Prinzip der lebenslangen Beschäftigung stützte, nicht länger als solches tragbar war[268]. *Shûkko* und *tenseki*, die in engem Zusammenhang mit dem Prinzip der lebenslangen Beschäftigung stehen, hatten ihre Grenzen erreicht, da der interne Arbeitsmarkt die neuen Bedürfnisse nach Flexibilität und Know-How nicht mehr erfüllen konnte[269]. Auch Teilzeitarbeitskräfte und *ukeoi*-Arbeitnehmer konnten den Anforderungen nicht gerecht werden, da solche Arbeitnehmer zu dieser Zeit noch überwiegend auf solchen

---

262 Mizushima, Japan Labor Review, Vol. 1 (2004), No. 4, S. 6. „Heisei“ bedeutet “Frieden und Erfolg” und wurde als Name für die gegenwärtige Regierungszeit des Kaisers Akihito (seit 1989) ausgewählt (Hamada, The Heisei Recession, S. 1).

263 Porter, New York Times Online, 19. Dezember 2004.

264 Powell, The Quarterly Journal of Austrian Economics, Vol. 5 (2002), No. 2, S. 35; Pascha, in: Kevenhörster/Pascha/Shire (Hrsg.), S. 37.

265 Hamada, The Heisei Recession, S. 2; Pascha, in: Kevenhörster/Pascha/Shire (Hrsg.), S. 38.

266 Internationaler Währungsfond, Japan: A tale of stubborn deflation and weak growth, Juni 2003.

267 Vogel, S. 23; Kingston, S. 24.

268 Suzuki, in: Haak (Hrsg.), S. 18.

269 Imai, The Rise of Temporary Employment in Japan, S. 16; Imai/Shire, in: Haak (Hrsg.), S. 78.

Arbeitsplätzen eingesetzt wurden, die nur ein geringes Ausbildungsniveau erforderten[270].

Nicht nur der Zusammenbruch der Wirtschaft und die Unzulänglichkeit des Arbeitsmarktes führten zu einem Umdenken der japanischen Wirtschaft. Eine tragende Rolle spielte auch die veränderte Bevölkerungsstruktur. In den vergangenen Jahren hatte sich die demographische Struktur von der bis dahin typischen Pyramidenform abgewandt und hin zu einer zylinderförmigen Struktur entwickelt, das heißt, es gab nun fast so viele ältere Arbeitnehmer wie jüngere, die in den Arbeitsmarkt integriert werden mussten[271]. Hinzu kam, dass sich auch das gesellschaftliche Denken immer mehr veränderte. Immer weniger Jugendliche wollten eine Festanstellung (freeter[272] oder „parasite single“[273])[274], während viele Frauen nach der Heirat wieder auf den Arbeitsmarkt zurückkehrten[275].

Auch die Gewerkschaften mussten sich mit dem Einsatz von nicht-regulären Arbeitskräften abfinden. Da viele Unternehmen aufgrund der steigenden Lohnkosten planten, ihre Produktion ins Ausland zu verlagern, akzeptierten die Gewerkschaften eine Kostensenkung durch nicht-reguläre Arbeitnehmer, wenn dadurch zumindest ein Teil der Arbeitsplätze im Inland für ihre Mitglieder erhalten werden konnte[276].

---

270 Imai/Shire, in: Haak (Hrsg.), S. 78.

271 Araki, Japan Labor Bulletin, Mai 1997, S. 6.

272 Es handelt sich dabei um eine Wortneuschöpfung, die sich aus dem englischen Wort „free“ und dem deutschen Wort „Arbeiter“ zusammensetzt (JILPT, Japan Labor Bulletin, November 2000, S. 3; Rebick, S. 153). Als freeter werden junge Schul- oder Universitätsabsolventen zwischen 15 und 34 Jahren bezeichnet, die keine weiterführende Schule besuchen und nicht an Langzeitarbeitsverträge gebunden sind [Oshige, Arbeitsmarktstruktur und industrielle Beziehungen in Japan, S. 10 Fußnote 4; Hashimoto, Zeitschrift für japanisches Recht, Vol. 17 (2004), S. 70; Rebick, S. 153]. Der Begriff beschreibt keine eigene Beschäftigungsform, sondern lediglich eine bestimmte Gruppe von Arbeitnehmern, die auf Teilzeitbasis oder in Rahmen von Gelegenheitsjobs für in der Regel weniger als fünf Jahre angestellt sind (JILPT, Japan Labor Bulletin, November 2000, S. 3).

273 Als „parasite single“ werden in der Literatur unverheiratete Menschen bezeichnet, die nach ihrem Schulabschluss bei ihren Eltern wohnen bleiben und trotz eigenen Einkommens weder für Miete noch für Lebensmittel aufkommen (Genda, Japan Labor Bulletin, März 2000, S. 7; Schad-Seifert, Japans kinderarme Gesellschaft, S. 25; Yamada, Japan Quarterly, Vol. 48 (2001), No. 1, S. 10 ff.).

274 Genda, Japan Labor Bulletin, März 2000, S. 6/7.

275 Wei-hsin, Sociological Forum, Vol. 17 (2002), No. 3, S. 493 ff.

276 Ishiguro, Electronic Journal of Contemporary Japanese Studies, Article 10 in 2008, 22. Dezember 2008.

Durch die Überarbeitung verschiedener Gesetze sollte folglich der externe Arbeitsmarkt erweitert sowie neue Beschäftigungsmöglichkeiten für ältere Arbeitnehmer und Frauen geschaffen werden[277].

II. Überarbeitung des Gesetzes zur Arbeitsplatzsicherung von älteren Menschen im Jahr 1994

Bei der Überarbeitung des Gesetzes zur Arbeitsplatzsicherung von älteren Menschen (高年齢者等の雇用の安定等に関する法律, *Kônenreijara no Koyô no Anteira Nikansuro Hôritsu*)[278] im Jahr 1994 wurde die Arbeitnehmerüberlassung für Arbeitnehmer über 60 Jahre durch die Umwandlung der positiven Liste zulässiger Berufsfelder in eine negative Liste weitgehend liberalisiert[279]. Ausgeschlossen war die Arbeitnehmerüberlassung für Arbeitnehmer über 60 Jahre nur noch im Transport- und Sicherheits- sowie im Baugewerbe[280]. Zunächst war jedoch die Überlassungsdauer noch auf ein Jahr beschränkt und der Überlassungsvertrag konnte nicht erneuert werden[281]. Für Arbeitnehmer unter 60 Jahren blieb es vorerst weiterhin bei der positiven Liste im Arbeitnehmerüberlassungsrecht.

III. Deregulierungsförderungsprogramm

Am 31. März 1995 verabschiedete das Kabinett das sogenannte „Deregulierungsförderungsprogramm“[282], welches die Lockerung der gesetzlichen Regelungen in insgesamt 13 Bereichen vorsah[283]. Erklärtes Ziel des Programms war der fließende Abzug der Arbeitskräfte aus den wirtschaftsschwachen Industrie-

---

277 Imai, The Rise of Temporary Employment in Japan, S. 18.

278 Im Internet abrufbar unter: www.jil.go.jp/english/laborinfo/library/documents/llj_law 16. pdf (Englisch), Zugriff zuletzt am: 25. Mai 2012.

279 Araki, Japan Labor Bulletin, Mai 1997, S. 8; Araki, Japan Labor Bulletin, September 1999, S. 8; Kagawa, Journal of International Cooperation Studies, Vol. 7 (1999), No. 1, S. 4; Imai, The Rise of Temporary Employment in Japan, S. 18; Imai/Shire, in: Haak (Hrsg.), S. 80/81.

280 Kagawa, Journal of International Cooperation Studies, Vol. 7 (1999), No. 1, S. 4.

281 Kagawa, Journal of International Cooperation Studies, Vol. 7 (1999), No. 1, S. 4.

282 Araki, Japan Labor Bulletin, Mai 1997, S. 6; Yamakawa, Japan Labor Bulletin, November 1998, S. 6; Patterson, Report on the Joint Symposia on Employment in Japan, S. 7; Yamakawa, The American Journal of Comparative Law, Vol. 49 (2001), No. 4, S. 631.

283 Japan Documentation Center, A review of the Deregulation Promotion Program in FY1996.

zweigen hin zu den aufkommenden Industriebereichen[284]. Hierzu sollte der Arbeitsplatzwechsel erleichtert und Verhandlungspositionen der Arbeitnehmer gestärkt werden[285]. Basierend auf diesem Programm begann die systematische, mehrjährige Überarbeitung der bis dahin geltenden Gesetze im Arbeitsrecht.

IV. Überarbeitung des Gesetzes zum Schutz von Arbeitnehmern im Kinderpflege- und Familienpflegeurlaub[286] im Jahr 1996

Zur vorübergehenden Ersetzung von solchen Arbeitnehmern, die zur Kindererziehung oder Pflege eines Familienangehörigen beurlaubt waren, war der Einsatz von Leiharbeitnehmern bereits vor der Überarbeitung des Gesetzes zum Kinderpflege- und Familienpflegeurlaub zulässig. In der überarbeiteten Fassung aus dem Jahr 1996 wurde lediglich die zeitliche Befristung des Überlassungsvertrages von einem Jahr aufgehoben[287]. Zudem wurde auch hier die positive Liste der zugelassenen Berufsfelder in eine negative Liste der ausgeschlossenen Berufe umgewandelt[288].

V. Überarbeitung der JAÜG-A im Jahr 1996

Im Jahr 1996 wurde die positive Liste in der Ausführungsanordnung Nr. 95 des Kabinetts von 1986 durch zehn weitere Berufe ergänzt[289]. Hinzu kamen die Berufsfelder (1) Forschung und Entwicklung, (2) Geschäftsplanung, (3) Herausgabe von Büchern und Zeitschriften, (4) Gestaltung von Werbung, (5) Innenaus-

284 Patterson, Report on the Joint Symposia on Employment in Japan, S. 7.

285 Patterson, Report on the Joint Symposia on Employment in Japan, S. 8.

286 育児休業、介護休業等育児又は家族介護を行う労働者の福祉に関する法律 (Ikujikyûgyô Kaigokyûgyôra Ikuji mataha Kazoku Kaigo o Okonau no Rôdôsha no Fukushinikansoro Hôristu), im Internet abrufbar unter: www.cas.go.jp/jp/seisaku/hourei/data/wwt.pdf (Englisch), Zugriff zuletzt am: 25. Mai 2012.

287 Araki, Japan Labor Bulletin, Mai 1997, S. 8; Araki, Japan Labor Bulletin, September 1999, S. 8; Kagawa, Journal of International Cooperation Studies, Vol. 7 (1999), No. 1, S. 4.

288 Araki, Japan Labor Bulletin, Mai 1997, S. 8.

289 Araki, Japan Labor Bulletin, Mai 1997, S. 8; Araki, Japan Labor Bulletin, September 1999, S. 8; Kagawa, Journal of International Cooperation Studies, Vol. 7 (1999), No. 1, S. 4; Shire/van Jaarsveld, The Temporary Staffing Industry in Protected Employment Economies, S. 8; Nakanishi, The Current State of Japan's Non-Regular Workers, S. 2; JILPT, in: JILPT (Hrsg.), Labor Situation in Japan and Analysis: Detailed Exposition 2011/2012, S. 13.

stattung, (6) Fernsehmoderation, (7) Ausbildung von Arbeitskräften im Sekretariatsbereich, (8) Telemarketing, (9) Verkaufsspezialisierung und (10) Bühnenbildgestaltung[290]. Insgesamt war die Arbeitnehmerüberlassung somit in 26 Bereichen möglich. Diese 26 Berufsfelder sind heute in Art. 4 der Kabinettanordnung aufgelistet.

VI. Überarbeitung der APSG-VO im Jahr 1997

Obwohl das Verbot der privaten gebührenpflichtigen Arbeitsvermittlung im APSG vorerst aufrechterhalten wurde, sah die überarbeitete APSG-VO, die am 1. April 1997 in Kraft trat[291], die Zulassung der privaten Arbeitsvermittlung mit Ausnahme weniger Berufsfelder vor[292]. Verboten war die Arbeitsvermittlung nur noch für (1) Schul- und Universitätsabsolventen bis zu einem Jahr nach ihrem Abschluss im Bürodienst oder im Verkauf, (2) die Dienstleistungsbranche, (3) das Sicherheitsgewerbe, (4) die Land- und Forstwirtschaft sowie Fischerei, (5) die Kommunikationsbranche, (6) das Transportgewerbe, (7) qualifizierte Arbeitnehmer im produzierenden Gewerbe, (8) die Bau- und Bergbauindustrie sowie (9) Berufe im Arbeitsmanagement[293].

VII. Ratifizierung des IAO-Übereinkommens Nr. 181 im Jahr 1999 und Anerkennung der IAO-Empfehlung Nr. 188

Die Überarbeitung der APSG-VO ging auf die Ablösung des IAO-Übereinkommens Nr. 96 durch Nr. 181[294] zurück, welches jedoch von Japan erst am 28. Juli 1999[295] und somit nach der Änderung der APSG-VO ratifiziert wur-

290 Araki, Japan Labor Bulletin, Mai 1997, S. 8; Kojima/Fujikawa, Osaka University Law Review, Vol. 50 (2003), S. 21 Fußnote 5; JETRO, Japanese Market Report No. 66, S. 15.

291 Kagawa, Journal of International Cooperation Studies, Vol. 7 (1999), No. 1, S. 2.

292 Araki, Japan Labor Bulletin, Mai 1997, S. 7; Kagawa, Journal of International Cooperation Studies, Vol. 7 (1999), No. 1, S. 2; Araki, Japan Labor Bulletin, September 1999, S. 6; Yamakawa, The American Journal of Comparative Law, Vol. 49 (2001), No. 4, S. 642; Mizushima, Japan Labor Review, Vol. 1 (2004), No. 4, S. 7; Coe/Johns/Ward, Transforming the Japanese labour market, S. 14.

293 Kagawa, Journal of International Cooperation Studies, Vol. 7 (1999), No. 1, S. 3.

294 IAO-Übereinkommen Nr. 181 betreffend die gebührenpflichtigen Vermittlungsunternehmen, von der IAO angenommen am 19. Juni 1997 in Genua/Italien.

295 www.ilo.org/ilolex/cgi-lex/ratifce.pl?C181, Zugriff zuletzt am: 1. Juni 2012.

de[296]. Die IAO hatte die Notwendigkeit eines flexibleren Arbeitsmarktes erkannt und daher beschlossen, das Staatsmonopol für Vermittlungstätigkeiten aufzuheben und private Vermittlungsunternehmen zuzulassen (Art. 2 Nr. 2 des Übereinkommens Nr. 181).

Zeitgleich zum IAO-Übereinkommen erließ die IAO die Empfehlung Nr. 188[297], die unter Punkt II. Nr. 4 festsetzt, dass die Arbeitnehmer von privaten Vermittlungsunternehmen einen schriftlichen Arbeitsvertrag erhalten und bereits vor dem Beginn ihres Einsatzes über die geltenden Arbeitsbedingungen informiert werden sollen. Auch diese Empfehlung wurde von Japan anerkannt[298].

§ 13 Diffusion: 1999 bis 2008[299]

Die Reformen Anfang des 21. Jahrhunderts standen im Zeichen der Finanzkrise und führten zu einer weiteren Liberalisierung der Arbeitnehmerüberlassung.

I. Finanzkrise

Der „bubble burst" führte dazu, dass der Wert der Sicherheiten, die zur Aufnahme eines Kredits geleistet wurden, weit unter den tatsächlichen Kreditbetrag fiel[300]. Da viele Unternehmen kaum noch Gewinne erzielten, konnten auch die Kredite nicht mehr bedient werden und die Sicherheiten wurden unter Wert verkauft[301]. Die Folge war, dass viele Banken und Kreditinstitute sich nicht mehr am Markt halten konnten. Bereits am 4. November 1997 meldete Sanyo Securities Insolvenz an und nur wenige Tage später bat die Hokkaido Takushoku Bank die Bank of Japan um einen Notfallkredit[302]. Im darauffolgenden Jahr wurden die ersten Banken verstaatlicht[303]. Erst nach mehreren staatlichen Zuschüssen und Reformversuchen konnte die Bankenbranche 2002 wieder stabilisiert werden[304]. Infolge der Finanzkrise stieg die Arbeitslosenquote 2002/2003 auf über

296 Yamakawa, The American Journal of Comparative Law, Vol. 49 (2001), No. 4, S. 642; Mizushima, Japan Labor Review, Vol. 1 (2004), No. 4, S. 7; Coe/Johns/Ward, Transforming the Japanese labour market, S. 14.
297 www.ilo.org/ilolex/cgi-lex/convde.pl?R188, Zugriff zuletzt am: 1. Juni 2012.
298 Hamaguchi/Ogino, Non-regular work, S. 24.
299 Imai, The Rise of Temporary Employment in Japan, S. 2.
300 Nanto, The Global Financial Crisis, S. 4.
301 Nanto, The Global Financial Crisis, S. 4.
302 Fukao, Japanese Financial Crisis and Crisis Management, S. 7.
303 Fukao, Japanese Financial Crisis and Crisis Management, S. 11.
304 Fukao, Japanese Financial Crisis and Crisis Management, S. 8-13.

fünf Prozent[305]. Um der steigenden Arbeitslosenzahl entgegenzuwirken, wurden die Möglichkeiten zum Einsatz nicht-regulärer Beschäftigter weiter ausgedehnt.

II. Überarbeitung des ASG im Jahr 1999

Bis zur Überarbeitung des Art. 14 ASG konnten befristete Arbeitsverträge lediglich bis zu einem Jahr abgeschlossen werden[306]. Diese zeitliche Beschränkung wurde damit begründet, dass Arbeitnehmer davor geschützt werden sollten, zu lange an einen Vertrag gebunden zu sein, da dies ihre Kündigungsfreiheit beschränke[307]. Sofern der Arbeitnehmer zur Fertigstellung eines bestimmten Projektes eingesetzt wurde, konnte allerdings eine hiervon abweichende, der vorgesehenen Projektdauer angepasste Vertragsdauer vereinbart werden[308].

Durch die Überarbeitung des ASG vom 1. April 1999[309] wurde die Befristungsdauer für spezialisierte Arbeitskräfte auf drei Jahre angehoben, sofern es sich um Arbeitsverträge mit solchen Arbeitnehmern handelte, die zur Entwicklung von neuen Produkten, Dienstleistungen oder Technologien sowie für wissenschaftliche Untersuchungen erstmalig eingestellt wurden[310]. Die Befristungsdauer von drei Jahren galt auch für Arbeitsverträge mit erstmalig eingestellten, spezialisierten Arbeitnehmern im Rahmen von zeitlich beschränkten Projekten, die mit der Eröffnung, Umwandlung, Ausweitung, Verringerung oder Schliessung eines Unternehmens im Zusammenhang standen sowie für Arbeitsverträge mit Arbeitnehmern, die älter als 60 Jahre waren[311].

305 Internationaler Währungsfond, Japan: A tale of stubborn deflation and weak growth; Kishimoto, Social Science Japan, September 2009, S. 3; Statistikbüro des Ministeriums für Internationale Angelegenheiten und Kommunikation, S. 143.

306 Takeuchi-Okuno, in: Blanpain (Hrsg.), Regulation of Fixed-Term Employment Contracts, S. 117; Tsuneki/Matsunaka, Pacific Rim Law and Policy Journal, Vol. 20 (2011), No. 3, S. 542 Fußnote 80.

307 Tsuneki/Matsunaka, Pacific Rim Law and Policy Journal, Vol. 20 (2011), No. 3, S. 542 Fußnote 80.

308 Takeuchi-Okuno, in: Blanpain (Hrsg.), Regulation of Fixed-Term Employment Contracts, S. 117.

309 Yamakawa, Japan Labor Bulletin, November 1998, S. 5.

310 Yamakawa, Japan Labor Bulletin, November 1998, S. 8; Imai/Shire, in: Haak (Hrsg.), S. 80; Takeuchi-Okuno, in: Blanpain (Hrsg.), Regulation of Fixed-Term Employment Contracts, S. 117.

311 Yamakawa, Japan Labor Bulletin, November 1998, S. 8; Kagawa, Journal of International Cooperation Studies, Vol. 7 (1999), No. 1, S. 5; Imai/Shire, in: Haak (Hrsg.), S. 80/81; Takeuchi-Okuno, in: JILPT (Hrsg.), Labor Policy on Fixed-term Employment Contracts, S. 75; Takeuchi-Okuno, in: Blanpain (Hrsg.), Regulation of Fixed-Term Employment Contracts, S. 117.

Hintergrund der Anhebung der Befristungsdauer war der Umstand, dass Arbeitgeber und Arbeitnehmer durch den wiederholten Abschluss von befristeten Verträgen die Befristungsdauer umgehen konnten[312]. Da im Zusammenhang mit dieser Gesetzesänderung keine Sanktion für erneute Befristungen eingeführt würde, signalisierte diese lediglich ein Zugeständnis des Gesetzgebers hinsichtlich längerer Befristungen.

III. Überarbeitung des APSG im Jahr 1999

Am 30. Juni 1999 wurde das Änderungsgesetz zum APSG erlassen[313]. Das Verbot der privaten gebührenpflichtigen Arbeitsvermittlung wurde aus dem APSG gestrichen und in Art. 32-11 APSG ein Verweis auf die negative Liste der APSG-VO aufgenommen[314]. Die Gesetzesänderung hatte allenfalls klarstellenden Charakter, da die APSG-VO bereits die Arbeitsvermittlung für zulässig erklärte[315]. Neben den nicht zugelassenen Berufsfeldern der APSG-VO enthielt Art. 32-11 APSG weitere Berufe (Hafentransport- und Baugewerbe), in denen die Arbeitsvermittlung ausgeschlossen war[316].

IV. Überarbeitung des JAÜG im Jahr 1999

Parallel zur überarbeiteten Fassung des APSG wurde eine neue Fassung des JAÜG verabschiedet. Hinsichtlich des Gesetzgebungsverfahrens gab es hier jedoch eine Besonderheit.

In Japan werden arbeitsrechtliche Gesetzesentwürfe in der Regel vom Beratungskomitee des Ministeriums für Gesundheit, Arbeit und Soziales, welches aus Vertretern von Arbeitgebern, Gewerkschaften und Vereinigungen des öffentlichen Interesses besteht, ausgearbeitet[317]. In den späten 90er Jahren führte allerdings ein hoher nationaler und internationaler Druck dazu, dass Spezialkomitees des Parlaments sich in die Entscheidungsprozesse des Beratungskomitees einmischten und dessen Stellung untergruben[318]. Zu diesen Spezialkomitees gehörte auch das Deregulierungskomitee. In dem neu gegründeten Deregulie-

---

312 Tsuneki/Matsunaka, Pacific Rim Law and Policy Journal, Vol. 20 (2011), No. 3, S. 542 Fußnote 80.

313 Araki, Japan Labor Bulletin, September 1999, S. 5.

314 Araki, Japan Labor Bulletin, September 1999, S. 7.

315 Araki, Japan Labor Bulletin, September 1999, S. 6.

316 Kojima/Fujikawa, Osaka University Law Review, Vol. 47 (2000), S. 36/37.

317 Shinoda, Japan Focus Online, 10. April 2009.

318 Shinoda, Japan Focus Online, 10. April 2009.

rungskomitee des Kabinetts waren die Gewerkschaften nur noch schwach vertreten, so dass der dagegen starke Einfluss der Arbeitgeber die Ausweitung des Leiharbeitsmarktes begünstigte[319]. Während also Gesetzesänderungen in der Regel vom Beratungskomitee des Arbeitsministeriums in Zusammenarbeit mit den nationalen Gewerkschaften ausgearbeitet werden, war für die Überarbeitung des JAÜG im Jahr 1999 alleine dieses Deregulierungskomitee verantwortlich[320].

1. Liberalisierung der Arbeitnehmerüberlassung

1999 wurde die Arbeitnehmerüberlassung weitgehend liberalisiert (negative Liste), mit einigen wenigen Ausnahmen im Hafentransportgewerbe, dem Sicherheitsgewerbe, dem Baugewerbe, bei Ärzten und sonstigen Berufen in Krankenhäusern, sowie bei Rechtsanwälten, Steuerberatern und Wirtschaftsprüfern[321].

2. Höchstüberlassungsdauer

Bis zur Überarbeitung war die Höchstüberlassungsdauer einheitlich auf ein Jahr festgesetzt. Für die ursprünglichen 26 Berufsfelder wurde sie nun auf drei Jahre angehoben[322]. Für solche Berufsfelder, die nicht zu den ursprünglichen 26 Berufen zählten, wurde ebenfalls durch Art. 40-2 JAÜG die Möglichkeit einer Überlassung bis zu drei Jahren eingeführt, wenn die Arbeitnehmer zum Aufbau, zur Umwandlung, Vergrößerung, Verkleinerung oder zur Schließung eines Unternehmens eingesetzt wurden, beziehungsweise bis zu zwei Jahren, wenn für sie zur Ersetzung solcher Arbeitnehmer, die sich im Mutterschaftsurlaub oder im Kinderpflegeurlaub befanden, überlassen wurden[323].

Erweitert wurden auch die Verpflichtungen des Verleihers und Entleihers, die im Zusammenhang mit der Höchstüberlassungsdauer stehen. Um ein Überschreiten der Höchstüberlassungsdauer zu verhindern, muss der Entleiher im

---

319 Imai/Shire, in: Haak (Hrsg.), S. 82.

320 Imai/Shire, in: Haak (Hrsg.), S. 82.

321 Araki, Japan Labor Bulletin, September 1999, S. 8; Kojima/Fujikawa, Osaka University Law Review, Vol. 47 (2000), S. 31; JILPT, Japan Labor Bulletin, August 2003, S. 4; JETRO, Japanese Market Report No. 66, S. 41; Shire/van Jaarsveld, S. 14; Vogel, S. 81; Assmann/Maslow, The Asia-Pacific Journal, 12. April 2010; JILPT, in: JILPT (Hrsg.), Labor Situation in Japan and Analysis: Detailed Exposition 2011/2012, S. 13.

322 Nishitani, Zeitschrift für japanisches Recht, Vol. 10 (2000), S. 79; Kojima/Fujikawa, Osaka University Law Review, Vol. 50 (2003), S. 21; Imai, The Rise of Temporary Employment in Japan, S. 22/23; JETRO, Japanese Market Report No. 66, S. 18; Coe/Johns/Ward, Transforming the Japanese labour market, S. 14, 19.

323 Araki, Japan Labor Bulletin, September 1999, S. 9; JETRO, Japanese Market Report No. 66, S. 18.

Voraus den Verleiher auf den Endzeitpunkt der zulässigen Überlassung hinweisen (Art. 26 Abs. 5 JAÜG); unterlässt er dies, so soll der Verleiher davon absehen, einen Überlassungsvertrag abzuschließen (Art. 26 Abs. 6 JAÜG)[324]. Wenn der Verleiher trotz Erreichen der Höchstfrist den Leiharbeitnehmer weiterhin demselben Entleihunternehmen überlässt, kann ihm eine Geldbuße von bis zu 300.000 Yen auferlegt werden (Art. 35-2, 61 Nr. 3 JAÜG). Will der Entleiher den Leiharbeitnehmer auch nach Ablauf der Höchstüberlassungsdauer weiterhin beschäftigen, muss er den Leiharbeitnehmer als eigenen Arbeitnehmer einstellen (Art. 40-5 JAÜG)[325]. Sofern sich der Entleiher nach Ablauf der Höchstüberlassungsfrist entschließt, den Arbeitsplatz mit einem regulären Arbeitnehmer zu besetzen, muss er vorrangig den Arbeitsplatz mit dem dort eingesetzten Leiharbeitnehmer besetzen, falls der Leiharbeitnehmer damit einverstanden ist (Art. 40-3 JAÜG)[326]. Hierzu muss der Leiharbeitnehmer den Entleiher darüber informieren, dass er nach Ablauf der Frist für dieselbe Tätigkeit eingestellt werden möchte (Art. 40-3 Nr. 1 JAÜG), und der Leiharbeitnehmer muss den Arbeitsvertrag mit dem Verleiher innerhalb von sieben Tagen nach Ablauf der Überlassungsdauer kündigen (Art. 40-3 Nr. 2 JAÜG).

3. Verbot des Exklusivverleihs

Im Zuge der Reformierung des JAÜG wurde auch Art. 7 Abs. 1 Nr. 1 in das JAÜG eingefügt[327]. Die Regelung sieht vor, dass das Ministerium für Gesundheit, Arbeit und Soziales die Erteilung der Lizenz mit wenigen Ausnahmen verweigern soll, wenn es davon ausgeht, dass das Unternehmen nur dazu eingerichtet wurde, um Leiharbeitnehmer ausschließlich ein und demselben Unternehmen zur Verfügung zu stellen.

4. Verbot der Konkretisierung

Die neue Fassung des JAÜG führte in Art. 26 Abs. 7 das Verbot der Konkretisierung der Leiharbeitnehmer durch den Entleiher ein[328]. Der Sinn dieser Regelung wurde zum einen darin gesehen, dass so Unklarheiten in der Beschäfti-

324 Araki, Japan Labor Bulletin, September 1999, S. 9.

325 Kojima/Fujikawa, Osaka University Law Review, Vol. 47 (2000), S. 38.

326 Yamakawa, The American Journal of Comparative Law, Vol. 49 (2001), No. 4, S. 641; JETRO, Japanese Market Report No. 66, S. 18.

327 Araki, Japan Labor Bulletin, September 1999, S. 9.

328 Araki, Japan Labor Bulletin, September 1999, S. 10; JILPT, Japan Labor Bulletin, Januar 2002, S. 2; Kojima/Fujikawa, Osaka University Law Review, Vol. 50 (2003), S. 21, 23.

gungsbeziehung vorgebeugt werden sollten[329]. Durch Interviews und ähnliche Maßnahmen, die auf die Auswahl eines bestimmten Leiharbeitnehmers hinauslaufen, rückt der Entleiher in Arbeitgebernähe; eine Position, die der Entleiher bei der Arbeitnehmerüberlassung gerade nicht einnehmen soll. Dem Leiharbeitnehmer könnte so der Eindruck vermittelt werden, er befinde sich ein einem Bewerbungsgespräch um eine Festanstellung, welches ihm das Verleihunternehmen vermittelt habe. Zum anderen sollte durch das Verbot des vorausgehenden Kennenlernens eine Diskriminierung der Leiharbeitnehmer verhindert werden[330].

5. Schutz des Leiharbeitnehmers

Der Schwerpunkt der Überarbeitung lag in der Verbesserung des Schutzes von Leiharbeitnehmern.

Im Rahmen dessen wurden zum einen neue Verpflichtungen des Entleihers geschaffen. Hierzu gehörte die Verpflichtung, eine angemessene Arbeitsatmosphäre zu schaffen und dem Leiharbeitnehmer die betrieblichen Einrichtungen zur Verfügung zu stellen (Art. 40 Abs. 2 JAÜG)[331]. Normiert wurde auch die Schutzpflicht des Entleihers gegenüber Leiharbeitnehmerinnen vor sexueller Belästigung[332]. Erreicht wurde dies durch eine Verordnung des Repräsentantenhauses, nach welcher der Entleiher als „Arbeitgeber" im Sinne des dritten Kapitels des GBG anzusehen sei (Art. 47-2 JAÜG, 11 GBG)[333].

Auch für den Verleiher wurden neue Verpflichtungen durch die Reform in das JAÜG eingeführt. Der Verleiher wurde verpflichtet, persönliche Informationen[334] über die Leiharbeitnehmer zu sammeln, aufzubewahren und angemessen zu behandeln (Art. 24-3, 7 Abs. 1 Nr. 3, 36 Nr. 4 JAÜG) sowie den Entleiher darüber zu informieren, ob der Leiharbeitnehmer sozialversichert ist (Art. 35 Nr. 2 JAÜG)[335]. Unter Androhung strafrechtlicher Sanktionen wurde dem Ver-

329 Kojima/Fujikawa, Osaka University Law Review, Vol. 50 (2003), S. 21.

330 Araki, Japan Labor Bulletin, September 1999, S. 10.

331 Araki, Japan Labor Bulletin, September 1999, S. 9; Yamakawa, The American Journal of Comparative Law, Vol. 49 (2001), No. 4, S. 641/642.

332 Yamakawa, The American Journal of Comparative Law, Vol. 49 (2001), No. 4, S. 642.

333 Araki, Japan Labor Bulletin, September 1999, S. 10.

334 „Persönliche Informationen" werden in Art. 4 Nr. 9 APSG und Art. 7 Abs. 1 Nr. 3 JAÜG definiert als Informationen, die das Individuum betreffen und es ermöglichen, entweder alleine oder in Zusammenschau mit anderen Informationen, das Individuum zu identifizieren.

335 Yamakawa, The American Journal of Comparative Law, Vol. 49 (2001), No. 4, S. 641; Araki, Japan Labor Bulletin, September 1999, S. 9.

leiher weiterhin verboten, Geheimnisse des Leiharbeitnehmers preiszugeben, die er im Laufe der Vertragsbeziehung erfahren hatte (Art. 24-4 JAÜG)[336].

6. Stärkung der Rolle des Ministeriums

Um mögliche Missbräuche und Verstöße gegen das JAÜG zu unterbinden beziehungsweise vorzubeugen, entwickelte der Gesetzgeber zunächst ein zweistufiges, später ein dreistufiges Eingriffssystem für das Ministerium für Arbeit[337]. Auf der ersten Stufe kann das Ministerium dem Verleiher Ratschläge und Orientierungshilfen zur ordnungsmäßen Durchführung einer Arbeitnehmerüberlassung geben (heute Art. 48 Abs. 1 JAÜG). Wenn der Verleiher bereits gegen das JAÜG verstoßen hat oder die Ratschläge nicht umsetzt, kann das Ministerium ihm empfehlen oder sogar befehlen, seine Vorgehensweise zu ändern (Art. 49-2 JAÜG a. F., heute Art. 49 Abs. 1, 49-2 Abs. 1 JAÜG). Leistet der Verleiher den Empfehlungen oder Befehlen nicht Folge, so steht es dem Ministerium frei, die Tatsache des Verstoßes zu veröffentlichen (Art. 49-3 JAÜG a. F., heute Art. 49-2 Abs. 3 JAÜG).

V. Überarbeitung des JAÜG im Jahr 2000

In den ersten 15 Jahren nach Erlass des JAÜG war es den Verleihunternehmen untersagt, die Arbeitnehmerüberlassung mit dem Ziel der späteren Vermittlung der Leiharbeitnehmer als festangestellte Arbeitnehmer an den Entleiher zu betreiben („Temp-to-Perm“, 紹介予定派遣, *Shokai Yotei Haken*)[338]. Das Verbot stand in engem Zusammenhang mit dem allgemeinen Verbot von privaten Vermittlungstätigkeiten, das bis 1999 im APSG verankert war.

Im Dezember 2000 wurde das Verbot des Temp-to-Perm aufgehoben, indem es aus dem Anwendungsbereich des Art. 26 Abs. 7 JAÜG herausgenommen wurde[339]. Im Rahmen des Temp-to-Perm ist es nun den Entleihern gestattet, den Leiharbeitnehmer vor Abschluss des Überlassungsvertrages zu interviewen oder in sonstiger Weise zu konkretisieren[340]. Gründe für die Abschaffung des Verbo-

336 Yamakawa, The American Journal of Comparative Law, Vol. 49 (2001), No. 4, S. 641.

337 Yamakawa, The American Journal of Comparative Law, Vol. 49 (2001), No. 4, S. 641.

338 JILPT, in: JILPT (Hrsg.), Labor Situation in Japan and Analysis: Detailed Exposition 2011/2012, S. 13.

339 JILPT, Japan Labor Bulletin, März 2001, S. 1; JILPT, Japan Labor Bulletin, August 2003, S. 4; Mizushima, Japan Labor Review, Vol. 1 (2004), No. 4, S. 15; Schaede, S. 188; JILPT, in: JILPT (Hrsg.), Labor Situation in Japan and Analysis: Detailed Exposition 2011/2012, S. 13.

340 Mizushima, Japan Labor Review, Vol. 1 (2004), No. 4, S. 15.

tes und die Einführung einer Konkretisierungsmöglichkeit waren die starke Fehlplatzierung von Arbeitnehmern und das damit einhergehende Bedürfnis nach Auswahl und Erprobung des Arbeitnehmers[341].

VI. Überarbeitung des ASG im Jahr 2003

Für Arbeitsverträge mit spezialisierten Arbeitnehmern und Arbeitnehmern über 60 Jahre wurde die Höchstbefristungsdauer auf fünf Jahre angehoben und für alle anderen Arbeitsverträge auf drei Jahre[342]. Um keine unzumutbare Härte durch diese langen Vertragszeiten zu schaffen, wurde es den Arbeitnehmern ermöglicht, sich bereits nach Ablauf eines Jahres ohne Angabe von Gründen von dem befristeten Vertrag zu lösen (Art. 137 ASG a. F.)[343]. Diese Möglichkeit bestand jedoch nur für gewöhnliche Arbeitnehmer. Für Arbeitgeber, spezialisierte Arbeitnehmer und Arbeitnehmer über 60 Jahre galt weiterhin Art. 628 JBGB[344].

Zur Absicherung der Höchstfrist wurde in Art. 120 ASG die Verhängung einer Geldbuße eingeführt, die bei Überschreiten der zulässigen Höchstbefristungsdauer anfiel[345]. Zudem wurde die Beschränkung gestrichen, dass spezialisierte Arbeitskräfte nur im Rahmen von Neueinstellungen befristet eingestellt werden können[346].

Bis zur Neufassung galt zudem der Grundsatz, dass der Arbeitgeber ohne sachliche Rechtfertigung kündigen könnte, sofern der Kündigungsgrund nicht gegen gesetzliche Vorschriften (zum Beispiel Art. 49-3 JAÜG) verstieß[347]. Mit der Überarbeitung des ASG wurde die von der Rechtsprechung entwickelte Doktrin des Rechtsmissbrauchs in Art. 18-2 ASG aufgenommen, wobei der Ge-

341 JILPT, Japan Labor Bulletin, März 2001, S.1; Weathers, JPRI Working Paper No. 85.

342 Imai/Shire, in: Haak (Hrsg.), S. 80/81; Takeuchi-Okuno, in: JILPT (Hrsg.), Labor Policy on Fixed-term Employment Contracts, S. 76/77; Hashimoto, Zeitschrift für japanisches Recht, Vol. 17 (2004), S. 79; Takeuchi-Okuno, in: Blanpain (Hrsg.), Regulation of Fixed-Term Employment Contracts, S. 117, 119; Tsuneki/Matsunaka, Pacific Rim Law and Policy Journal, Vol. 20 (2011), No. 3, S. 542 Fußnote 80.

343 Takeuchi-Okuno, in: JILPT (Hrsg.), Labor Policy on Fixed-term Employment Contracts, S. 76; Hashimoto, Zeitschrift für japanisches Recht, Vol. 17 (2004), S. 79; Takeuchi-Okuno, in: Blanpain (Hrsg.), Regulation of Fixed-Term Employment Contracts, S. 118; Schaede, S. 187.

344 Takeuchi-Okuno, in: Blanpain (Hrsg.), Regulation of Fixed-Term Employment Contracts, S. 119.

345 Takeuchi-Okuno, in: JILPT (Hrsg.), Labor Policy on Fixed-term Employment Contracts, S. 77.

346 Takeuchi-Okuno, in: JILPT (Hrsg.), Labor Policy on Fixed-term Employment Contracts, S. 77.

347 Nakakubo, Japan Labor Review, Vol. 1 (2004), No. 2, S. 13.

setzgeber die Formulierung des Obersten Gerichtshofs im Nippon Shokuen Fall übernahm[348].

Der Erlass dieser Vorschrift brachte nicht nur einen weitgehenden Schutz der Arbeitnehmer vor ungerechtfertigten Kündigungen mit sich, sondern führte auch dazu, dass die Unternehmen vermehrt auf Leiharbeitnehmer zurückgriffen[349], da für diese der Schutz bei betrieblichen Kündigungen nach der Doktrin des Rechtsmissbrauchs geringer ausgestaltet war.

VII. Überarbeitung des JAÜG im Jahr 2004

2003 wurde das JAÜG erneut überarbeitet. Der Gesetzesentwurf wurde am 6. Juni 2003 erlassen und trat im März 2004 in Kraft[350].

1. Weitere Liberalisierung der Arbeitnehmerüberlassung

Mit der Überarbeitung des JAÜG im Jahr 2004 fiel das Verbot der Arbeitnehmerüberlassung im produzierenden Gewerbe und in einigen medizinischen Berufen weg[351]. Der Grund, weshalb die Gewerkschaften hier nicht einschritten, war die Tatsache, dass in den letzten Jahren vermehrt so genannte „verschleiernde Werkverträge" im produzierenden Gewerbe eingesetzt und somit bereits Leiharbeitnehmer hier tätig wurden[352].

Weiterhin wurde die zeitliche Beschränkung der Überlassungsdauer für die ursprünglichen 26 Berufe aufgehoben[353] beziehungsweise für die im Jahr 1999

---

348 Oberster Gerichtshof, Urteil vom 25. April 1975, Saikô Saibansho Hanreishû, Vol. 29, No. 4, S. 456 ff.; Nakakubo, Japan Labor Review, Vol. 1 (2004), No. 2, S. 14; Hanami, in: Haak (Hrsg.), S. 15; Schaede, S. 186.

349 Hanami, in: Haak (Hrsg.), S. 15.

350 JILPT, Japan Labor Bulletin, August 2003, S. 3/4.

351 JILPT, Japan Labor Bulletin, August 2003, S. 3; Goka/Sato, in: Burgess/Connell (Hrsg.), S. 125; Vogel, S. 81; Nakanishi, The Current State of Japan's Non-Regular Workers, S. 2; Coe/Johns/Ward, The Japanese Staffing Market, S. 3; Coe/Johns/ Ward, Transforming the Japanese labour market, S. 19; Assmann/Maslow, The Asia-Pacific Journal, 12. April 2010; North, Asia Times Online, 27. Januar 2010; JILPT, in: JILPT (Hrsg.), Labor Situation in Japan and Analysis: Detailed Exposition 2011/2012, S. 13.

352 Hamaguchi/Ogino, Non-regular work, S. 25.

353 Coe/Johns/Ward, Transforming the Japanese labour market, S. 19; JILPT, in: JILPT (Hrsg.), Labor Situation in Japan and Analysis: Detailed Exposition 2011/2012, S. 13.

neu aufgenommenen Berufe auf drei Jahre angehoben[354]. Für das produzierende Gewerbe blieb es vorerst bei einer Überlassungsdauer von einem Jahr[355].

2. Änderungen im Lizenz- und Mitteilungsverfahren

Zudem wurde das Lizenzverfahren für die Verleiher zur Vornahme von Arbeitnehmerüberlassungen vereinfacht. Seit der Gesetzesreform muss keine Lizenz mehr für das Unternehmen, sondern nur noch für die durchführende Person erworben werden, Art. 5 Abs. 1 JAÜG[356]. Dasselbe gilt für die Mitteilung an das Ministerium. Diese muss sich ebenfalls nicht mehr auf das Unternehmen als Ganzes, sondern nur noch auf die betreibende Person beziehen, Art. 16 Abs. 1 JAÜG[357].

3. Neue Verpflichtungen für Verleiher und Entleiher

In Art. 34 JAÜG und Art. 35-2 JAÜG wird die Verpflichtung des Verleihers normiert, den Leiharbeitnehmer über die wesentlichen Arbeitsbedingungen, den Beginn und das Ende der Überlassung sowie Änderungen in der Überlassungsdauer zu informieren[358].

Der Entleiher wird verpflichtet, die Überlassungsdauer bereits im Voraus verbindlich festzulegen, sofern es sich um eine zeitlich nur begrenzt zulässige Überlassung nach Art. 40-2 Abs. 2 Nr. 2 JAÜG handelt und die Überlassungsdauer mehr als ein Jahr betragen soll, Art. 40-2 Abs. 3 JAÜG[359]. Die Festlegung der Überlassungsdauer geschieht nach Anhörung der Hauptgewerkschaft[360]. In diesem Zusammenhang sieht die Ausführungsverordnung in Art. 33-3 JAÜG-VO vor, dass neben der festgesetzten Überlassungsdauer auch der Name der Gewerkschaft, welche die Mehrheit der Arbeitnehmer im Entleiherbetrieb vertritt, die Umstände, welche der Gewerkschaft mitgeteilt wurden, und das Datum,

354 JILPT, Japan Labor Bulletin, August 2003, S. 3; Goka/Sato, in: Burgess/Connell (Hrsg.), S. 125; JILPT, in: JILPT (Hrsg.), Labor Situation in Japan and Analysis: Detailed Exposition 2011/2012, S. 13; Hamaguchi/Ogino, Non-regular work, S. 25.

355 JILPT, in: JILPT (Hrsg.), Labor Situation in Japan and Analysis: Detailed Exposition 2011/2012, S. 13; Hamaguchi/Ogino, Non-regular work, S. 25.

356 Mizushima, Japan Labor Review, Vol. 1 (2004), No. 4, S. 16.

357 Mizushima, Japan Labor Review, Vol. 1 (2004), No. 4, S. 16.

358 JILPT, Japan Labor Bulletin, August 2003, S. 4; Mizushima, Japan Labor Review, Vol. 1 (2004), No. 4, S. 16.

359 JILPT, Japan Labor Bulletin, August 2003, S. 4; Mizushima, Japan Labor Review, Vol. 1 (2004), No. 4, S. 17.

360 Mizushima, Japan Labor Review, Vol. 1 (2004), No. 4, S. 16.

an dem die Gewerkschaft ihre Meinung äußerte, schriftlich festgehalten und für mindestens drei Jahre aufbewahrt werden müssen.

Auch im Hinblick auf die Arbeitsplatzsicherung von Leiharbeitnehmern wurden den Parteien des Überlassungsvertrages neue Verpflichtungen auferlegt. Während die alte Fassung des JAÜG noch vorsah, dass der Entleiher lediglich Anstrengungen unternehmen musste, um den Leiharbeitnehmern nach seinem Einsatz von mehr als einem Jahr dauerhaft einzustellen, normiert die überarbeitete Fassung die Verpflichtung des Entleihers zur Festeinstellung in zwei Fällen: Der Entleiher ist verpflichtet, den Leiharbeitnehmer einzustellen, wenn er ihn über die zulässige Höchstüberlassungsdauer hinaus weiterhin für dieselbe Arbeit einsetzen will, kein Spezialfall vorliegt, in dem eine zeitlich unbegrenzte Überlassung nach Art. 40-2 Abs. 1, 2 Nr. 1 JAÜG möglich ist, und der Entleiher eine Benachrichtigung über den Auflauf der Frist vom Verleiher erhalten hat (Art. 40-4 JAÜG) oder wenn er den Leiharbeitnehmer bei Mitwirken der Gewerkschaft nach Ablauf von drei Jahren auf demselben Arbeitsplatz weiterhin beschäftigen will und keine zeitlich unbegrenzte Überlassungsmöglichkeit nach Art. 40-2 Abs. 1, 2 Nr. 1 JAÜG besteht (Art. 40-5 JAÜG)[361].

VIII. Änderungen im JAÜG im Jahr 2007

Im Jahr 2007 wurde die maximale Überlassungsdauer im produzierenden Gewerbe auf drei Jahre angehoben[362]. Dabei handelte es sich jedoch nicht um eine klassische Überarbeitung des Gesetzes, wie sie in den vorherigen Abschnitten beschrieben wurde. Vielmehr war im Änderungsgesetz von 2004 bereits angelegt, dass die Überlassungsdauer im produzierenden Gewerbe lediglich für die ersten drei Jahre ein Jahr betragen sollte und mit Ablauf dieser drei Jahre eine Überlassung für drei Jahre möglich sein sollte[363].

§ 14 Entwicklungen zwischen 2008 und 2011

Die Jahre 2008 bis 2011 waren von Reformbemühungen geprägt, die aufgrund politischer Schwierigkeiten nicht zur Umsetzung gelangten.

---

361 JILPT, Japan Labor Bulletin, August 2003, S.4; Mizushima, Japan Labor Review, Vol. 1 (2004), No. 4, S. 18; Hamaguchi/Ogino, Non-regular work, S. 25.

362 Coe/Johns/Ward, Transforming the Japanese labour market, S. 14, 19.

363 JILPT, Japan Labor Bulletin, August 2003, S. 4; Mizushima, Japan Labor Review, Vol. 1 (2004), No. 4, S. 19.

I. Hakenmura

Im September 2008[364] geriet Japan nach einer kurzen Phase der Stabilisierung erneut in eine Wirtschaftskrise („Lehman-Schock"). Der Export fiel um 30 Prozent im Jahr 2009 und das Bruttoinlandsprodukt lag bei - 5,2 Prozent[365]. Infolge der Rezession wurden viele Überlassungsverträge von den Entleihern vorzeitig gekündigt und keine neuen Verträge mehr abgeschlossen[366].

Hinzu kam, dass 2004 die zulässige Höchstüberlassungsdauer auf drei Jahre heraufgesetzt wurde. Die Unternehmen reagierten allerdings erst Ende 2005 auf diese Erhöhung[367]. Die Folge war, dass Ende 2008 für viele Entleiher die Drei-Jahres-Grenze erreicht war und sie drei Monate aussetzen mussten, wenn sie die Verpflichtung zur Festanstellung umgehen wollten.

Während die Regierung von ungefähr 131.000 neuen Arbeitslosen Ende 2008 sprach, gingen Vereinigungen von Verleihunternehmen von mehr als 400.000 aus[368], viele von ihnen ohne festen Wohnsitz[369]. Zum Jahreswechsel 2008/2009 entstand daher im Hibiya Park in Tokio gegenüber vom Ministerium für Gesundheit, Arbeit und Soziales *Toshikoshi Hakenmura* (年越派遣村, „Silvesterdorf für Leiharbeitnehmer"), ein improvisiertes Dorf aus Zelten, in dem die entlassenen Leiharbeitnehmer lebten sowie Nahrung und ärztliche Versorgung erhielten[370]. Sechs Tage lang wohnten hier mehr als 500 Arbeitslose[371]. Eine ähnliche Einrichtung entstand in Osaka und nannte sich *Sôdan Mura Kansai* (相談村関西, „Beratungsdorf Kansai")[372].

---

364 Kingston, S. 86.

365 Kingston, S. 87; Index Mundi, Japan - GDP - real growth rate.

366 Shinoda, Japan Focus Online, 10. April 2009.

367 Kimura, 日本労働研究雑誌, Vol. 582 (2009), S. 40.

368 Bertero, The Haken Crisis, S. 1 Fußnote 1; Nakanishi, The Current State of Japan's Non-Regular Workers, S. 3.

369 Der niedrige Lohn, die zeitweise große Distanz zwischen Einsatzort und gemeldetem Verleihunternehmen, der hohen Mietkosten und der schlechten sozialrechtlichen Absicherung führen in vielen Fällen dazu, dass Leiharbeitnehmer über keinen festen Wohnsitz verfügen und in Schlafsälen des Entleihers wohnen (Shinoda, Japan Focus Online, 10. April 2009; Bertero, The Haken Crisis, S. 21). Sobald der Überlassungsvertrag endet, müssen die Leiharbeitnehmer die Schlafsäle räumen (Shinoda, Japan Focus Online, 10. April 2009; Bertero, The Haken Crisis, S. 21/22).

370 Shinoda, Japan Focus Online, 10. April 2009; Bertero, The Haken Crisis, S. 4; Nakanishi, The Current State of Japan's Non-Regular Workers, S. 3; North, Asia Times Online, 27. Januar 2010; Hamaguchi/Ogino, Non-regular work, S. 26.

371 Shinoda, Japan Focus Online, 10. April 2009; Kingston, S. 87; North, Asia Times Online, 27. Januar 2010.

372 Assmann/Maslow, The Asia-Pacific Jounal, 12. April 2010.

Hakenmura und die hohe Zahl an arbeitslosen Leiharbeitnehmern brachte der Situation in Literatur und Medien die Bezeichnung „2009-Problem“[373] ein.

II. Reformbemühungen

Im Dezember 2008 arbeitete die Regierung Änderungsvorschläge hinsichtlich des JAÜG aus[374]. Die Vorschläge wurden am 5. Januar 2009 an das Komitee für Gesundheit, Arbeit und Soziales des Repräsentantenhauses weitergeleitet[375]. Aufgrund unüberbrückbarer Differenzen innerhalb der Parteien und der nationalen Gewerkschaftsverbände wurde jedoch vorerst nicht über die Vorschläge entschieden[376].

Im Juni 2009 legten die Demokratische Partei Japans (民主党, *Minshutô*), die Sozialdemokratische Partei (社会民主党, *Shakai Minshutô*) und die Neue Volkspartei (国民新党, *Kokumin Shintô*) einen neuen Gesetzesentwurf zur Verbesserung der Arbeitnehmerüberlassung vor[377]. Dieser Vorschlag enthielt die Einführung des Gleichbehandlungsgrundsatzes und das Verbot der Arbeitnehmerüberlassung im produzierenden Gewerbe[378], der kurzzeitigen (weniger als zwei Monate dauernden) Überlassung[379] sowie des Registrierungsprinzips[380]. Ebenso war vorgesehen, dass im Falle einer rechtswidrigen Überlassung oder einer Überlassung über die zulässige Dauer hinaus die Leiharbeitnehmer automatisch zu Arbeitnehmern des Entleihunternehmens werden sollten[381]. Doch auch dieser Gesetzesentwurf gelangte nicht zur Umsetzung, da der damalige Premierminister Taro Aso das Unterhaus am 21. Juli 2009 auflöste[382].

Am 26. Januar 2010 brachte der neue Premierminister Yukio Hatoyama überarbeitete Änderungsvorschläge im Bereich der Arbeitnehmerüberlassung in die Debatte des Parlaments ein[383]. Begleitet wurden die Änderungsvorschläge

373 Kimura, 日本労働研究雑誌, Vol. 582 (2009), S. 40.
374 Kobayashi, Social Science Japan, September 2009, S. 12.
375 Kobayashi, Social Science Japan, September 2009, S. 12.
376 Kobayashi, Social Science Japan, September 2009, S. 12/13.
377 Fukue, The Japan Times Online, 12. August 2009; Hamaguchi/Ogino, Non-regular work, S. 26.
378 Hamaguchi/Ogino, Non-regular work, S. 26.
379 Kobayashi, Social Science Japan, September 2009, S. 12; North, Asia Times Online, 27. Januar 2010; Japan Times Online, Security for dispatch workers, 2. März 2010.
380 Hamaguchi/Ogino, Non-regular work, S. 26.
381 Hamaguchi/Ogino, Non-regular work, S. 26.
382 Fukue, The Japan Times Online, 12. August 2009.
383 Bertero, The Haken Crisis, S. 19.

von einem Entwurf der Tokyo Bar Association[384]. Erste Umsetzungsversuche begannen im März 2010.

1. Reformen im Bereich der negativen Liste

Die überarbeiteten Änderungsvorschläge unter Premierminister Hatoyama enthielten das Verbot des Registrierungsprinzips in den ursprünglichen 26 Berufsfeldern[385]. Die Abschaffung des Registrierungsprinzips sollte dabei phasenweise im Laufe von fünf Jahren vollzogen werden[386]. Geplant war auch die schrittweise Untersagung der Arbeitnehmerüberlassung im produzierenden Gewerbe innerhalb der nächsten drei Jahre[387]. Als Ausnahme zu den beiden vorher genannten Einschränkungen sollte aber die Überlassung von registrierten Leiharbeitnehmern im produzierenden Gewerbe insoweit aufrechterhalten werden, als die Leiharbeitnehmer für mehr als ein Jahr durchgehend bezahlt werden, auch wenn zeitweise keine Arbeit verfügbar ist[388].

Die Tokyo Bar Association ging in ihren Änderungsvorschlägen noch weiter, indem sie forderte, dass die Arbeitnehmerüberlassung nicht nur im produzierenden Gewerbe wieder verboten wird, sondern dass die Gesetzgebung wieder zur positiven Liste von 1999 zurückkehrt und das Registrierungsprinzip gänzlich untersagt[389].

2. Änderungen in der Überlassungsdauer

Ein weiterer Änderungsvorschlag, den auch die Tokyo Bar Association unterstützte[390], betraf die zulässige Überlassungsdauer. Im Gegensatz zu den vorangegangenen Änderungen wurde dieses Mal keine Erhöhung der Überlassungsdauer angestrebt, sondern die Festsetzung einer Mindestüberlassungsdauer. Da-

384 Bertero, The Haken Crisis, S. 21.

385 Godwin et al., Japan regulatory newsletter, No. 17, Januar 2010, S. 2; North, Asia Times Online, 27. Januar 2010; Japan Times Online, Security for dispatch workers, 2. März 2010; Asahi Shimbun Online, Dispatched workers, 5. Mai 2010; Hamaguchi/Ogino, Non-regular work, S. 26.

386 Japan Times Online, Security for dispatch workers, 2. März 2010.

387 Godwin et al., Japan regulatory newsletter, No. 17, Januar 2010, S. 2; Fukue, The Japan Times Online, 12. Februar 2010; Japan Times Online, Security for dispatch workers, 2. März 2010; JILPT, in: JILPT (Hrsg.), Labor Situation in Japan and Analysis: Detailed Exposition 2011/2012, S. 31; Hamaguchi/Ogino, Non-regular work, S. 26.

388 Japan Times Online, Security for dispatch workers, 2. März 2010.

389 Tokyo Bar Association, 労働者派遣法の改正を求める意見書, S. 2.

390 Tokyo Bar Association, 労働者派遣法の改正を求める意見書, S. 3.

nach sollten Überlassungen auf Tagesbasis beziehungsweise für weniger als zwei Monate verboten werden[391].

Weiterhin war eine Änderung der rechtlichen Folgen bei Überschreiten der Höchstüberlassungsdauer geplant. Grundsätzlich kommt alleine durch das Überschreiten kein Arbeitsverhältnis zwischen dem Entleiher und dem Leiharbeitnehmer zustande. Der Leiharbeitnehmer soll lediglich vorrangig vor anderen Personen als Arbeitnehmer eingestellt werden. Die Gesetzesreform sah dagegen vor, dass der Leiharbeitnehmer dann, wenn er von dem Entleiher über die festgesetzte Dauer seines Vertrages hinaus beschäftigt wird, automatisch zum Arbeitnehmer des Entleihers wird[392].

3. Neue Verpflichtungen für Verleiher und Entleiher

Auch in Japan ist der Verleiher als Arbeitgeber verantwortlich für die Lohnzahlungen und die Abführung der Sozialversicherungsbeiträge. Durch die Gesetzesreform sollte allerdings eine Regelung ins Gesetz eingefügt werden, wonach der Entleiher für die Lohnzahlungen sowie für die Sozialversicherungsabgaben verantwortlich sein sollte, sofern das Verleihunternehmen diese nicht leistete[393]. Diese Verpflichtung sollte auch dann eingreifen, wenn der Entleiher bereits seine Verbindlichkeiten gegenüber dem Verleiher erfüllt hat[394].

Des Weiteren trifft den Verleiher die Verpflichtung, auch für die medizinische Versorgung und Vorsorge seiner Arbeitnehmer zu sorgen. Durch die Gesetzesreform sollte die gesundheitliche Fürsorge gegenüber den Leiharbeitnehmern ausgebaut werden. Daher sahen die Entwürfe vor, dass auch dem Entleiher die Verpflichtung auferlegt werden sollte, medizinische Untersuchungen mindestens einmal im Jahr je nach Anzahl der Arbeitsstunden durchzuführen[395].

Die Gesetzesentwürfe enthielten auch die Einführung des „Equal pay"-Grundsatzes, wonach Leiharbeitnehmer und Arbeitskräfte des Entleihers für dieselbe Arbeit denselben Lohn erhalten sollten[396]. In diesem Zusammenhang stand auch die Forderung, dass die Verleiher ihre Vermittlungsgebühren, die sie vor der Auszahlung des Lohnes an den Leiharbeitnehmer von den Zahlungen des

---

391 Japan Times Online, Security for dispatch workers, 2. März 2010; Assmann/Maslow, The Asia-Pacific Journal, 12. April 2010; Asahi Shimbun Online, Dispatched workers, 5. Mai 2010.

392 Godwin et al., Japan regulatory newsletter, No. 17, Januar 2010, S. 3.

393 Godwin et al., Japan regulatory newsletter, No. 17, Januar 2010, S. 3.

394 Godwin et al., Japan regulatory newsletter, No. 17, Januar 2010, S. 3.

395 Godwin et al., Japan regulatory newsletter, No. 17, Januar 2010, S. 3.

396 North, Asia Times Online, 27. Januar 2010.

Entleihunternehmens abziehen, offen legen müssen[397]. Gefordert wurde zudem, dass diese Vermittlungsgebühren nach oben hin begrenzt werden[398].

III. Vorläufiges Scheitern der Umsetzung

Auch diese Reformbestrebungen wurden nicht in geltendes Recht umgesetzt. Der Premierminister Hatoyama kündigte am 2. Juni 2010 seinen Rücktritt an[399]. Dem Rücktritt lagen folgende Ereignisse zugrunde: Nachdem das Kabinett entgegen den öffentlichen Erwartungen einen Plan ausfertigte, der lediglich die Verlegung der U.S. Marine Corps Futenma Air Station von Ginowan City (Okinawa) nach Nago City (Okinawa) vorsah anstatt deren Beseitigung, sah sich die Sozialdemokratische Partei gezwungen aus dem Kabinett auszutreten[400]. Zudem war aufgrund mehrerer Spendenskandale das Vertrauen in die Demokratische Partei Japans gesunken[401].

Auch der darauf folgende Premierminister Naoto Kan konnte während seiner einjährigen Amtszeit keine Veränderungen bewirken.

§ 15 Überarbeitung des JAÜG am 28. März 2012

Die Überarbeitung des JAÜG gelang erst im Jahr 2012 unter Premierminister Yoshihiko Noda. Am 27. März 2012 wurde der Gesetzesentwurf vom Ausschuss für Gesundheit, Arbeit und Soziales des Repräsentantenhauses angenommen und am 28. März 2012 in der Plenarsitzung des Repräsentantenhauses verabschiedet[402].

Die Überschrift des Gesetzes wurde in „Gesetz zur Sicherung der ordnungsgemäßen Durchführung von Arbeitnehmerüberlassungsgeschäften und zum Schutz von Leiharbeitnehmern" (労働者派遣事業の適正な運営の確保及び派遣労働者の保護等に関する法律) geändert, um den Schutz der Leiharbeitnehmer stärker zu betonen[403].

---

397 Japan Times Online, Security for dispatch workers, 2. März 2010.

398 Tokyo Bar Association, 労働者派遣法の改正を求める意見書, S. 3.

399 Odagawa, Statement on Prime Minister Hatoyama's resignation, 2. Juni 2010; Hamaguchi/Ogino, Non-regular work, S. 26.

400 Odagawa, Statement on Prime Minister Hatoyama's resignation, 2. Juni 2010.

401 Auslin, The Wall Street Journal Online, 7. Januar 2010.

402 Matsuura, 朝日新聞, 28. März 2012.

403 Takahashi, 労働者派遣法の改正について (1).

Das neue Gesetz enthält die Verpflichtung des Verleihunternehmens, die durchschnittliche Marge zwischen der Verleihgebühr und dem an den Leiharbeitnehmer ausgezahlten Lohn zu veröffentlichen, Art. 23 Abs. 5 JAÜG[404].

Ebenfalls umgesetzt wurde das Verbot der kurzzeitigen Überlassung, Art. 35-3 JAÜG[405]. Danach dürfen Leiharbeitnehmer nur noch dann für weniger als 30 Tage überlassen werden, wenn es sich um Aufgabenfelder handelt, die entweder in der Kabinettsanordnung genannt werden oder um einer schnellen und präzisen Ausführung willen Fachwissen, spezielle Techniken oder Erfahrung voraussetzen, und eine Überprüfung der Arbeitsbeziehungen nicht unangemessen erschwert wird. Die kurzzeitige Überlassung soll weiterhin zulässig bleiben zur Planung einer langfristigen Anstellung von Leiharbeitnehmern, die nur schwer zu vermitteln sind. Weitere Fälle können durch das Kabinett festgelegt werden. Diese Umsetzung könnte mit einem erheblichen Anstieg der Arbeitslosenzahlen verbunden sein[406]. Das Ministerium für Gesundheit, Arbeit und Soziales ging 2008 in seinen Überlegungen von ungefähr 40.000 Leiharbeitnehmern auf Tagesbasis aus; die tatsächliche Anzahl dürfte aber wohl eher bei 100.000 bis 150.000 Leiharbeitnehmern gelegen haben[407].

Umgesetzt wurde auch der Grundsatz der ausgeglichenen Behandlung als schwächere Ausgestaltung des Gleichbehandlungsgrundsatzes, Art. 30-2 JAÜG. Die Verleiher sind nun verpflichtet, hinsichtlich der Lohnzahlung, Weiterbildung und Sozialleistungen ein Gleichgewicht zwischen Leiharbeitnehmern und vergleichbaren Arbeitnehmern des Entleihers zu finden.

Auf drei Jahre nach dem Inkrafttreten dieser neuen Fassung wurde die Umsetzung der automatischen Einstellung des Leiharbeitnehmers als Arbeitnehmer des Entleihers bei illegaler Arbeitnehmerüberlassung verschoben[408]. Kommt es tatsächlich zu einer Umsetzung, so wird die Rechtsprechung des Obersten Gerichtshofs zu den „verschleiernden Werkverträgen“[409] hinfällig.

Nicht umgesetzt wurde das Verbot der Arbeitnehmerüberlassung im produzierenden Gewerbe. Sollte eine dahingehende Umsetzung in Zukunft erfolgen, müsste Japan ebenfalls mit einem Anstieg der Arbeitslosenquote rechnen: Das Ministerium für Gesundheit, Arbeit und Soziales schätzte in seinen letzten Untersuchungen, dass 2008 ungefähr 400.000 Leiharbeitnehmer im produzierenden

404 Matsuura, 朝日新聞, 28. März 2012.

405 Matsuura, 朝日新聞, 28. März 2012.

406 Kobayashi, Social Science Japan, September 2009, S. 12; North, Asia Times Online, 27. Januar 2010.

407 Kobayashi, Social Science Japan, September 2009, S. 12.

408 Matsuura, 朝日新聞, 28. März 2012.

409 Oberster Gerichtshof, Urteil vom 18. Dezember 2009, www.courts.go.jp/english/judgments/text/2009.12.18-2008.-Ju-.No..1240.html.

Gewerbe beschäftigt waren, während Industrie-Insider von fast einer Million ausgehen[410]. Die Japan Staffing Service Association sieht nicht nur die Gefahr eines erneuten Anstiegs der Arbeitslosenzahlen, sondern vor allem den Verlust der Wettbewerbsfähigkeit der Unternehmen und die Verlagerung der Produktion ins Ausland[411].

Ebenfalls nicht umgesetzt wurde das Verbot des Registrierungsprinzips[412]. Bedenkt man, dass im Jahr 2010 84,03 Prozent[413] aller Einstellungen nach dem Registrierungsprinzip erfolgten, so wäre auch hier mit einer steigenden Arbeitslosenquote zu rechnen, sollte das Verbot in Zukunft umgesetzt werden. Ein umfassendes Verbot erscheint auch nicht sinnvoll, da die Studie des Japan Institute for Labour Policy and Training ergab, dass 2010 49,51 Prozent der nach dem Registrierungsprinzip eingestellten Leiharbeitnehmer einen unbefristeten Vertrag erhielten[414].

---

410 Kobayashi, Social Science Japan, September 2009, S. 13.

411 JILPT, in: JILPT (Hrsg.), Labor Situation in Japan and Analysis: Detailed Exposition 2011/2012, S. 31.

412 Matsuura, 朝日新聞, 28. März 2012.

413 JILPT, in: JILPT (Hrsg.), Labor Situation in Japan and Analysis: Detailed Exposition 2011/2012, S. 19.

414 JILPT, in: JILPT (Hrsg.), Labor Situation in Japan and Analysis: Detailed Exposition 2011/2012, S. 19.

Kapitel 5: Der sachliche Geltungsbereich des JAÜG

Die sachlichen Anwendungsbereiche des deutschen und japanischen Arbeitnehmerüberlassungsgesetzes unterscheiden sich erheblich. Daher wird hier zunächst ein kurzer Überblick über die deutsche Rechtslage gegeben, bevor anschließend der sachliche Geltungsbereich des JAÜG dargestellt wird.

Bis zur Überarbeitung 2010/2011 sah die herrschende Meinung nur die gewerbliche Arbeitnehmerüberlassung als vom Anwendungsbereich des deutschen AÜG erfasst an[415]. Lediglich § 1 Abs. 2 AÜG und § 14 AÜG wurden entsprechend auf die nicht-gewerbliche Arbeitnehmerüberlassung angewandt[416]. Das AÜG selbst enthielt keine Definition von Gewerbsmäßigkeit. Rechtsprechung und herrschende Meinung entschieden sich daher für die Anwendung der gewerberechtlichen Definition[417]. Danach erfasst Gewerbsmäßigkeit jede nicht nur gelegentliche, sondern auf gewisse Dauer angelegte und auf die Erzielung unmittelbarer oder mittelbarer wirtschaftlicher Vorteile gerichtete selbständige Tätigkeit[418]. Das AÜG galt daher bis zur Überarbeitung im Jahr 2010/2011 nur für

415 BR-Drucks. 847/10, S. 6; BT-Drucks. 6/2303, S. 10; Bundesarbeitsgericht, Beschluss vom 18. Januar 1989 – 7 ABR 62/87, Neue Zeitschrift für Arbeitsrecht 1989, S. 730; Bundesarbeitsgericht, Beschluss vom 22. März 2000 – 7 ABR 34/98, Neue Zeitschrift für Arbeitsrecht 2000, S. 1121; Boemke/Lembke, AÜG, 2. Auflage, § 1 Rn. 13; Thüsing, in: Thüsing (Hrsg.), AÜG, 2. Auflage, § 1 Rn. 21; Lorenz, in: Däubler et al. (Hrsg.), Arbeitsrecht, 2. Auflage, § 1 AÜG Rn. 14; Germakowski, in: Urban-Crell/Germakowski (Hrsg.), AÜG, § 1 Rn. 89; Hamann, in: Schüren/Hamann (Hrsg.), AÜG, 4. Auflage, § 1 Rn. 233; Sandmann/Marschall/Schneider, AÜG, Stand Dezember 2011, § 1 Rn. 4; Sansone, S. 115/116; Bachner, in: Kittner/Zwanziger/Deinert (Hrsg.), § 112, Rn. 73; Wank, in: Müller-Glöge/Preis/Schmidt (Hrsg.), Erfurter Kommentar zum Arbeitsrecht, 12. Auflage, § 1 AÜG Rn. 31.

416 Bundesarbeitsgericht, Beschluss vom 18. Januar 1989 – 7 ABR 62/87, Neue Zeitschrift für Arbeitsrecht 1989, S. 730; Bundesarbeitsgericht, Beschluss vom 22. März 2000 – 7 ABR 34/98, Neue Zeitschrift für Arbeitsrecht 2000, S. 1121; Hamann, in: Schüren/Hamann (Hrsg.), AÜG, 4. Auflage, § 1 Rn. 233.

417 Hamann, in: Schüren/Hamann (Hrsg.), AÜG, 4. Auflage, § 1 Rn. 239; Lorenz, in: Däubler et al. (Hrsg.), AÜG, 2. Auflage, § 1 Rn. 14.

418 Bundesarbeitsgericht, Beschluss vom 10. Februar 1977 – 2 ABR 80/76, Arbeitsrechtliche Praxis Nr. 9 zu § 103 BetrVG 1972, II.1.b); Bundesarbeitsgericht, Urteil vom 21. März 1990 – 7 AZR 198/89, Neue Zeitschrift für Arbeitsrecht 1991, S. 271; Bundesarbeitsgericht, Beschluss vom 20. April 2005 – 7 ABR 20/04, Neue Zeitschrift für Arbeitsrecht 2005, S. 1006; Hamann, in: Schüren/Hamann (Hrsg.), AÜG, 4. Auflage, § 1 Rn. 239.

solche Unternehmen, die mit Gewinnerzielungs- und Wiederholungsabsicht handelten.

Mit dem Erlass der Leiharbeitsrichtlinie[419] änderte sich die rechtliche Lage in Deutschland. Gemäß Art. 1 Abs. 2 der Leiharbeitsrichtlinie umfasst der Anwendungsbereich der Richtlinie alle

> *„öffentliche[n] und private[n] Unternehmen, bei denen es sich um Leiharbeitsunternehmen oder entleihende Unternehmen handelt, die eine wirtschaftliche Tätigkeit ausüben, unabhängig davon, ob sie Erwerbszwecke verfolgen oder nicht".*

Die Richtlinie setzt lediglich voraus, dass Verleiher oder Entleiher am Wirtschaftsverkehr teilnehmen, eine Gewinnerzielungsabsicht ist nicht erforderlich. Nach der ständigen Rechtsprechung des Europäischen Gerichtshofs liegt eine wirtschaftliche Tätigkeit dann vor, wenn Güter oder Dienstleistungen auf einem bestimmten Markt angeboten werden[420].

In der überarbeiteten Fassung des AÜG von 2010/2011 wurde der Anwendungsbereich des AÜG entsprechend angepasst. Daher findet das deutsche AÜG künftig auch auf Unternehmen oder Institutionen Anwendung, die einmalig auf dem Markt auftreten, sowie auf solche Einrichtungen, die ohne Gewinnerzielungsabsicht handeln, mithin auch auf konzerninterne Personalservicegesellschaften und gemeinnützige Institutionen[421].

Im japanischen Gesetzestext wird ebenfalls nicht erwähnt, auf welche Unternehmen das JAÜG Anwendung findet. Anders als in Deutschland wird in Japan dennoch keine Notwendigkeit darin gesehen, den sachlichen Anwendungsbereich des JAÜG zu diskutieren, da sich dieser aus der überarbeiteten Mitteilung des Ministeriums für Gesundheit, Arbeit und Soziales vom 21. April 2011 sowie den anderen im JAÜG enthaltenen Definitionen ergibt.

Die seit dem 28. März 2012 geltende vollständige Überschrift des JAÜG lautet sinngemäß „Gesetz zum Schutz von Leiharbeitnehmern und zur Sicherung

419 Richtlinie 2008/104/EG des Europäischen Parlaments und des Rates vom 19. November 2008 über Leiharbeit, Amtsblatt der Europäischen Union, 5. Dezember 2008, L327/11.

420 Europäischer Gerichtshof, Urteil vom 18. Juni 1998 – C-35/96, Slg. 1998, I-3853 = Europäische Zeitschrift für Wirtschaftsrecht 1999, S. 93 (Kommission/Italien); Europäischer Gerichtshof, Urteil vom 12. Dezember 2000 – C-180/98 bis C-184/98, Slg. 2000, I-6451 (Pavlov u. a.); Europäischer Gerichtshof, Urteil vom 10. Januar 2006 – C-222/04, Europäische Zeitschrift für Wirtschaftsrecht 2006, S. 310 (Ministero dell'Economia e delle Finanze/Cassa di Risparmio di Firenze SpA u. a.).

421 BR-Drucks. 847/10, S. 7.

der ordnungsgemäßen Durchführung von Arbeitnehmerüberlassungsgeschäften". Art. 2 Nr. 3 JAÜG definiert das Arbeitnehmerüberlassungsgeschäft als Arbeitnehmerüberlassung, die als *gyô* (業) betrieben wird. *Gyô* wird übersetzt mit „Arbeit", „Beruf", „Dienst" oder „Gewerbe"[422]. Aufgrund seiner Bedeutungsvielfalt kann der Begriff nicht ohne weiteres mit dem deutschen Begriff der Gewerbsmäßigkeit gleichgesetzt werden. Gemäß dem Ministerium für Gesundheit, Arbeit und Soziales bedeutet „業として行う" (*gyô toshite okonau*) im Rahmen des JAÜG, dass dieselbe Handlung mit einer bestimmten Absicht wiederholt und kontinuierlich durchgeführt wird[423]. Ausreichend ist auch, soweit die Überlassung bisher nur ein einziges Mal vorgenommen wurde, dass bei der Durchführung eine Wiederholungsabsicht bestand[424]. Wenn die Handlung zwar wiederholt durchgeführt wurde, es dem Handelnden aber an der Wiederholungsabsicht fehlte, kann sie nicht unter den Begriff „業として行う" gefasst werden[425]. Eine Einschränkung auf solche wiederholten Handlungen, die auch mit Gewinnerzielungsabsicht betrieben werden, ist dabei nicht vorgesehen, so dass auch religiöse Einrichtungen und soziale Projekte darunter fallen können[426]. Grundsätzlich muss die Entscheidung, ob eine Wiederholungsabsicht vorliegt, von Fall zu Fall beurteilt werden, wobei jedoch die Gewinnerzielungsabsicht und die Selbständigkeit einer bestimmten Überlassung in die Bewertung mit einbezogen werden können[427]. Nach dem ersten Teil der Überschrift zu urteilen findet das JAÜG daher Anwendung auf alle Überlassungen, die in Wiederholungsabsicht getätigt werden, unabhängig davon, ob auch Gewinnerzielungsabsicht vorlag.

Auch der erste Teil des Gesetzeszwecks in Art. 1 JAÜG spricht für eine ausschließliche Anwendung des Gesetzes auf Überlassungen in Wiederholungsabsicht. Gemäß Art. 1 JAÜG dient das Gesetz dazu, Maßnahmen bereitzustellen, um die ordnungsgemäße Durchführung von Arbeitnehmerüberlassungsgeschäften zu gewährleisten. Erneut wird hier Bezug genommen auf die Definition von

---

422 WaDoku e. V., Japanisch-Deutsches Wörterbuch.

423 Ministerium für Gesundheit, Arbeit und Fürsorge, 第1 労働者派遣事業の意義等, S. 15, abrufbar unter: www.mhlw.go.jp/general/seido/anteikyoku/jukyu/haken/youryou/dl/1.pdf (Japanisch), Zugriff zuletzt am: 4. Juni 2012.

424 Ministerium für Gesundheit, Arbeit und Fürsorge, 第1 労働者派遣事業の意義等, S. 15.

425 Ministerium für Gesundheit, Arbeit und Fürsorge, 第1 労働者派遣事業の意義等, S. 15.

426 Ministerium für Gesundheit, Arbeit und Fürsorge, 第1 労働者派遣事業の意義等, S. 15.

427 Ministerium für Gesundheit, Arbeit und Fürsorge, 第1 労働者派遣事業の意義等, S. 15.

Arbeitnehmerüberlassungsgeschäften als Überlassungen mit Wiederholungsabsicht im Sinne des Art. 2 Nr. 3 JAÜG.

Für eine zumindest teilweise Anwendbarkeit des JAÜG auch auf einmalige Arbeitnehmerüberlassungen ohne Wiederholungsabsicht könnten dagegen der zweite Teil des Gesetzeszwecks in Art. 1 JAÜG sowie der zweite Teil der Überschrift sprechen. Neben der Sicherung der ordnungsgemäßen Durchführung von Arbeitnehmerüberlassungsgeschäften dient das Gesetz gemäß Art. 1 JAÜG auch dem Schutz der Leiharbeitnehmer. Gemäß Art. 2 Nr. 2 JAÜG ist ein Leiharbeitnehmer ein Arbeitnehmer, der durch einen Arbeitgeber angestellt wird und Objekt einer Arbeitnehmerüberlassung ist. Die Definition der Arbeitnehmerüberlassung in Art. 2 Nr. 1 JAÜG nennt dabei nicht das Erfordernis einer Durchführung mit Wiederholungsabsicht, sondern beschreibt die Arbeitnehmerüberlassung lediglich als die Veranlassung eines Arbeitnehmers, der bei einer Person angestellt ist, zur Ausführung von Arbeiten für eine andere Person unter deren Anweisung, während die Arbeitsbeziehung zur ersten Person aufrechterhalten wird. Somit könnte vom Gesetzeszweck her auch der Schutz von Leiharbeitnehmern angestrebt werden, die nicht Objekt von Überlassungen mit Wiederholungsabsicht sind.

Allerdings beschränkt sich diese Interpretationsmöglichkeit auf die Überschrift und den Gesetzeszweck. Kapitel 3, welches die Maßnahmen zum Schutz der Leiharbeitnehmer enthält, lässt eine solche Auslegung nicht mehr zu. In Kapitel 3 wird von dem Verleiher als dem „Geschäftsmann" (事業者, *jigyôsha*) gesprochen. Art. 2 Nr. 6 JAÜG definiert den „Geschäftsmann" als eine Person, die eine Lizenz nach Art. 5 Abs. 1 JAÜG erhalten oder das Ministerium gemäß Art. 16 Abs. 1 JAÜG benachrichtigt hat. Da gemäß Art. 5 Abs. 1, 16 Abs. 1 JAÜG nur solche Personen einen Lizenzantrag stellen beziehungsweise die Aufnahme des Geschäfts dem Ministerium für Gesundheit, Arbeit und Soziales mitteilen müssen, die Arbeitnehmerüberlassungsgeschäfte vornehmen, wird erneut ein Bezug hergestellt zu Art. 2 Nr. 3 JAÜG und somit zur Wiederholungsabsicht. „Geschäftsmänner" sind daher nur solche Personen, die Überlassungen mit Wiederholungsabsicht vornehmen.

Als Gegenstück zum Geschäftsmann wird der Empfänger der Leistungen in Art. 2 Nr. 6 JAÜG als „Überlassungsort" (派遣先, *hakensaki*) bezeichnet. Durch diese Bezeichnung wird eine klare Beziehung zu den gewerblichen Überlassungen des Geschäftmannes hergestellt, so dass auch die Vorschriften, die den Entleiher betreffen, ebenfalls nur für Überlassungen mit Wiederholungsabsicht gelten.

Im Vergleich zu Deutschland lässt sich daher festhalten, dass der japanische Gesetzgeber eine Richtung eingeschlagen hat, die einem Mittelweg zwischen der alten und der neuen deutschen Gesetzeslage gleichkommt. Während nach der alten Gesetzeslage in Deutschland nur solche Überlassungen erfasst sein sollten, die mit Wiederholungs- und Gewinnerzielungsabsicht vorgenommen wurden, gilt das AÜG heute für jegliche Überlassungen, die als ein Auftreten im wirtschaftlichen Verkehr verstanden werden können, und somit auch für einmalige Überlassungen ohne Wiederholungsabsicht. Das JAÜG erfasst dagegen nur wiederholte Überlassungen, unabhängig davon, ob eine Gewinnerzielungsabsicht vorliegt oder nicht.

Kapitel 6: Lizenz- und Mitteilungsverfahren

In Japan können Leiharbeitnehmer nach dem Registrierungs- oder dem Beschäftigungsprinzip eingestellt werden. Für beide Einstellungsformen gelten unterschiedliche Voraussetzungen.

§ 16 Registrierungs- und Beschäftigungsprinzip

Anders als im deutschen AÜG sind im JAÜG zwei Einstellungsmodalitäten für Leiharbeitnehmer vorgesehen.

I. Beschäftigungsprinzip

Auf der einen Seite gibt es Einstellungen von Leiharbeitnehmern nach dem sogenannten Beschäftigungsprinzip (常用型, *jôyô gata*)[428]. Die Leiharbeitnehmer werden durch die Verleihunternehmen auf der Grundlage eines befristeten oder unbefristeten Arbeitsvertrages unabhängig vom Bestehen einer aktuellen Überlassungsnachfrage eingestellt[429]. Der Verleiher trägt das Risiko, den Arbeitnehmer auch dann vergüten zu müssen, wenn er ihn zeitweise nicht vermitteln kann. Verleihunternehmen, die nach diesem Prinzip vorgehen, werden als *tokudan rôdôsha haken jigyô* (特段労働者派遣事業) bezeichnet[430] und unterliegen den Regelungen zur speziellen Arbeitnehmerüberlassung (Art. 16 bis Art. 22 JAÜG).

II. Registrierungsprinzip

Das Gegenstück zu dieser Einstellungsform bildet das sogenannte Registrierungsprinzip (登録型, *tôroku gata*)[431]. Diese Einstellungsmodalität ähnelt der

428 Shire, ASIEN, Vol. 84 (2002), S. 26; Imai, The Rise of Temporary Employment in Japan, S. 12; Coe/Johns/Ward, The Japanese Staffing Market, S. 2; Coe/Johns/Ward, Transforming the Japanese labour market, S. 7.

429 Shire, ASIEN, Vol. 84 (2002), S. 26; Hashimoto; Zeitschrift für japanisches Recht, Vol. 17 (2004), S. 81; Coe/Johns/Ward, Transforming the Japanese labour market, S. 7.

430 Sato, Social Science Japan Journal, Vol. 4 (2001), No. 2, S. 164; Imai, The Rise of Temporary Employment in Japan, S. 12; Coe/Johns/Ward, Transforming the Japanese labour market, S. 8.

431 Shire, ASIEN, Vol. 84 (2002), S. 26; Imai, The Rise of Temporary Employment in Japan, S. 12; Coe/Johns/Ward, The Japanese Staffing Market, S. 2; Coe/Johns/Ward, Transforming the Japanese labour market, S. 7.

US-amerikanischen Variante der Arbeitnehmerüberlassung[432]. Unternehmen, die sich auf das Registrierungsprinzip spezialisiert haben, nehmen die Leiharbeitnehmer zunächst nur in eine Kartei auf, ohne sie als Arbeitnehmer einzustellen[433]. Wenn ein potentieller Entleiher dem Verleihunternehmen eine Anfrage übermittelt, sucht das Verleihunternehmen den passenden Leiharbeitnehmer aus der Kartei heraus und schließt mit diesem einen befristeten Arbeitsvertrag ab, dessen Dauer an jene des Überlassungsvertrages angepasst ist[434]. So kann das Verleihunternehmen Lohnzahlungen an den Leiharbeitnehmer in verleihfreien Zeiten verhindern[435]. Verleihunternehmen, die Leiharbeitnehmer nach dem Registrierungsprinzip einstellen, werden als *ippan rôdôsha haken jigyo* (一飯労働者派遣事業) bezeichnet[436] und unterliegen den Vorschriften über die allgemeine Arbeitnehmerüberlassung (Art. 5 bis 15 JAÜG).

Die Änderungsvorschläge in den letzten Jahren sahen die Abschaffung des Registrierungsprinzips vor. In der überarbeiteten Fassung des JAÜG vom 28. März 2012 wurde das Registrierungsprinzip jedoch vorerst beibehalten. Es bleibt daher abzuwarten, wie sich die Gesetzgebung in den nächsten Jahren entwickeln wird.

III. Mischformen

Daneben gibt es in Japan auch Verleihunternehmen, die Leiharbeitnehmer sowohl registrieren als auch sofort einstellen. Solche Unternehmen werden als *ippan rôdôsha haken jigyo* behandelt und unterliegen somit den Vorschriften für allgemeine Arbeitnehmerüberlassungen[437].

IV. Vergleich mit dem deutschen Recht

Die Einstellungsmodalität nach dem Beschäftigungsprinzip gleicht der deutschen Arbeitnehmerüberlassung. Der deutsche Gesetzgeber hat in der Gesetzesbegründung zum AÜG das unbefristete Arbeitsverhältnis als Regelform (jedoch

432 Shire, ASIEN, Vol. 84 (2002), S. 26.

433 Coe/Johns/Ward, Transforming the Japanese labour market, S. 7.

434 Goka/Sato, in: Burgess/Connell (Hrsg.), S. 117.

435 Goka/Sato, in: Burgess/Connell (Hrsg.), S. 117.

436 Sato, Social Science Japan Journal, Vol. 4 (2001), No. 2, S. 164; Imai, The Rise of Temporary Employment in Japan, S. 12; Coe/Johns/Ward, Transforming the Japanese labour market, S. 8.

437 Araki, Japan Labor Bulletin, August 1994, S. 8 Fußnote 14.

nicht als ausschließliche Form) für die Beziehung zwischen Leiharbeitnehmer und Verleiher vorgesehen[438].

Überlassungen nach dem Registrierungsprinzip waren dagegen in Deutschland aufgrund des Synchronisationsverbots in §§ 3 Abs. 1 Nr. 3 bis 5, 9 Nr. 2 und 3 AÜG a. F. lange Zeit nicht möglich. Arbeitsverträge mit den Leiharbeitnehmern konnten nur dann befristet abgeschlossen werden, wenn die Befristung im Interesse des Arbeitnehmers erfolgte (§§ 3 Abs. 1 Nr. 3, 9 Nr. 2 AÜG a. F.), so dass eine Anpassung der Dauer des Arbeitsvertrages an die Dauer des Überlassungsvertrages von Seiten des Arbeitsgebers von vornherein ausschied. Auch die Kündigung des Arbeitsvertrages nach Ablauf des Überlassungsvertrages und die darauffolgende Neueinstellung bei Eingang einer neuen Entleiheranfrage war nur möglich, wenn zwischen Kündigung und Neueinstellung mehr als drei Monate lagen (§ 3 Abs. 1 Nr. 4, 9 Nr. 3 AÜG a. F.).

Mit dem Ersten Gesetz für moderne Dienstleistungen am Arbeitsmarkt vom 23. Dezember 2002 wurde das Synchronisationsverbot abgeschafft[439]. Die Befristungsmöglichkeiten ergeben sich seither aus dem allgemeinen Befristungsrecht[440]. § 14 Abs. 1 Satz 2 Nr. 1 des Gesetzes über Teilzeitarbeit und befristete Arbeitsverträge (TzBfG) rechtfertigt jedoch ebenfalls keine Anpassung der Arbeitsvertragsdauer an die Dauer des Überlassungsvertrages. Der Sachgrund der Befristung kann sich bei § 14 Abs. 1 Satz 2 Nr. 1 TzBfG nur aus dem Rechtsverhältnis zwischen Leiharbeitnehmer und Verleiher ergeben, so dass der vorübergehende Bedarf beim Verleiher und nicht beim Entleiher maßgeblich ist[441]. Beim Wegfall des Bedarfs auf Seiten des Entleihers handelt es sich um das typi-

438 BT-Drucks. 6/2303, S. 11; Schüren, in: Heinze/Söllner (Hrsg.), Festschrift Kissel, S. 1037.

439 Erstes Gesetz für moderne Dienstleistungen am Arbeitsmarkt vom 23. Dezember 2002, Bundesgesetzblatt Jahrgang 2002 Teil I, S. 4618.

440 Reim, Zeitschrift für Tarifrecht 2003, S. 112; Lembke, Der Betrieb 2003, S. 2702; Wank, Neue Zeitschrift für Arbeitsrecht 2003, S. 20; Bauer/Krets, Neue Juristische Wochenschrift 2003, S. 540; Hamann, JURA 2003, S. 365; Wank, in: Müller-Glöge/Preis/Schmidt (Hrsg.), Erfurter Kommentar zum Arbeitsrecht, 12. Auflage, 2012, Einl. AÜG Rn. 6; Bayreuther, in: Rolfs et al. (Hrsg.), Beck'scher Online-Kommentar Arbeitsrecht, Stand März 2012, § 14 TzBfG Rn. 114.

441 Bundesarbeitsgericht, Urteil vom 18. 5. 2006 – 2 AZR 412/05, Arbeitsrechtliche Praxis AÜG § 9 Nr. 7 Rn. 18; Wank, Neue Zeitschrift für Arbeitsrecht 2003, S. 20; Schüren/Behrend, Neue Zeitschrift für Arbeitsrecht 2003, S. 522; Hamann, JURA 2003, S. 365; Wank, in: Müller-Glöge/Preis/Schmidt (Hrsg.), Erfurter Kommentar zum Arbeitsrecht, 12. Auflage, 2012, Einl. AÜG Rn. 6; Bayreuther, in: Rolfs et al. (Hrsg.), Beck'scher Online-Kommentar Arbeitsrecht, Stand März 2012, § 14 TzBfG Rn. 115. Andere Ansicht: Bauer/Krets, Neue Juristische Wochenschrift 2003, S. 540; Lembke, Der Betrieb 2003, S. 2704.

sche Beschäftigungsrisiko eines Verleihers, das nicht auf den Arbeitnehmer abgewälzt werden kann[442]. Eine Befristung nach § 14 Abs. 1 Satz 2 Nr. 1 TzBfG kommt daher nur dann in Betracht, wenn sich bei der Einstellung des Leiharbeitnehmers die abschließende Prognose ergibt, dass keine weitere Überlassung an einen anderen Entleiher möglich ist oder angestrebt wird[443]. Auch § 14 Abs. 2 TzBfG ermöglicht keine mehrmalige Synchronisation von Arbeits- und Überlassungsvertrag. Die Verlängerung im Sinne des § 14 Abs. 2 TzBfG muss innerhalb der vorangegangenen Befristung erfolgen und kann nicht erst nach Vertragsbeendigung vorgenommen werden[444]. Endet der Arbeitsvertrag parallel zum Überlassungsvertrag, ist daher gemäß § 14 Abs. 2 Satz 2 TzBfG auch keine weitere sachgrundlose Befristung möglich.

§ 17 Lizenzverfahren

Die Durchführung von allgemeinen Arbeitnehmerüberlassungen im Sinne des Art. 2 Nr. 4 JAÜG, bei denen die Leiharbeitnehmer in eine Kartei aufgenommen und erst bei Bedarf eingestellt werden (Registrierungsprinzip), wird in Japan von der Erteilung einer Lizenz durch das Ministerium für Gesundheit, Arbeit und Soziales abhängig gemacht, Art. 5 Abs. 1 JAÜG.

I. Erteilung der Lizenz

Um eine solche Lizenz zu erhalten, muss der Inhaber des Unternehmens sich schriftlich an das Ministerium wenden, Art. 5 Abs. 2 JAÜG. Das Schreiben muss Angaben enthalten über den Namen, den Titel und die Anschrift des Inhabers und im Falle einer juristischen Person über den Namen ihrer Vertreter sowie ihrer leitenden Angestellten und deren Anschriften. Weiterhin ist die Angabe des Standorts des Unternehmens erforderlich sowie die Nennung einer verantwortlichen Person. Gemäß Art. 5 Abs. 3 JAÜG kann durch eine Verordnung

---

442 Bundesarbeitsgericht, Urteil vom 18. Mai 2006 – 2 AZR 412/05, Arbeitsrechtliche Praxis AÜG § 9 Nr. 7 Rn. 18; Wank, Neue Zeitschrift für Arbeitsrecht 2002, S. 21; Hamann, JURA 2003, S. 365; Lembke, Der Betrieb 2003, S. 2704; Reim, Zeitschrift für Tarifrecht 2003, S. 112; Wank, in: Müller-Glöge/Preis/Schmidt (Hrsg.), Erfurter Kommentar zum Arbeitsrecht, 12. Auflage, 2012, Einl. AÜG Rn. 7; Bayreuther, in: Rolfs et al. (Hrsg.), Beck'scher Online-Kommentar Arbeitsrecht, Stand März 2012, § 14 TzBfG Rn. 116.

443 Bayreuther, in: Rolfs et al. (Hrsg.), Beck'scher Online-Kommentar Arbeitsrecht, Stand März 2012, § 14 TzBfG Rn. 116.

444 Bauer/Krets, Neue Juristische Wochenschrift 2003, S. 540.

des Ministeriums für Gesundheit, Arbeit und Soziales die Einreichung weiterer Unterlagen zur Antragsvoraussetzung gemacht werden. Das Ministerium kam dieser Konkretisierungsaufforderung durch eine Auflistung in Art. 1-2 Abs. 2 JAÜG-VO nach. Sofern eine juristische Person die Lizenz beantragt, gehören die Stiftungs- und Gesellschaftsverträge, eine Urkunde über die registrierten Daten des Inhabers, die Einwohnermeldebescheinigungen der leitenden Angestellten, der verantwortlichen Person und des Inhabers sowie ihre Lebensläufe, bei Minderjährigen die Einwohnermeldebescheinigungen und Lebensläufe der gesetzlichen Vertreter, die Regeln, die zur ordnungsgemäßen Handhabung von persönlichen Informationen und zu deren Gemeinhaltung aufgestellt wurden, der Geschäftsbericht des letzten Jahres sowie Dokumente über Vermögensgegenstände des Unternehmens und deren Rechtsverhältnisse zu den vorzulegenden Unterlagen. Bei einer natürlichen Person sind lediglich die Einwohnermeldebestätigung und der Lebenslauf des Bewerbers oder im Falle eines Minderjährigen die Einwohnermeldebestätigungen und Lebensläufe der gesetzlichen Vertreter, der Lebenslauf und die Einwohnermeldebestätigung einer verantwortlichen Person, die Regeln zur Handhabung der persönlichen Informationen und deren Geheimhaltung und Dokumente, welche die Vermögensgegenstände und deren Rechtsverhältnisse darlegen, einzureichen. Ausnahmen hiervon bestehen für Personen, die dem Ministerium bereits den Betrieb eines Verleihunternehmens nach dem Beschäftigungsprinzip mitgeteilt haben. Für diese ist die Vorlage des Gründungsvertrages, des Dokuments über die eingetragenen Daten und der Einwohnermeldebescheinigungen der leitenden Angestellten nicht mehr erforderlich, Art. 1-2 Abs. 4 JAÜG-VO.

Alle Daten müssen dabei der Wahrheit entsprechen, denn die Angabe von falschen Tatsachen in der schriftlichen Bewerbung ist mit einer Geldstrafe von bis zu 300.000 Yen belegt, Art. 61 Nr. 1 JAÜG.

Zusätzlich zu diesen Dokumenten verlangt das Gesetz die Ausarbeitung eines Geschäftsplans, Art. 5 Abs. 3 JAÜG. Gemäß Art. 5 Abs. 4 JAÜG muss der Geschäftsplan Angaben über die Anzahl der Leiharbeitnehmer und die Höhe der Gebühren für die Überlassung enthalten. Das Gesetz sieht in Art. 5 Abs. 3 JAÜG vor, dass das Ministerium weitere Angaben festlegen darf. Hiervon wurde aber in der gegenwärtigen Fassung der Ausführungsverordnung kein Gebrauch gemacht. Das Ministerium für Gesundheit, Arbeit und Soziales verlangt lediglich, dass für den Geschäftsplan eine bestimmte Formvorlage verwendet wird, Art. 1-2 Abs. 3 JAÜG-VO.

Nachdem der Bewerber die vollständigen Unterlagen beim Ministerium für Gesundheit, Arbeit und Soziales eingereicht hat, berät sich dieses mit dem Rat für Arbeitspolitik, bevor es schließlich die Lizenz erteilt, Art. 5 Abs. 5 JAÜG.

Die Lizenz gilt für drei Jahre ab dem Tag der Ausstellung, Art. 10 Abs. 1 JAÜG.

II. Versagung der Lizenz

Unter bestimmten Umständen kann die Erteilung der Lizenz versagt werden. Art. 6 JAÜG enthält eine Auflistung dieser Versagungsgründe.

Im Detail handelt es sich dabei zum einen um Fälle, in denen der Antragsteller zu einer Gefängnisstrafe oder einer Geldbuße wegen Verstoßes gegen Vorschriften des JAÜG oder sonstiger arbeitsrechtlicher Vorschriften verurteilt wurde, Art. 6 Nr. 1 JAÜG. Ebenso kann die Erteilung der Lizenz versagt werden, wenn der Antragsteller sich nach bestimmten Vorschriften des Strafgesetzbuches (刑法, *Keihôten*)[445], des Gesetzes zum Schutz vor organisierter Kriminalität (暴力団員による不当な行為の防止等に関する法律, *Bôryokudonin niyoru Futôna Kôi no Bôritônikansuro Hôritsu*)[446], des Gesetzes zum Schutz vor körperlicher Gewalt und ähnlichen Straftaten (暴力行為等処罰に関する法律, *Bôryokukôitô Shobatsunikansuro Hôritsu*)[447] sowie des Immigrationskontroll- und Flüchtlingsanerkennungsgesetzes (出入国管理及び難民認定法, *Shutsunyûkokukanioyobi Nanmin Nintei Hô*)[448] strafbar gemacht hat, Art. 6 Nr. 1 JAÜG. Das Gleiche gilt für Verstöße gegen arbeitsrechtliche Versicherungsgesetze, Art. 6 Nr. 2 JAÜG. Die Versagung darf jedoch dann nicht mehr erfolgen, wenn seit dem Tag der Erfüllung der Strafe beziehungsweise dem Tag, an dem die Strafe nicht mehr länger vollstreckbar ist, fünf Jahre vergangen sind, Art. 6 Nr. 1 und 2 JAÜG. Eine Erteilung darf zum anderen auch dann nicht erfolgen, wenn der Antragsteller unter elterlicher Aufsicht oder unter Betreuung steht beziehungsweise insolvent ist und seine Rechte noch nicht wieder vollständig zurückerlangt hat, Art. 6 Nr. 3 JAÜG. Die Nr. 4 bis 6 des Art. 6 JAÜG wurden im Rahmen der Gesetzesreform 2012 neu gefasst. Danach soll nun auch dann die Erteilung der Lizenz versagt werden, wenn in der Person des Inhabers selbst, seinen leitenden Angestellten oder anderen Personen mit vergleichbarer Position im Unternehmen ein Grund vorliegt, der zum Widerruf der Lizenz berechtigen würde, oder vorgelegen hat und seit dem Tag des Widerrufs noch nicht mehr als

---

445 Im Internat abrufbar unter: www.cas.go.jp/jp/seisaku/hourei/data/PC.pdf (Englisch), Zugriff zuletzt am: 4. Juni 2012.

446 Im Internet abrufbar unter: law.e-gov.go.jp/htmldata/H03/H03HO077.html (Japanisch), Zugriff zuletzt am: 4. Juni 2012.

447 Im Internet abrufbar unter: law.e-gov.go.jp/htmldata/T15/T15HO060.html (Japanisch), Zugriff zuletzt am: 4. Juni 2012.

448 Im Internet abrufbar unter: law.e-gov.go.jp/htmldata/S26/S26SE319.html (Japanisch), Zugriff zuletzt am: 4. Juni 2012.

fünf Jahre vergangen sind. Die neu hinzugekommenen Nr. 7 und 8 betreffen die Versagung der Lizenz bei vorausgegangener Geschäftsaufgabe. Ebenfalls neu sind die Nr. 9 bis 12, welche die Versagung der Lizenzerteilung bei Einfluss der organisierten Kriminalität regeln.

Die Aufzählung in Art. 6 JAÜG ist nicht abschließend, sondern wird durch Art. 7 JAÜG ergänzt. Nach Art. 7 Abs. 1 JAÜG darf das Ministerium die Lizenz auch dann nicht erteilen, wenn die Befürchtung besteht, dass Exklusivverleih betrieben werden soll (Nr. 1), der Bewerber nicht über die notwendige Fähigkeit verfügt, die Beschäftigungsbeziehung zu den Leiharbeitnehmern ordnungsgemäß zu handhaben (Nr. 2), keine ausreichenden Maßnahmen ergriffen werden, um die persönlichen Informationen zu schützen und geheim zu halten (Nr. 3) oder ganz allgemein der Bewerber nicht fähig ist, das Unternehmen ordnungsgemäß zu leiten (Nr. 4).

III. Entzug der Lizenz

Selbst wenn das Ministerium dem Bewerber die Lizenz erteilt, kann diese jederzeit bei Vorliegen bestimmter Umstände wieder entzogen werden. Zum einen ist eine Entziehung der Lizenz dann möglich, wenn auch eine Versagung nach Art. 6 JAÜG möglich wäre, Art. 14 Abs. 1 Nr. 1 JAÜG. Zum anderen kann das Ministerium auch dann die Entziehung anordnen, wenn der Betreiber gegen das JAÜG, das APSG oder gegen Bedingungen verstößt, die an die Lizenz geknüpft wurden, Art. 14 Abs. 1 Nr. 2 und 3 JAÜG.

IV. Vergleich mit dem deutschen Recht

Der deutsche Gesetzgeber sieht in § 1 Abs. 1 S. 1 AÜG ebenfalls die Verpflichtung vor, eine Erlaubnis zur Durchführung von Arbeitnehmerüberlassungen zu erwerben. In Deutschland entsprechen die meisten Verleihunternehmen aufgrund des starken Schutzes des Befristungsrechts allerdings den japanischen Unternehmen, die nach dem Beschäftigungsprinzip einstellen, so dass sich auch das Lizenzerfordernis in Deutschland weitgehend nur auf solche Unternehmen erstreckt. Anders als in Deutschland besteht in Japan für die Überlassungen, die nach dem Beschäftigungsprinzip vorgenommen werden, dagegen keine Genehmigungspflicht, sondern lediglich eine Verpflichtung, dem Ministerium für Arbeit und Soziales die Aufnahme der Unternehmenstätigkeit anzuzeigen. Nur für die Überlassungen nach dem Registrierungsprinzip hat der japanische Gesetzgeber eine Genehmigungspflicht eingeführt.

Auch in den Konsequenzen einer fehlenden Lizenz unterscheiden sich Deutschland und Japan erheblich. In Deutschland sind die Verträge zwischen Verleihern und Entleihern unwirksam, wenn der Verleiher nicht die erforderliche Erlaubnis nach § 1 AÜG zur Durchführung von Arbeitnehmerüberlassungen besitzt, § 9 Nr. 1 AÜG. Die Folge ist, dass ein Arbeitsverhältnis zwischen Entleiher und Leiharbeitnehmer zu dem zwischen dem Entleiher und dem Verleiher für den Beginn der Tätigkeit vorgesehenen Zeitpunkt zustande kommt, § 10 Abs. 1 Satz 1 1. HS. AÜG. In Japan dagegen wird nicht automatisch ein Arbeitsverhältnis zwischen Entleiher und Leiharbeitnehmer begründet[449]. Das JAÜG sieht für Verstöße gegen das Lizenzerfordernis vielmehr die Verhängung einer Freiheitsstrafe von bis zu einem Jahr oder einer Geldbuße bis 1.000.000 Yen vor, Art. 59 Nr. 2 JAÜG. Die gleiche Sanktion erwartet jemanden, der die erforderliche Genehmigung durch Irreführung oder auf ähnliche Weise erlangt hat, Art. 59 Nr. 3 JAÜG.

§ 18 Mitteilungsverfahren

Im Gegensatz zu den Überlassungen nach dem Registrierungsprinzip bedarf die Durchführung von speziellen Arbeitnehmerüberlassungen, bei denen die Leiharbeitnehmer befristet oder unbefristet unabhängig von bestehenden Überlassungsnachfragen eingestellt werden (Beschäftigungsprinzip), nicht der Lizenz des Ministeriums für Gesundheit, Arbeit und Soziales. Die Durchführung solcher Überlassungen muss lediglich dem Ministerium schriftlich gemeldet werden, Art. 16 Abs. 1 JAÜG.

I. Inhalt der schriftlichen Mitteilung

Die Anfertigung einer solchen Mitteilung gestaltet sich jedoch nicht wesentlich einfacher als die Anfertigung eines Lizenzantrags. Art. 16 Abs. 1 JAÜG nimmt Bezug auf Art. 5 Abs. 2 JAÜG, wonach das Schreiben Angaben enthalten muss über den Namen, den Titel und die Anschrift des Inhabers des Unternehmens und im Falle einer juristischen Person über den Namen ihrer Vertreter sowie ihrer leitenden Angestellten und deren Anschriften. Erforderlich sind weiterhin die Angabe des Standorts des Unternehmens sowie die Nennung einer verantwortlichen Person und deren Anschrift. Die schriftliche Mitteilung muss genau wie der Antrag auf Erteilung einer Lizenz zusammen mit einem Geschäftsplan und den gesamten Unterlagen aus Art. 1-2 Abs. 2 JAÜG (mit Ausnahme des Ge-

449 Hashimoto, Zeitschrift für japanisches Recht, Vol. 17 (2004), S. 83.

schäftsberichts des letzten Jahres) eingereicht werden, Art. 16 Abs. 2 JAÜG in Verbindung mit Art. 11 Abs. 2 JAÜG-VO. Wer bei der Mitteilung an das Ministerium falsche Angaben macht, kann mit einer Geldbuße bis zu 300.000 Yen belegt werden, Art. 61 Nr. 1 JAÜG.

Somit entfällt lediglich das Bearbeitungsverfahren im Ministerium, der Aufwand für den Betreiber wird hierdurch jedoch nicht reduziert.

II. Untersagung der Aufnahme und Aufforderung zur Beendigung des Geschäftsbetriebs

Wenn der Inhaber des Unternehmens eine der Voraussetzungen erfüllt, die gemäß Art. 6 JAÜG zur Versagung einer Lizenz führen können, so ist ihm die Durchführung von speziellen Arbeitnehmerüberlassungen zu versagen, Art. 17 JAÜG. Das Ministerium für Gesundheit, Arbeit und Soziales kann daher anordnen, die Durchführung von Überlassungen zu unterlassen beziehungsweise das Unternehmen wieder zu schließen, Art. 21 JAÜG. Wenn der Inhaber des Unternehmens dieser Anordnung nicht nachkommt, kann er mit einer Freiheitsstrafe bis zu einem Jahr oder einer Geldbuße bis zu 1.000.000 Yen belegt werden, Art. 59 Nr. 4 JAÜG.

III. Vergleich mit dem deutschen Recht

Eine Mitteilungs- beziehungsweise Anzeigepflicht ist dem deutschen Recht ebenfalls bekannt. Gemäß § 1a AÜG erstreckt sich diese aber nur auf Arbeitgeber mit weniger als 50 Beschäftigten, die zur Vermeidung von Kurzarbeit oder Entlassungen einen Arbeitnehmer, der nicht zum Zweck der Überlassung eingestellt und beschäftigt wird, bis zur Dauer von zwölf Monaten an einen anderen Arbeitgeber überlassen. Mit dem japanischen Beschäftigungsprinzip hat diese Überlassungsform nichts zu tun.

Kapitel 7: Das trianguläre Rechtsverhältnis

Wie in Deutschland liegt auch in Japan der Arbeitnehmerüberlassung ein trianguläres Rechtsverhältnis zwischen Verleiher, Entleiher und Leiharbeitnehmer zugrunde, das in diesem Kapitel einer genaueren Betrachtung unterzogen wird.

§ 19 Das Rechtsverhältnis zwischen Verleiher und Leiharbeitnehmer

Gemäß Art. 2 Abs. 1 JAÜG liegt eine Arbeitnehmerüberlassung vor, wenn ein Arbeitnehmer, der bei einer Person angestellt ist, an ein anderes Unternehmen überlassen wird. Voraussetzung für das Vorliegen einer Arbeitnehmerüberlassung im Sinne des JAÜG ist daher, dass eine Arbeitgeber-Arbeitnehmer-Beziehung zwischen dem Überlassenen und dem Überlassenden besteht.

I. Arbeitnehmerbegriff

Der Begriff des Arbeitnehmers (労働者, *rôdôsha*) wird in Art. 9 ASG definiert als eine Person, die in einem Unternehmen oder in einer sonstigen Geschäftseinrichtung angestellt ist und hierfür Lohn erhält, unabhängig von der Art ihrer Beschäftigung. Dieser Arbeitnehmerbegriff ist auch auf den Arbeitnehmer im Sinne des JAÜG anwendbar, da es sich bei dem ASG um ein Gesetz handelt, das die arbeitsrechtlichen Grundzüge regelt und auf alle Arbeitsverhältnisse anwendbar ist, sofern nicht Sonderregelungen bestehen oder der Gesetzeszweck eine andere Behandlung rechtfertigt.

Aufgrund der vielfältigen Beschäftigungsmöglichkeiten und dem zunehmenden Einsatz externer Arbeitskräfte ist vor allem die Abgrenzung von Arbeitnehmern und unabhängigen Vertragsparteien schwierig geworden. Art. 9 ASG selbst normiert nur drei Voraussetzungen für die Annahme einer Arbeitnehmereigenschaft: Die Person muss (1) angestellt sein, (2) in einem Unternehmen oder einer sonstigen Geschäftseinrichtung beschäftigt werden und (3) Lohn erhalten.

Ein Unternehmen wird dabei definiert als eine Einheit von Geschäftshandlungen, die kontinuierlich im Rahmen einer zusammenhängenden Organisation an einem bestimmten Ort ausgeführt werden[450].

Art. 11 ASG enthält die Definition des Lohnbegriffs. Danach umfasst der „Lohn" im Sinne des ASG die Löhne, Gehälter, Zulagen, Bonuszahlungen und

450 Yamakawa, Comparative Labor Law and Policy Journal, Vol. 21 (1999), S. 102/103.

jede andere Zahlung an den Arbeitnehmer durch den Arbeitgeber als Entlohnung für die Arbeitsleistung, unabhängig von der Bezeichnung, welche die Parteien für die Zahlung wählen.

Beeinflusst durch die deutsche Arbeitsrechtswissenschaft gehen japanische Gerichte, Verwaltungseinrichtungen und Rechtsgelehrte davon aus, dass eine Arbeitsbeziehung dann vorliegt, wenn eine Vertragspartei von der anderen „abhängig“ ist, wobei die Abhängigkeit als „persönliche Abhängigkeit“ verstanden wird[451]. Persönliche Abhängigkeit liegt dann vor, wenn die eine Vertragspartei ihre Arbeitsleistung unter Anweisung und Überwachung durch die andere Vertragspartei erbringt[452]. Im Jahr 1985 führte eine Untersuchungsgruppe zum ASG die Kriterien des Arbeitnehmerbegriffs weiter aus. Voraussetzungen für die Annahme der Arbeitnehmereigenschaft sind danach (1) die Abwesenheit der Freiheit, bestimmte Arbeitsleistungen zu verweigern, (2) die Verpflichtung zur Entgegennahme spezifischer Anweisungen während der Ausführung der Arbeitsleistung, (3) Beschränkungen in der Arbeitszeit und dem Arbeitsort, (4) das Verbot der Delegation der Arbeitsleistung und (5) Vorgaben zur Festsetzung der Entlohnung der Arbeitsleistung[453]. Weiterhin sollen (6) der Grad der Verantwortung bei der Arbeitsausführung (Verantwortlichkeit für Maschinen, Einrichtungen, Personal, Schäden und Ähnliches), (7) der Exklusivitätsgrad (institutionelle oder tatsächliche Beschränkungen hinsichtlich eines Tätigwerdens für mehrere Arbeitgeber), (8) der Anwerbungs- und Einstellungsprozess, (9) der Steuerabzug sowie (10) die Art der Sozialversicherung bei der Beurteilung der Arbeitnehmereigenschaft Berücksichtigung finden[454]. Hier wird deutlich, dass bei der Beurteilung der „persönlichen Abhängigkeit“ anders als in Deutschland auch wirtschaftliche und sozialrechtliche Kriterien herangezogen werden[455]. Die Subsumierung dieser wirtschaftlichen und sozialrechtlichen Kriterien unter den Punkt der „persönlichen Abhängigkeit“ erfolgt deshalb, weil es in Japan den Begriff der arbeitnehmerähnlichen Person nicht gibt und daher keine Unterscheidung zwischen persönlicher und wirtschaftlicher Abhängigkeit getroffen werden

---

451 Yamakawa, Comparative Labor Law and Policy Journal, Vol. 21 (1999), S. 103; Hashimoto, Zeitschrift für japanisches Recht, Vol. 17 (2004), S. 73.

452 Yamakawa, Comparative Labor Law and Policy Journal, Vol. 21 (1999), S. 103.

453 Untersuchungs- und Beratungskomitee zum ASG, 労働基準法研究会報告（労働基準法の「労働者」の判断基準について), S. 1 f.; Yamakawa, Comparative Labor Law and Policy Journal, Vol. 21 (1999), S. 104; Ikezoe, Japan Labor Review, Vol. 3 (2007), No. 3, S. 122; Hanami/Komiya, S. 34.

454 Untersuchungs- und Beratungskomitee zum ASG, 労働基準法研究会報告（労働基準法の「労働者」の判断基準について), S. 1 f.; Ikezoe, Japan Labor Review, Vol. 3 (2007), No. 3, S. 123; Hanami/Komiya, S. 34.

455 Hashimoto, Zeitschrift für japanisches Recht, Vol. 17 (2004), S. 73.

muss[456]. Bei diesem Kriterienkatalog handelt es sich allerdings nur um flexible Merkmale. Das heißt, dass die Gewichtung und Bewertung der einzelnen Kriterien von Beruf zu Beruf oder von Gesetz zu Gesetz unterschiedlich ausfallen können und nicht notwendigerweise alle Kriterien in gleicher Ausprägung vorhanden sein müssen, damit die Person als Arbeitnehmer qualifiziert werden kann[457].

Der Leiharbeitnehmer erfüllt ohne weiteres die Voraussetzungen des Arbeitnehmerbegriffs im Sinne des Art. 9 ASG.

II. Arbeitgeberbegriff

Unabhängig davon, für welche Art von Arbeitnehmerüberlassung der Verleiher sich entscheidet, muss er stets Arbeitgeber (雇用主, *koyôshu*) des Leiharbeitnehmers sein[458].

Art. 10 ASG definiert „Arbeitgeber" als den Inhaber oder Geschäftsleiter des Unternehmens oder die Person, die für den Inhaber oder Geschäftsleiter Aufgaben wahrnimmt, welche die Arbeitnehmer betreffen. Das bedeutet, dass als Arbeitgeber im Sinne des ASG derjenige anzusehen ist, der über die Höhe des Lohnes, die Arbeitszeiten, Ruhepausen, den Arbeitsplatz und Ähnliches entscheidet.

Rechtsprechung und Literatur wollen jedoch nicht am Wortlaut des Art. 10 ASG festhalten. Vielmehr wird von zwei Möglichkeiten ausgegangen, wie der Arbeitgeber im konkreten Fall bestimmt werden kann. Auf der einen Seite wird angenommen, dass der Begriff des Arbeitgebers sich auf die Person beschränkt, die im Arbeitsvertrag als „Arbeitgeber" benannt wird[459]. Auf der anderen Seite soll auch die Person „Arbeitgeber" sein, an die sich die jeweiligen gesetzlichen Regelungen richten und die starken Einfluss und Kontrollmöglichkeiten hinsichtlich des jeweiligen Arbeitnehmers hat, ohne dass diese Person im Arbeitsvertrag als Arbeitgeber benannt werden muss[460].

Eine Streitentscheidung ist im Rechtsverhältnis zwischen Verleiher und Entleiher nicht notwendig, da der Verleiher zum einen als Arbeitgeber im Vertrag genannt wird und zum anderen dieser im Normalfall auch über die Art und Höhe der Vergütung, die Arbeitszeiten und den Arbeitsplatz des Leiharbeitnehmers entscheidet.

---

456 Hashimoto, Zeitschrift für japanisches Recht, Vol. 17 (2004), S. 74.

457 Yamakawa, Comparative Labor Law and Policy Journal, Vol. 21 (1999), S. 123.

458 Komiya, in: Blanpain (Hrsg.), Private Employment Agencies, S. 286.

459 Sugeno, S. 79; Hanami/Komiya, S. 35.

460 Sugeno, S. 79; Hanami/Komiya, S. 35.

III. Die Begründung eines Arbeitsverhältnisses

Zwischen Leiharbeitnehmer und Verleiher muss ein Arbeitsverhältnis bestehen.

1. Der unbefristete Arbeitsvertrag

Der unbefristete Arbeitsvertrag stellt heute noch die Regelform des Arbeitsvertrages in Japan dar, auch wenn bereits ein Drittel der Arbeitskräfte sich in nicht-regulären Beschäftigungsverhältnissen befindet. Im Rahmen des Beschäftigungsprinzips besteht für Leiharbeitnehmer, obwohl diese in der Regel zu den nicht-regulären Arbeitskräften gezählt werden, die Möglichkeit des Abschlusses eines unbefristeten Arbeitsvertrages.

a) Regelungen im JBGB zum Abschluss eines Arbeitsvertrages

Die Grundnorm zum Arbeitsvertrag befindet sich in Art. 623 JBGB. Danach kommt ein Dienst- beziehungsweise Arbeitsvertrag zustande, wenn der eine Teil dem anderen die Leistung eines Dienstes verspricht und der andere hierfür eine Vergütung gewährt. Die Vergütung kann jedoch erst nach Beendigung des Dienstes oder bei Festlegung von Zeitabschnitten erst nach deren jeweiligem Ablauf gefordert werden, Art. 624 JBGB.

b) Regelungen im ASG und in der ASG-VO zum Abschluss eines Arbeitsvertrages

Die Vorschriften des JBGB enthalten keinen Hinweis auf den Inhalt eines Arbeitsvertrages, so dass zusätzlich die Vorschriften des ASG herangezogen werden müssen. Art. 15 ASG normiert, dass der Arbeitgeber bei Abschluss eines Arbeitsvertrages den Arbeitnehmer über den Lohn, die Arbeitszeiten und andere Arbeitsbedingungen zu informieren hat. Art. 5 Abs. 1 ASG-VO konkretisiert, um welche „anderen Arbeitsbedingungen“ es sich dabei handelt. So muss der Arbeitgeber über die Dauer des Einstellungsverhältnisses, den Arbeitsplatz und die Art der Beschäftigung, Beginn und Ende der Arbeitszeit, Überstunden, Ruhezeiten, Urlaubstage, Schichtwechsel, Vertragsbeendigungsvoraussetzungen, Lohnregelungen (Berechnungs- und Zahlungsmodalitäten, Abrechnungs- und Zahltag sowie Lohnerhöhungen), Rentenangelegenheiten, Bonuszahlungen, Auszeichnungen, Disziplinarstrafen, Gesundheitsregelungen und Fortbildungsangebote informieren.

Die Einhaltung des Art. 15 ASG sowie des Art. 5 Abs. 1 ASG-VO stellt allerdings keine Wirksamkeitsvoraussetzung für das Zustandekommen eines Arbeitsvertrages dar[461]. Konsequenz fehlender oder unrichtiger Angaben ist lediglich die Möglichkeit der Belegung des Arbeitgebers mit einer Geldbuße bis zu 300.000 Yen, Art. 120 Nr. 1 ASG.

Trotz Sanktionsgefahr werden die oben genannten Punkte nur selten im Arbeitsvertrag festgehalten. Grund hierfür ist Art. 89 ASG. Gemäß Art. 89 ASG ist jeder Arbeitgeber, der durchgehend zehn oder mehr Arbeitnehmer beschäftigt, verpflichtet, eine Arbeitsordnung aufzustellen und diese der zuständigen Aufsichtsbehörde vorzulegen. Die Arbeitsordnung soll unter anderem Auskunft geben über Arbeitszeiten, Methoden zur Festsetzung des Lohnes, das altersbedingte Ausscheiden aus dem Beruf sowie daraus resultierende Rentenzahlungen, Bonuszahlungen und Mindestlöhne, sonstige Zulagen, Sicherheits- und Gesundheitsmaßnahmen sowie Aus- und Fortbildungsmaßnahmen. Daher kann ein Arbeitgeber seiner Verpflichtung zur detaillierten Darlegung der Arbeitsbedingungen im Individualarbeitsvertrag entkommen, indem er sie einheitlich für die ganze Belegschaft in der Arbeitsordnung niederlegt und diese Arbeitsordnung bei Vertragsabschluss dem Arbeitnehmer aushändigt[462]. Lediglich der Arbeitsort, die Vertragsdauer und die Tätigkeitsbeschreibung müssen dann noch in den Arbeitsvertrag aufgenommen werden, da diese nur individuell für den jeweiligen Arbeitnehmer festgelegt werden können[463]. Widersprechen sich die Angaben im Arbeitsvertrag und die Angaben in der Arbeitsordnung, so greift Art. 93 ASG ein. Dieser normiert, dass Arbeitsbedingungen in Arbeitsverträgen, die niedriger sind als die in den Arbeitsordnungen festgesetzten Standards, unwirksam sind. In diesem Fall werden die unwirksamen Arbeitsbedingungen durch diejenigen der Arbeitsordnung ersetzt.

c) Regelungen im JAÜG zum Abschluss eines Arbeitsvertrages

Das JAÜG normiert weitere Hinweispflichten und Vertragsinhalte.

Gemäß Art. 32 Abs. 1 JAÜG ist der Verleiher verpflichtet, den Leiharbeitnehmer bei Abschluss des Arbeitsvertrages darauf hinzuweisen, dass er beabsichtigt, diesen nur als Leiharbeitnehmer einzusetzen. Bei solchen Arbeitnehmern, die zum ersten Mal als Leiharbeitnehmer eingestellt werden, muss der Verleiher zusätzlich vor dem ersten Einsatz darauf hinweisen, dass der Einsatz im Entleihunternehmen nur im Rahmen eines Überlassungsvertrages erfolgt, Art. 32 Abs. 2 JAÜG.

---

461 Schlachter/Meinhardt, Recht der Internationalen Wirtschaft 2003, S. 766.

462 Schlachter/Meinhardt, Recht der Internationalen Wirtschaft 2003, S. 766; Nishitani, S. 102/103.

463 Nishitani, S. 103.

Weiterhin darf der Arbeitsvertrag auch keine Klausel enthalten, die es dem Leiharbeitnehmer ohne sachlichen Grund untersagt, nach Beendigung des Arbeitsvertrages mit dem Verleiher von dem ehemaligen Entleiher als regulärer Arbeitnehmer eingestellt zu werden, Art. 33 Abs. 1 JAÜG.

Am 28. März 2012 wurde in Art. 34-2 JAÜG die Verpflichtung des Verleihers aufgenommen, bei Abschluss des Arbeitsvertrages den Leiharbeitnehmer über die Höhe der anfallenden Gebühren zu informieren, die von den Zahlungen des Entleihers abgezogen werden, bevor diese Geldleistungen an den Leiharbeitnehmer als Lohn ausgezahlt werden.

2. Der befristete Arbeitsvertrag

In Japan gibt es kaum gesetzliche Regelungen, die sich explizit mit der Befristung eines Arbeitsvertrages auseinandersetzen.

Zunächst sind auch auf den befristeten Arbeitsvertrag die Art. 623 ff. JBGB, Art. 15, 89, 93 ASG, Art. 5 ASG-VO sowie Art. 32, 33 und 34-2 JAÜG anwendbar. Darüber hinaus gelten für den befristeten Arbeitsvertrag aber auch einige Sonderregelungen.

Die wichtigste Regelung zum Befristungsrecht enthält Art. 14 ASG. Danach darf eine Befristung für höchstens drei Jahre vorgenommen werden, Art. 14 Abs. 1 ASG. Ausnahmen gelten für solche Arbeitsverträge mit Arbeitnehmern, die über Expertenwissen oder hochqualifizierte Fähigkeiten verfügen beziehungsweise bereits 60 Jahre oder älter sind. Derartige Arbeitsverträge können bis auf fünf Jahre befristet werden.

Literatur und Rechtsprechung sind sich noch uneinig, was die Konsequenzen einer Überschreitung dieser Befristungsgrenze sind. Nach herrschender Ansicht verkürzt sich die vereinbarte Dauer automatisch auf die gesetzliche Höchstbefristungsdauer und das Vertragsverhältnis endet nach deren Ablauf[464]. Wird das Arbeitsverhältnis danach mit Wissen und Wollen des Arbeitgebers fortgesetzt, so gilt es als auf unbestimmte Zeit verlängert, Art. 629 JBGB[465]. Obwohl Art. 629 Abs. 1 JBGB vorsieht, dass der Vertrag nach dem Überschreiten der Höchstfrist als „zu identischen Arbeitsbedingungen" abgeschlossen gilt, besteht Übereinkunft dahingehend, dass unter die Arbeitsbedingungen nicht die Vertragsdauer zu zählen ist, der Vertrag mithin nicht als erneut befristet, son-

---

464 Oberes Gericht Sapporo, Urteil vom 16. Juli 1981, Rominshû, Vol. 32, S. 502; Nishimura, in: Tomandl (Hrsg.), S. 197; Takeuchi-Okuno, in: JILPT (Hrsg.), Labor Policy on Fixed-term Employment Contracts, S. 77; Takeuchi-Okuno, in: Blanpain (Hrsg.), Regulation of Fixed-Term Employment Contracts, S. 119/120.

465 Nishimura, in: Tomandl (Hrsg.), S. 197; Takeuchi-Okuno, in: Blanpain (Hrsg.), Regulation of Fixed-Term Employment Contracts, S. 120.

dern als unbefristet anzusehen ist[466]. Andere gehen dagegen davon aus, dass das Arbeitsverhältnis auch nach Ablauf der gesetzlichen Höchstbefristungsdauer fortbesteht und der Arbeitgeber kündigen muss, wobei er aber an den vorgesehenen Endzeitpunkt gebunden ist und erst nach dessen Erreichen eine Kündigung möglich ist[467]. Dieser Ansicht ist nicht zu folgen, da so die gesetzliche Regelung des Art. 14 Abs. 1 ASG leerlaufen und Art. 629 Abs. 1 JBGB seines Sinnes beraubt würde.

Anders als in Deutschland bezieht sich die Höchstbefristungsdauer nicht auf den Gesamtbefristungszeitraum wie in § 14 Abs. 2 Satz 1 2. HS. TzBfG, sondern gilt für jeden Arbeitsvertrag neu[468]. Daher können befristete Arbeitsverträge beliebig oft hintereinander abgeschlossen werden. Dem steht auch Art. 120 Nr. 1 ASG nicht entgegen, da sich die dort festgesetzte Sanktion ebenfalls nur auf den einzelnen Vertrag und nicht auf die Gesamtbefristungsdauer bezieht.

Ein weiterer Unterschied zum deutschen Recht besteht darin, dass in Japan zu keinem Zeitpunkt ein sachlicher Grund für eine Einmal-Befristung sowie für Kettenbefristungen erforderlich ist[469].

Durch die Überarbeitung des ASG im Jahr 2003 bekam Art. 14 ASG einen zweiten Absatz, in welchem dem Ministerium das Recht eingeräumt wurde, Richtlinien für den Abschluss von befristeten Arbeitsverträgen zu erlassen[470]. Das Ministerium nahm dieses Recht wahr und erließ am 22. Oktober 2003 die Mitteilung Nr. 357[471]. Gemäß dieser Mitteilung ist der Arbeitgeber verpflichtet, den Arbeitnehmer darüber aufzuklären, dass er lediglich den Abschluss eines befristeten Arbeitsvertrages beabsichtige. Diese Verpflichtung steht auch im Einklang mit Art. 15 ASG, welcher verlangt, dass der Arbeitgeber schriftlich festhält, ob ein befristeter oder ein unbefristeter Arbeitsvertrag abgeschlossen wird. Ein Verstoß hiergegen führt jedoch anders als bei § 14 Abs. 4 TzBfG nicht

466 Takeuchi-Okuno, in: JILPT (Hrsg.), Labor Policy on Fixed-term Employment Contracts, S. 77 Fußnote 37; Takeuchi-Okuno, in: Blanpain (Hrsg.), Regulation of Fixed-Term Employment Contracts, S. 120 Fußnote 37.

467 Nishimura, in: Tomandl (Hrsg.), S. 197.

468 Takeuchi-Okuno, in: JILPT (Hrsg.), Labor Policy on Fixed-term Employment Contracts, S. 74; Takeuchi-Okuno, in: Blanpain (Hrsg.), Regulation of Fixed-Term Employment Contracts, S. 116.

469 Takeuchi-Okuno, in: JILPT (Hrsg.), Labor Policy on Fixed-term Employment Contracts, S. 80; Takeuchi-Okuno, in: Blanpain (Hrsg.), Regulation of Fixed-Term Employment Contracts, S. 124.

470 Nakakubo, Japan Labor Review, Vol. 1 (2004), No. 2, S. 11.

471 Ministerium für Gesundheit, Arbeit und Soziales, 有期労働契約の締結、更新及び雇止めに関する基準 (Die Befristung von Arbeitsverträgen, Richtlinien zur Beendigung und Verlängerung), Mitteilung vom 22. Oktober 2003, abrufbar unter: www.mhlw.go.jp/shingi/2009/02/dl/s0223-12v.pdf (Zugriff zuletzt am: 4. Juni 2012).

dazu, dass sich der befristete Vertrag in einen unbefristeten umwandelt[472]. Fehlt es an der schriftlichen Fixierung, so resultiert daraus lediglich die strafrechtliche Sanktion einer Geldbuße von höchstens 300.000 Yen (Art. 120 Abs. 1 ASG).

Weiterhin muss der Arbeitgeber den Arbeitnehmer nach den vom Ministerium aufgestellten Richtlinien darauf hinweisen, ob er in Erwägung zieht, den Vertrag nach Ablauf der Befristungsdauer zu erneuern. In diesem Fall muss er auch die Kriterien für eine Vertragsverlängerung darlegen.

3. Schutz der persönlichen Informationen

Wenn der Verleiher einen Leiharbeitnehmer einstellt oder einen Bewerber in seine Kartei einträgt, ist es ihm gestattet, die persönlichen Informationen des Bewerbers oder Arbeitnehmers in eine Akte aufzunehmen. Es gibt jedoch eine Reihe persönlicher Daten, die nicht erfragt werden dürfen. Hierzu gehören Angaben, die Rasse, ethnische Zugehörigkeit, sozialen Status, Familienherkunft, Wohnort, Geburtsort und Vergleichbares betreffen, sofern dadurch eine Diskriminierung bewirkt werden könnte [Mitteilung des Ministeriums Nr. 244 Kapitel 2 Nr. 10 (1) i (i)]. Weiterhin dürfen auch keine Daten aufgenommen werden, die den Glauben und die Weltanschauung sowie die Zugehörigkeit zu einer Gewerkschaft betreffen. Persönliche Daten dürfen nur von dem Leiharbeitnehmer beziehungsweise Bewerber direkt erhoben werden und es darf nur mit dessen Zustimmung bei anderen Personen nachgefragt werden [Mitteilung des Ministeriums Nr. 244 Nr. 10 (1) ro]. Der Gebrauch der persönlichen Daten beschränkt sich auf die Sammlung und Aufbewahrung dieser Daten. Bei der Überlassung des Leiharbeitnehmers an ein Entleihunternehmen dürfen die Daten an dieses nur insofern weitergegeben werden, als sie die Fähigkeit betreffen, die geforderte Arbeit ordnungsgemäß auszuführen [Mitteilung des Ministeriums Nr. 244 Kapitel 2 Nr. 10 (1) ni]. Die Informationen dürfen ansonsten zu keinem Zeitpunkt anderen Personen bekannt gegeben werden [Mitteilung des Ministeriums Nr. 244 Kapitel 2 Nr. 10 (2) i (ha)].

IV. Das Bestehen eines Arbeitsverhältnisses

Während des Bestehens eines Arbeitsverhältnisses treffen den Verleiher die allgemeinen Verpflichtungen eines Arbeitgebers nach dem ASG. Darüber hinaus

---

472 Takeuchi-Okuno, in: JILPT (Hrsg.), Labor Policy on Fixed-term Employment Contracts, S. 81; Takeuchi-Okuno, in: Blanpain (Hrsg.), Regulation of Fixed-Term Employment Contracts, S. 125.

begründen das JAÜG sowie die Mitteilung Nr. 244 des Ministeriums für Gesundheit, Arbeit und Soziales weitere Verpflichtungen.

1. Informationspflichten bei geplanten Überlassungen

Plant der Verleiher, den Leiharbeitnehmer an einen Entleiher zu überlassen, so ist der Verleiher verpflichtet, dem Leiharbeitnehmer detailliert Auskunft über den Einsatzort zu geben. Gemäß Art. 34 Abs. 1 Nr. 2 JAÜG in Verbindung mit Art. 26 Abs. 1 JAÜG muss der Verleiher dem Arbeitnehmer den Tätigkeitsbereich, Namen und Standort des Entleihunternehmens, die Namen der weisungsbefugten Personen, Überlassungszeitraum, Beginn und Ende der Arbeitszeiten, Pausenregelungen, Gesundheits- und Sicherheitsvorschriften, Beschwerderegelungen sowie die geplanten Maßnahmen zur Sicherung der Weiterbeschäftigung des Arbeitnehmers nach Ablauf der Überlassungsdauer nennen. Darüber hinaus hat das Ministerium für Gesundheit, Arbeit und Soziales festgelegt, dass der Verleiher auch die verantwortlichen Personen auf Verleiher- und Entleiherseite benennen sowie auf Überstundenregelungen und die Nutzungsmöglichkeit entleihereigener Einrichtungen hinweisen muss, Art. 22 JAÜG-VO. Diese Informationen müssen dem Leiharbeitnehmer schriftlich oder, falls der Leiharbeitnehmer dies wünscht, durch originalgetreue Kopie oder E-Mail übergeben werden, Art. 25 JAÜG-VO.

2. Auswahl passender Einsatzmöglichkeiten

Der Verleiher muss bei der Auswahl eines Leiharbeitnehmers darauf achten, dass dieser Leiharbeitnehmer überhaupt für die geplante Einsatzmöglichkeit in Frage kommt. Daher soll der Verleiher bei seiner Auswahl die Arbeitszeiten, den Einsatzort, die geforderten Fähigkeiten, die Wünsche und Erwartungen der Leiharbeitnehmer und Ähnliches berücksichtigen [Mitteilung des Ministeriums Nr. 244, Kapitel 2, Nr. 8 (2)].

3. Beschäftigungsstabilisierung

Mit der Reform des JAÜG am 28. März 2012 wurde Art. 30 JAÜG neugefasst, um die zukünftige Beschäftigung der Leiharbeitnehmer weitgehend sicherzustellen. Bis zur Reform sah Art. 30 JAÜG in abstrakter Form lediglich vor, dass das Verleihunternehmen Maßnahmen zur Beschäftigungssicherung ergreifen sowie Weiterbildungsmaßnahmen nach den Wünschen und Fähigkeiten des Leiharbeitnehmers zur Verfügung stellen sollte. Am 28. März 2012 wurden diese abstrakten Formulierungen in der Neufassung konkretisiert. Gemäß Art. 30 Nr. 1 JAÜG n. F. muss sich der Verleiher bemühen, die Leiharbeitnehmer auf unbefristeter Basis zu beschäftigen. Betreibt das Verleihunternehmen neben der eigentlichen Arbeitnehmerüberlassung auch Arbeitsvermittlungstätigkeiten, so muss es vorrangig versuchen, Leiharbeitnehmer mit befristeten Arbeitsverträgen in unbefristeten Arbeitsverhältnissen mit dem Entleiher unterzubringen, Art. 30 Nr. 2 JAÜG. Des Weiteren muss der Verleiher Maßnahmen ergreifen, um Leiharbeitnehmer mit befristeten Verträgen so weiterzubilden, dass sie in eine unbefristete Anstellung übergehen können.

4. Maßnahmen bei Kündigung des Überlassungsvertrages

Die Mitteilung des Ministeriums für Gesundheit, Arbeit und Soziales hält zur Beschäftigungssicherung des Leiharbeitnehmers bei einer Kündigung des Überlassungsvertrages ein dreistufiges System bereit. Zunächst muss sich der Verleiher bemühen, in Kooperation mit dem Entleihunternehmen einen anderen Einsatzort zu finden, sofern der Überlassungsvertrag aus einem Grund gekündigt wurde, der nicht in der Person des Leiharbeitnehmers liegt [Mitteilung des Ministeriums Nr. 244 Kapitel 2 Nr. 2 (3) Satz 1]. Gelingt es dem Verleiher nicht, eine entsprechende alternative Einsatzmöglichkeit zu finden, muss er vorrangig den Leiharbeitnehmer beurlauben sowie sämtliche Zahlungen nach dem ASG aufrechterhalten [Mitteilung des Ministeriums Nr. 244 Kapitel 2 Nr. 2 (3) Satz 2]. In diesem Zusammenhang ist Art. 26 ASG zu berücksichtigen. Gemäß Art. 26 ASG muss der Arbeitgeber bei einer Nichtbeschäftigung seines Arbeitnehmers aus Gründen, die vom Arbeitgeber zu verantworten sind, eine Entschädigung zahlen, die mindestens 60 Prozent des Durchschnittsgehalts beträgt, das der Arbeitnehmer unter normalen Umständen in der Zeit seiner Nichtbeschäftigung verdient hätte. Diese Entschädigungspflicht besteht jedoch nur bei einer Kündigung des Überlassungsvertrages, die nicht aus Gründen in der Person des Leiharbeitnehmers erfolgt ist, denn nur dann entsteht die Verpflichtung des Verleihers nach Kapitel 2 Nr. 2 (3) der Mitteilung Nr. 244 und somit ein „Grund, der vom Arbeitgeber zu verantworten ist" im Sinne des Art. 26 ASG. Erst im dritten Schritt, wenn eine alsbaldige Überlassung ausgeschlossen ist, darf der Verleiher den Arbeitsvertrag unter Einhaltung der Vorschriften des ASG kündigen.

V. Beendigung des Arbeitsverhältnisses

Auch in Japan sind Verträge bindend und daher eine Beendigung nicht jederzeit möglich. Auch wenn der Entleiher den Überlassungsvertrag kündigt, muss der

Verleiher daher den Arbeitsvertrag aufrechterhalten, bis die Befristungsdauer ausläuft oder Kündigungsgründe gegeben sind[473].

1. Kündigung eines unbefristeten Arbeitsvertrages

Das japanische Recht enthält nur wenige gesetzliche Vorschriften über Kündigungen. Anders als in Deutschland gibt es kein gesondertes Kündigungsschutzgesetz oder eine eigene Klageart wie die Kündigungsschutzklage.

a) Kündigungserklärung

Weder im ASG noch im APSG oder im JBGB ist eine bestimmte Form für die Kündigung vorgesehen. Sie erfolgt daher in der Regel mündlich[474].

b) Besonderer Kündigungsschutz

Art. 627 JBGB normiert, dass bei einem unbefristeten Arbeitsvertrag jede Partei zu jedem Zeitpunkt kündigen kann. Ähnlich wie das deutsche Kündigungsrecht enthält aber auch das japanische Kündigungsrecht eine Art besonderen Kündigungsschutz, der die Kündigung zu bestimmten Zeitpunkten untersagt.

Arbeitgeber dürfen ihre Arbeitnehmer nicht entlassen, wenn diese aufgrund eines arbeitsbedingten Unfalls oder einer arbeitsbedingten Krankheit arbeitsunfähig sind, Art. 19 Abs. 1 ASG. Der Kündigungsschutz besteht nicht nur während der krankheits- oder unfallbedingten Abwesenheit, sondern auch 30 Tage nach Rückkehr an den Arbeitsplatz.

Ein besonderer Kündigungsschutz besteht ebenfalls für Arbeitnehmerinnen im Mutterschutzurlaub sowie für einen Zeitraum von 30 Tagen nach ihrer Rückkehr, Art. 19 Abs. 1 ASG.

Eine Mindermeinung in der Literatur geht davon aus, dass eine Kündigung, die in diesen Zeiträumen ausgesprochen wird, generell unwirksam ist[475]. Die Rechtsprechung sieht den Zweck der Schutzzeit dagegen darin, das Arbeitsverhältnis gerade während dieser Zeit aufrechtzuerhalten, so dass eine Kündigung, deren Frist erst nach Ende der Schutzzeit abläuft, wirksam ist[476].

---

473 Kojima, Contemporary Japan, Vol. 22 (2010), S. 36.

474 Nishitani, Arbeit und Recht 2001, S. 445.

475 Sugeno, S. 396.

476 Sugeno, S. 396.

c) Diskriminierungsverbote

In Japan besteht des Weiteren ein Kündigungsverbot, wenn damit eine Diskriminierung verbunden ist.

Art. 3 ASG normiert, dass der Arbeitgeber keinen Arbeitnehmer wegen seiner Staatsangehörigkeit, seines Glaubens, seiner Weltanschauung oder seiner sozialen Stellung hinsichtlich Lohnzahlungen, Arbeitszeit und anderen Arbeitsbedingungen benachteiligen darf. Rechtsprechung und herrschende Meinung bejahen die Anwendbarkeit des Art. 3 ASG auch auf Kündigungen, da die Kündigung vom Begriff der „Arbeitsbedingungen" erfasst sei[477].

Für die Kündigung von Frauen normiert Art. 9 GBG ein Diskriminierungsverbot. Früher enthielten Arbeitsverträge oftmals eine sogenannte Zölibatsklausel, wonach das Arbeitsverhältnis im Falle der Heirat der Arbeitnehmerin endete[478]. Zu Beginn sahen die Gerichte hierhin einen Verstoß gegen die öffentliche Ordnung oder gegen die guten Sitten (Art. 90 JBGB)[479], heute enthält Art. 9 Abs. 2 GBG ein entsprechendes Kündigungsverbot.

Weiterhin existiert ein Kündigungsverbot, wenn die Kündigung aufgrund der Betätigung in einer Gewerkschaft erfolgt, Art. 7 GewG.

d) Doktrin des Rechtsmissbrauchs

Gemäß Art. 18-2 ASG, 16 AVG sind Kündigungen auch dann unwirksam, wenn sie ohne objektiv gerechtfertigten Grund erfolgen und nach sozialem Verständnis als unangemessen gelten.

aa) Historische Entwicklung

In der Vergangenheit war das Kündigungsrecht ausschließlich im JBGB geregelt. Art. 627 JBGB trug dabei dem Postulat der Vertragsfreiheit Rechnung[480] und verzichtete daher auf das Erfordernis einer sachlichen Rechtfertigung beim Ausspruch einer Kündigung. Obwohl das Gesetz selbst keinen sachlichen Grund für eine Kündigung forderte, begannen die Gerichte schon früh, einen solchen zur Wirksamkeitsvoraussetzung einer Kündigung zu machen. So entschied das Bezirksgericht in Nagoya sinngemäß in seinem Urteil vom 4. Dezember 1951, dass

477 Nishimura, in: Tomandl (Hrsg.), S. 189/190.

478 Nishimura, in: Tomandl (Hrsg.), S. 190.

479 Nishimura, in: Tomandl (Hrsg.), S. 190.

480 Ouchi, Japan Labor Bulletin, Januar 2002, S. 7.

> *„unter gegenwärtigen Umständen die Arbeit die einzige Quelle für die Existenz des Arbeitnehmers bildet und diese Existenz leicht durch eine Kündigung vernichtet werden kann, zumal es schwierig ist, eine neue Anstellung zu finden. Für Arbeitgeber dagegen ist es einfacher, neue Arbeitnehmer zu finden. Darüber hinaus muss auch Art. 27 der Verfassung beachtet werden. Wenn man dies alles berücksichtigt, stellt sich die Kündigung ohne rechtfertigenden Grund in der Regel als ein Missbrauch des Kündigungsrechts dar"*[481].

Der Oberste Gerichtshof wandte den Missbrauchsgrundsatz zum ersten Mal 1975 an:

> *„Falls die Kündigung ohne rationalen Grund erfolgt und auch nicht nach der allgemeinen Auffassung der Gesellschaft gerechtfertigt ist, so ist eine solche Kündigung unwirksam, weil der Arbeitgeber sein Recht zur Kündigung missbraucht hat*[482]*"*.

In einem Urteil aus dem Jahr 1977 führte er weiter aus:

> *„Selbst wenn gewöhnliche Gründe für die Entlassung eines Arbeitnehmers vorliegen, so ist der Arbeitgeber dennoch nicht ohne weiteres befugt, den Arbeitnehmer zu entlassen. Falls nach den Umständen des Einzelfalls die Kündigung ohne sachlichen Grund erfolgt, so kann sie nicht als angemessen nach dem Durchschnittsempfinden der Gesellschaft angesehen werden und die Kündigung ist daher unwirksam wegen eines Missbrauchs des Kündigungsrechts"*[483].

---

481 Zitiert nach: Foote, UCLA Law Review, Vol. 43 (1996), S. 642/643.

482 Oberster Gerichtshof, Urteil vom 25. April 1975, Saikô Saibansho Hanreishû, Vol. 29, No. 4, S. 456 ff.; Foote, UCLA Law Review, Vol. 43 (1996), S. 649/650; Yamakawa, in: Foote (Hrsg.), S. 486; Schlachter/Meinhardt, Recht der Internationalen Wirtschaft 2003, S. 765; Bertero, The Haken Crisis, S. 14; Hanami/Komiya, S. 128.

483 Oberster Gerichtshof, Urteil vom 31. Januar 1977, Rôdô Hanrei, Vol. 268, S. 17; Foote, UCLA Law Review, Vol. 43 (1996), S. 650; Menkhaus/Meinhardt, Zeitschrift für ausländisches und internationales Arbeits- und Sozialrecht 2004, S. 205; Port/McAlinn, S. 570; Hanami/Komiya, S. 128.

Der Missbrauchsgrundsatz, der aus Art. 1 Abs. 3 JBGB abgeleitet wurde[484], galt zunächst nur bei Individualkündigungen von regulären Arbeitnehmern, wurde später aber auf Massenentlassungen aus wirtschaftlichen Gründen und analog auch auf nicht-reguläre Arbeitnehmer angewandt[485]. Er findet daher auch Anwendung auf das Arbeitsverhältnis zwischen Leiharbeitnehmer und Verleiher.

Im Jahr 2003 wurde der Grundsatz in abstrakter Form in Art. 18-2 ASG aufgenommen[486] und 2008 in Art. 16 AVG übernommen.

bb) Personen- und verhaltensbedingte Kündigung

Kündigungen müssen somit einen sachlich rechtfertigenden Grund aufweisen. Ein solcher Grund liegt unter anderem in Fällen vor, in denen die geleistete Arbeit aufgrund mangelnder Fähigkeiten oder Qualifikation des Arbeitnehmers unzureichend ist, in denen der Arbeitnehmer den Anweisungen des Vorgesetzten nicht Folge leistet, er gegen eine disziplinarische Regelung verstößt oder sich unangemessen verhält[487]. Bezüglich der mangelnden Qualifikation allerdings reicht allein die Schlechtleistung des Arbeitnehmers nicht aus, so lange der Arbeitgeber seinerseits noch nicht alles Mögliche unternommen hat, um die Leistung zu verbessern, zum Beispiel indem er zusätzliche Fortbildungs- und Trainingsmöglichkeiten einrichtet oder dem Arbeitnehmer eine andere Aufgabe zuteilt[488].

Die verhaltensbedingten Kündigungsgründe müssen in die Arbeitsordnung oder in Kollektivvereinbarungen aufgenommen werden, wobei eine bloße Auflistung möglicher Kündigungsgründe nicht ausreichen soll, sondern vielmehr erforderlich ist, dass die Kündigungsgründe substantiiert dargelegt werden und

---

484 Schregle, International Labor Review, Vol. 132 (1993), No. 4, S. 508; Suwa, The International Journal of Comparative Labour Law and Industrial Relations, Vol. 6 (1990/91), No. 4, S. 233; Kojima/Fujikawa, in: Houseman/Osawa (Hrsg.), S. 395; Nakakubo, Japan Labor Review, Vol. 1 (2004), No. 2, S. 13; Bertero, The Haken Crisis, S. 14; Hanami/Komiya, S. 128; Tsuneki/Matsunaka, Pacific Rim Law and Policy Journal, Vol. 20 (2011), No. 3, S. 545.

485 Suwa, The International Journal of Comparative Labour Law and Industrial Relations, Vol. 6 (1990/91), No. 4, S. 233; Foote, UCLA Law Review, Vol. 43 (1996), S. 660; Mizumachi, Social Science Japan, September 2009, S. 8.

486 Araki, Comparative Labor Law and Policy Journal, Vol. 28 (2007), S. 253.

487 Sugeno, S. 402; Ouchi, Japan Labor Bulletin, Januar 2002, S. 8; Schaede, S. 178; Hanami/Komiya, S. 130.

488 Port/McAlinn, S. 560.

ein Niveau erreichen, dass eine Kündigung nicht als unverhältnismäßig erscheinen lässt[489].

Strittig ist allerdings, ob der Arbeitgeber an diese in der Arbeitsordnung oder in Kollektivvereinbarungen niedergelegten Gründe gebunden ist, er also nicht aus anderen Gründen kündigen darf. Einige Stimmen in der Literatur wollen die in den Arbeitsordnungen oder Kollektivvereinbarungen aufgelisteten Gründe als abschließend behandeln[490]. Andere wiederum gehen nicht von einer abschließenden Auflistung aus, sehen aber eine Kündigung, die sich nicht auf einen der aufgelisteten Gründe stützt, in der Regel als faktisch unbegründet an[491]. Diese Ansicht wird damit begründet, dass Art. 89 ASG eine wichtige Verpflichtung des Arbeitgebers enthalte, die gerade dazu dienen solle, die Interessen des Arbeitnehmers zu schützen[492]. Nur wenn die Interessen des Arbeitnehmers nicht schützenswert seien, könne ausnahmsweise die Verpflichtung aus Art. 89 ASG zurücktreten. Das Bezirksgericht in Tokio vertritt dagegen eine noch liberalere Ansicht. Danach dürfen die in den Arbeitsordnungen und Kollektivvereinbarungen genannten Gründe gerade nicht als abschließend behandelt werden, da dem Arbeitgeber nicht untersagt werden dürfe, eine Kündigung dann auszusprechen, wenn sie gerechtfertigt sei[493]. In der Regel bedarf es aber keiner Streitentscheidung, da viele Arbeitsordnungen den Zusatz „vergleichbare Gründe“ enthalten, unter welchen die nicht genannten Kündigungsgründe subsumiert werden können[494].

cc) Betriebsbedingte Kündigung

Insbesondere für betriebsbedingte Kündigungen (整理解雇, *seiri kaiko*) schufen die Gerichte strenge Voraussetzungen. Zum einen muss im Unternehmen die Notwendigkeit zur Reduzierung von Arbeitskräften bestehen[495]. Einige Gerichte

---

489 Sugeno, S. 403; Schregle, International Labor Review, Vol. 132 (1993), No. 4, S. 508; Ueno/Ohba/Takahashi, in: Collins (Hrsg.), S. 331.

490 Nishitani, Arbeit und Recht 2001, S. 446; Ueno/Ohba/Takahashi, in: Collins (Hrsg.), S. 331.

491 Sugeno, S. 403.

492 Ouchi, Japan Labor Bulletin, Januar 2002, S. 9.

493 Bezirksgericht Tokio, Urteil vom 21. Januar 2000, Rôdô Hanrei, Vol. 782, S. 23; Ouchi, Japan Labor Bulletin, Januar 2002, S. 9; Menkhaus/Meinhardt, Zeitschrift für ausländisches und internationales Arbeits- und Sozialrecht 2004, S. 207.

494 Nishitani, Arbeit und Recht 2001, S. 446; Menkhaus/Meinhardt, Zeitschrift für ausländisches und internationales Arbeits- und Sozialrecht 2004, S. 207.

495 Sugeno, S. 408; Araki, Zeitschrift für ausländisches und internationales Arbeits- und Sozialrecht 1993, S. 4; Nishitani, Arbeit und Recht 2001, S. 447; Ouchi, Japan Labor Bulletin, Januar 2002, S. 8; Ouchi, Japan Labor Bulletin, Juli 2003, S. 9; Schlach-

erkennen dabei die Notwendigkeit der Kündigung nur dann an, wenn die Nichtreduzierung der Belegschaft zur Insolvenz führen würde, während andere Gerichte es für ausreichend erachten, dass das Unternehmen erhebliche finanzielle Schwierigkeiten bekäme, falls nicht eine Personalreduzierung vorgenommen würde[496]. Ein wichtiger Unterschied zum deutschen Recht besteht hier allerdings darin, dass eine umfassende gerichtliche Kontrolle der Unternehmerentscheidung durch die Gerichte stattfindet[497]. Die Kündigung muss des Weiteren die letzte Möglichkeit darstellen, um die wirtschaftliche Notlage zu beseitigen und der Arbeitgeber muss bereits alle milderen Mittel ergriffen haben[498]. Als mildere Maßnahmen kommen in der Regel der Verzicht auf Neueinstellungen, die Beschränkung von Überstunden, Um- und Versetzungen, Entsendungen sowie das frühzeitige „freiwillige" Ausscheiden aus dem Betrieb in Betracht[499]. Die Auswahl der zu kündigenden Arbeitnehmer muss weiterhin auf einer objektiven und begründeten Basis getroffen worden sein[500]. Die Gerichte sehen es dabei als aus-

---

ter/Meinhardt, Recht der Internationalen Wirtschaft 2003, S. 765; Menkhaus/Meinhardt, Zeitschrift für ausländisches und internationales Arbeits- und Sozialrecht 2004, S. 205; Port/McAlinn, S. 572; Araki, Comparative Labor Law and Policy Journal, Vol. 28 (2007), S. 254; Schaede, S. 178; Bertero, The Haken Crisis, S. 17 Fußnote 31; Ueno/Ohba/Takahashi, in: Collins (Hrsg.), S. 332; Hanami/Komiya, S. 131; Tsuneki/Matsunaka, Pacific Rim Law and Policy Journal, Vol. 20 (2011), No. 3, S. 544.

496 Sugeno, S. 408; Nishitani, Arbeit und Recht 2001, S. 447; Menkhaus/Meinhardt, Zeitschrift für ausländisches und internationales Arbeits- und Sozialrecht 2004, S. 205; Nishitani, S. 341; Hanami/Komiya, S. 131.

497 Nishitani, Arbeit und Recht 2001, S. 448.

498 Sugeno, S. 408; Araki, Zeitschrift für ausländisches und internationales Arbeits- und Sozialrecht 1993, S. 4; Ouchi, Japan Labor Bulletin, Januar 2002, S. 8; Schlachter/Meinhardt, Recht der Internationalen Wirtschaft 2003, S. 765; Ouchi, Japan Labor Bulletin, Juli 2003, S. 9; Nakakubo, Japan Labor Review, Vol. 1 (2004), No. 2, S. 14; Menkhaus/Meinhardt, Zeitschrift für ausländisches und internationales Arbeits- und Sozialrecht 2004, S. 205; Port/McAlinn, S. 572; Araki, Comparative Labor Law and Policy Journal, Vol. 28 (2007), S. 254; Schaede, S. 178; Bertero, The Haken Crisis, S. 17 Fußnote 31; Ueno/Ohba/Takahashi, in: Collins (Hrsg.), S. 332; Hanami/Komiya, S. 131; Tsuneki/Matsunaka, Pacific Rim Law and Policy Journal, Vol. 20 (2011), No. 3, S. 544.

499 Nishitani, Arbeit und Recht 2001, S. 448; Menkhaus/Meinhardt, Zeitschrift für ausländisches und internationales Arbeits- und Sozialrecht 2004, S. 205.

500 Sugeno, S. 408; Araki, Zeitschrift für ausländisches und internationales Arbeits- und Sozialrecht 1993, S. 4; Ouchi, Japan Labor Bulletin, Januar 2002, S. 8; Ouchi, Japan Labor Bulletin, Juli 2003, S. 9; Schlachter/Meinhardt, Recht der Internationalen Wirtschaft 2003, S. 765; Menkhaus/Meinhardt, Zeitschrift für ausländisches und internationales Arbeits- und Sozialrecht 2004, S. 205; Port/McAlinn, S. 572; Nakakubo, Japan Labor Review, Vol. 1 (2004), No. 2, S. 14; Araki, Comparative Labor Law and Policy

reichend an, wenn die Auswirkungen der Kündigung auf den Arbeitnehmer sowie sein Beitrag zum Unternehmenserfolg berücksichtigt werden; einen einheitlichen Kriterienkatalog gibt es jedoch nicht[501]. Schließlich muss der Arbeitgeber die Kündigung, ihren Zeitpunkt, ihren Umfang und die Art und Weise gegenüber der Gewerkschaft rechtfertigen können[502].

Die Gerichte kamen dabei zunächst zu dem Entschluss, dass alle vier Voraussetzungen kumulativ gegeben sein müssen, damit eine Kündigung aus wirtschaftlichen Gründen nicht als Rechtsmissbrauch gewertet wird[503]. Um 2000 herum entschied das Bezirksgericht in Tokio jedoch in einer Reihe kontrovers diskutierter Urteile, dass Kündigungen aus wirtschaftlichen Gründen auch einfacher möglich sein müssten und dass daher die vier Voraussetzungen nicht mehr als notwendige Bedingungen anzusehen wären, sondern vielmehr als wichtige Elemente, die bei einer Abwägung berücksichtigt werden müssten[504]. Die anderen Gerichte schlossen sich dieser Ansicht allerdings nicht an[505], so dass auch heute noch die Voraussetzungen als kumulativ erforderlich angesehen werden.

Zwar gilt der Missbrauchsgrundsatz grundsätzlich auch für nicht-reguläre Arbeitnehmer, das Bezirksgericht in Tokio hat jedoch 1999 entschieden, dass im Hinblick auf betriebsbedingte Kündigungen eine Ausnahme zu machen sei[506]. Diese Ausnahme wird damit begründet, dass die Verpflichtung zur Erhaltung des Arbeitsplatzes auf dem Prinzip der lebenslangen Beschäftigung basiere,

---

Journal, Vol. 28 (2007), S. 254; Schaede, S. 178; Bertero, The Haken Crisis, S. 17 Fußnote 31; Ueno/Ohba/Takahashi, in: Collins (Hrsg.), S. 332; Hanami/Komiya, S. 131; Tsuneki/Matsunaka, Pacific Rim Law and Policy Journal, Vol. 20 (2011), No. 3, S. 544.

501 Nishitani, Arbeit und Recht 2001, S. 448.

502 Sugeno, S. 409; Araki, Zeitschrift für ausländisches und internationales Arbeits- und Sozialrecht 1993, S. 5; Ouchi, Japan Labor Bulletin, Januar 2002, S. 8; Ouchi, Japan Labor Bulletin, Juli 2003, S. 9; Schlachter/Meinhardt, Recht der Internationalen Wirtschaft 2003, S. 765; Menkhaus/Meinhardt, Zeitschrift für ausländisches und internationales Arbeits- und Sozialrecht 2004, S. 205/206; Port/McAlinn, S. 572; Nakakubo, Japan Labor Review, Vol. 1 (2004), No. 2, S. 14; Araki, Comparative Labor Law and Policy Journal, Vol. 28 (2007), S. 254; Schaede, S. 178; Bertero, The Haken Crisis, S. 17 Fußnote 31; Ueno/Ohba/Takahashi, in: Collins (Hrsg.), S. 332; Hanami/Komiya, S. 131; Tsuneki/Matsunaka, Pacific Rim Law and Policy Journal, Vol. 20 (2011), No. 3, S. 544.

503 Menkhaus/Meinhardt, Zeitschrift für ausländisches und internationales Arbeits- und Sozialrecht 2004, S. 206; Schaede, S. 178.

504 Schaede, S. 186.

505 Menkhaus/Meinhardt, Zeitschrift für ausländisches und internationales Arbeits- und Sozialrecht 2004, S. 206.

506 Bezirksgericht Tokio, Urteil vom 29. November 1999, Rôdô Hanrei, Vol. 780, S. 67; Ouchi, Japan Labor Bulletin, Januar 2002, S. 10; Schlachter/Meinhardt, Recht der Internationalen Wirtschaft 2003, S. 765.

welches jedoch nur für reguläre Arbeitnehmer gelte[507]. Dem hat sich der Oberste Gerichtshof angeschlossen[508]. Für Leiharbeitnehmer und andere nicht-reguläre Beschäftigte kann daraus der Schluss gezogen werden, dass deren Arbeitsverhältnisse gekündigt werden können, wenn dadurch Arbeitsplätze von regulären Arbeitnehmern erhalten bleiben.

e) Kündigungsfrist

Das JBGB normiert in Art. 627 Abs. 1, dass ein unbefristeter Arbeitsvertrag jederzeit gekündigt werden kann und das Arbeitsverhältnis zwei Wochen nach Einreichung der Kündigung endet. Diese Regelung ist Ausfluss des Prinzips der Vertragsfreiheit, das noch im 19. Jahrhundert das Rechtsdenken in Japan dominierte[509]. Nach dem Konzept der Vertragsfreiheit steht es den Vertragsparteien gleichermaßen frei, sich von einem Vertrag jederzeit zu lösen[510]. Art. 627 Abs. 1 JBGB findet heute jedoch nur noch dann uneingeschränkt Anwendung, wenn die Kündigung durch einen Arbeitnehmer erfolgt[511]. Kündigt dagegen der Arbeitgeber, so geht Art. 20 ASG dem Art. 627 Abs. 1 JBGB als Spezialnorm vor[512]. Im Gegensatz zu Art. 627 Abs. 1 JBGB normiert das ASG in Art. 20 Abs. 1 eine Kündigungsfrist von 30 Tagen.

Die Einhaltung der Kündigungsfrist ist jedoch nicht zwingend. Die Kündigungsfrist kann verkürzt werden, indem der Arbeitgeber für jeden Tag weniger den durchschnittlichen Tageslohn an den Arbeitnehmer zahlt, Art. 20 Abs. 2 ASG.

Wird die Kündigungsfrist nicht eingehalten und zahlt der Arbeitgeber auch keine Abfindung nach Art. 20 Abs. 2 ASG, so gilt die Kündigung erst dann als wirksam, wenn die gesetzliche Kündigungsfrist abgelaufen ist[513].

f) Ausnahmen von der Kündigungsfrist

Zum einen findet die Kündigungsfrist von 30 Tagen dann keine Anwendung, wenn der Arbeitnehmer aus schwerwiegenden Gründen, die in seiner Person lie-

507 Bezirksgericht Tokio, Urteil vom 29. November 1999, Rôdô Hanrei, Vol. 780, S. 67; Ouchi, Japan Labor Bulletin, Januar 2002, S. 10.

508 Oberster Gerichtshof, Urteil vom 4. Dezember 1986, Hanrei Jiho, Vol. 1221, S. 134; Nishitani, Arbeit und Recht 2001, S. 449.

509 Ouchi, Japan Labor Bulletin, Januar 2002, S. 7.

510 Ouchi, Japan Labor Bulletin, Januar 2002, S. 7.

511 Nishitani, S. 329.

512 Nishitani, S. 329.

513 Oberster Gerichtshof, Urteil vom 11. März 1960, Saikô Saibansho Hanreishû, Vol. 14, No. 3, S. 403 ff.; Nishimura, in: Tomandl (Hrsg.), S. 192.

gen, entlassen wurde, Art. 20 Abs. 1 ASG. Zu den in der Person des Arbeitnehmers liegenden Gründen gehören unter anderem Diebstähle nicht geringfügiger Art, Gewalt und Drohung gegenüber anderen Arbeitnehmern, Verweigerung der Befolgung rechtmäßiger Anweisungen, Einreichung eines unrichtigen Lebenslaufs, grundlose Abwesenheit im Betrieb für mehr als zwei Wochen und Ähnliches[514]. Kündigungen aus solchen Gründen werden als Disziplinarkündigungen (懲戒解雇, *chôkai kaiko*) bezeichnet und gehen in der Regel mit dem vollständigen oder zumindest teilweisen Verlust der Rentenzahlungen einher[515].

Zum anderen findet die Kündigungsfrist gemäß Art. 20 Abs. 1 ASG dann keine Anwendung, wenn die Fortsetzung des Unternehmens aufgrund einer Naturkatastrophe oder Ähnlichem nicht mehr möglich ist. In diesem Punkt unterscheidet sich das japanische Recht vom deutschen. Im deutschen Kündigungsschutzrecht rechtfertigt eine Betriebseinstellung grundsätzlich keine außerordentliche Kündigung, da der Betriebsinhaber das Betriebsrisiko zu tragen hat und dieses nicht auf den Arbeitnehmer verlagern darf[516].

Weitere Ausnahmen von der Kündigungsfrist enthält Art. 21 ASG. Gemäß Art. 21 ASG ist die Kündigungsfrist von 30 Tagen dann nicht anwendbar, wenn der Arbeitnehmer entweder auf Tagesbasis angestellt ist, außer die wiederholte Anstellung auf Tagesbasis führt zu einem Gesamtanstellungszeitraum von mehr als einem Monat. Die Kündigungsfrist soll auch dann nicht eingehalten werden müssen, wenn der Arbeitnehmer nur für einen Zeitraum von weniger als zwei Monaten oder bei Saisonarbeit für weniger als vier Monate eingestellt wurde, sofern nicht durch die wiederholte Anstellung die zwei beziehungsweise vier Monate überschritten werden. Schließlich gilt die Kündigungsfrist auch nicht für Kündigungen in der Probezeit, sofern die Probezeit nicht mehr als 14 Tage beträgt.

g) Geltendmachung der Unwirksamkeit der Kündigung

In Japan wird ein Verstoß gegen das ASG in der Regel zunächst den örtlichen Inspektionsbüros gemeldet. Das Ministerium für Gesundheit, Arbeit und Soziales ist als Verwaltungsorgan damit beauftragt, für die Einhaltung und Durchsetzung der arbeitsrechtlichen Gesetze zu sorgen[517]. Hierzu gehört auch das ASG[518]. Zu diesem Zwecke wurden 47 Arbeitsbüros auf Präfekturebene einge-

514 Hanami/Komiya, S. 92.

515 Nishitani, Arbeit und Recht 2001, S. 444; Hanami/Komiya, S. 92.

516 Weidenkaff, in: Bassenge et al. (Hrsg.), Palandt, 71. Auflage, § 626 BGB, Rn. 55.

517 Ueno/Ohba/Takahashi, in: Collins (Hrsg.), S. 319.

518 Sakuraba, Effectiveness of the Labour Law and the Role of the Labour Inspection in Japan, S. 2.

richtet sowie örtliche Inspektionsbüros[519]. Neben der eigenverantwortlichen Verhängung der gesetzlich vorgesehenen Sanktionen, können die Arbeitsinspektoren gemäß Art. 102 ASG die Rechte von gerichtlichen Polizeibeamten nach dem Strafprozessgesetz wahrnehmen. In dieser Rolle können sie Verstöße gegen das ASG an die Staatsanwaltschaft weiterleiten, welche schließlich den Fall vor Gericht bringt[520]. Problematisch an einem Verstoß gegen Art. 18-2 ASG ist allerdings, dass das ASG selbst keine Sanktion für einen Verstoß hiergegen vorsieht, so dass der Arbeitsinspektor eine Kündigung nicht zwangsläufig als Verstoß gegen das ASG werten muss[521].

In einem solchen Fall steht dem Arbeitnehmer der Weg zu den Arbeitstribunalen frei. Durch das Arbeitstribunalgesetz wurden 2004 sogenannte Arbeitstribunale eingeführt, die aus einem Richter und jeweils einem Vertreter der Arbeitgeber- und der Arbeitnehmerseite bestehen[522]. In der Regel finden hier drei Anhörungen statt, die Argumente werden mündlich vorgetragen und das Tribunal unterbreitet einen Schlichtungsvorschlag, bevor es schließlich bei dessen Ablehnung eine Entscheidung fällt[523].

Abschließend gibt es noch den Weg zu den Gerichten. In Japan gibt es allerdings weder Arbeitsgerichte noch ein eigenes Verfahrensrecht für Arbeitsstreitigkeiten, so dass in der Regel die arbeitsrechtlichen Verfahren vor allgemeinen Zivil- und Strafgerichten unter Geltung der normalen Verfahrensvorschriften ausgetragen werden[524]. Eine Ausnahme stellen nur die Gerichte in großen Städten dar, die über eine spezielle Abteilung verfügen, die sich ausschließlich mit arbeitsrechtlichen Streitigkeiten auseinandersetzt[525].

Probleme können sich im Verfahren hinsichtlich der Beweislast ergeben. Die herrschende Ansicht fordert, dem Arbeitgeber die Beweislast für die Rechtmäßigkeit der Kündigung aufzuerlegen, da die Missbrauchsdoktrin lediglich eine Gesetzeslücke ausfülle und daher der sachliche Grund eine Wirksam-

---

519 Ueno/Ohba/Takahashi, in: Collins (Hrsg.), S. 319.

520 Sakuraba, Effectiveness of the Labour Law and the Role of the Labour Inspection in Japan, S. 8.

521 Nakakubo, Japan Labor Review, Vol. 1 (2004), No. 2, S. 15.

522 Sugeno, Comparative Labor Law and Policy Journal, Vol. 25 (2005), S. 519; Ueno/Ohba/Takahashi, in: Collins (Hrsg.), S. 319.

523 Sugeno, Comparative Labor Law and Policy Journal, Vol. 25 (2005), S. 519; Ueno/Ohba/Takahashi, in: Collins (Hrsg.), S. 319/320.

524 Suwa, The International Journal of Comparative Labour Law and Industrial Relations, Vol. 6 (1990/91), No. 4, S. 233; Araki, Zeitschrift für ausländisches und internationales Arbeits- und Sozialrecht 1993, S. 18.

525 Ueno/Ohba/Takahashi, in: Collins (Hrsg.), S. 319.

keitsvoraussetzung sei[526]. Dieser Ansicht schloss sich auch das Bezirksgericht in Sendai an, indem es betonte, dass es für den Arbeitgeber wesentlich einfacher sei, die Rechtmäßigkeit einer Kündigung nachzuweisen, als für den Arbeitnehmer, den Nachweis des Missbrauchs zu erbringen[527]. Die andere Seite geht davon aus, dass die Beweislast beim Arbeitnehmer liege, da das Gesetz vom Grundsatz der Vertragsfreiheit ausgehe und somit von dem Recht, sich jederzeit von einem Vertrag wieder lösen zu können[528].

Wenn die Kündigung vom Gericht für unwirksam erklärt wird, verliert sie ihre rechtliche Wirkung und der Arbeitsvertrag besteht in seinem ursprünglichen Zustand fort[529]. Der Arbeitnehmer hat dann das Recht, an seinen Arbeitsplatz zurückzukehren, seine Arbeit wieder aufzunehmen und Lohnfortzahlung für den Zeitraum, in dem er nicht gearbeitet hat, zu fordern[530]. Die Lohnfortzahlungsverpflichtung ergibt sich dabei aus Art. 536 Abs. 2 JBGB[531]. Die Rechtsprechung hat sich dabei an das deutsche Modell angelehnt, wobei allerdings ein Weiterbeschäftigungsanspruch während des Prozesses anders als in Deutschland nur dann anerkannt wird, wenn die Weiterbeschäftigung zum Erhalt der Fähigkeiten erforderlich ist[532]. Abweichend vom deutschen Recht gibt es in Japan aber keine Möglichkeit für den Arbeitnehmer, die Beendigung des Arbeitsverhältnisses gegen Zahlung einer Abfindung zu akzeptieren[533].

526 Oberster Gerichtshof, Urteil vom 22. Juli 1974, Saikô Saibansho Hanreishû, Vol. 28, No. 5, S. 927 ff.; Schregle, International Labor Review, Vol. 132 (1993), No. 4, S. 509; Nishitani, Arbeit und Recht 2001, S. 446; Ouchi, Japan Labor Bulletin, Januar 2002, S. 9; Hanami/Komiya, S. 129.

527 Bezirksgericht Sendai, Urteil vom 22. Mai 1950, Rôminshû, Vol. 1, S. 421; Foote, UCLA Law Review, Vol. 43 (1996), S. 648.

528 Bezirksgericht Tokio, Urteil vom 29. November 1999, Rôdô Hanrei, Vol. 780, S. 67; Ouchi, Japan Labor Bulletin, Januar 2002, S. 9; Menkhaus/Meinhardt, Zeitschrift für ausländisches und internationales Arbeits- und Sozialrecht 2004, S. 208.

529 Suwa, The International Journal of Comparative Labour Law and Industrial Relations, Vol. 6 (1990/91), No. 4, S. 233; Foote, UCLA Law Review, Vol. 43 (1996), S. 651; Nakakubo, Japan Labor Review, Vol. 1 (2004), No. 2, S. 17; Menkhaus/Meinhardt, Zeitschrift für ausländisches und internationales Arbeits- und Sozialrecht 2004, S. 206.

530 Suwa, The International Journal of Comparative Labour Law and Industrial Relations, Vol. 6 (1990/91), No. 4, S. 233; Tsuneki/Matsunaka, Pacific Rim Law and Policy Journal, Vol. 20 (2011), No. 3, S. 545.

531 Nishitani, Arbeit und Recht 2001, S. 446; Menkhaus/Meinhardt, Zeitschrift für ausländisches und internationales Arbeits- und Sozialrecht 2004, S. 206.

532 Menkhaus/Meinhardt, Zeitschrift für ausländisches und internationales Arbeits- und Sozialrecht 2004, S. 206.

533 Tsuneki/Matsunaka, Pacific Rim Law and Policy Journal, Vol. 20 (2011), No. 3, S. 545.

2. Kündigung eines befristeten Arbeitsvertrages

Grundsätzlich sind die Parteien eines befristeten Vertrages bis zum Auflauf der Befristung an diesen gebunden[534]. Ein befristeter Vertrag kann nur dann gekündigt werden, wenn unabwendbare Umstände dies notwendig machen, Art. 628 Satz 1 JBGB, 17 AVG. Beim Nachweis solcher unabwendbarer Umstände steht den Parteien ein sehr enger Spielraum zu[535]. Stammen die Umstände aus der Sphäre einer der beiden Parteien, ist diese Partei der anderen zum Ersatz des aus der Kündigung entstehenden Schadens verpflichtet, Art. 628 Satz 2 JBGB.

Ist gemäß Art. 628 Satz 1 JBGB eine Kündigung möglich, so gelten die Kündigungsfrist des Art. 20 ASG sowie die Ausnahmen von der Kündigungsfrist gemäß Art. 20, 21 ASG.

3. Befristungsablauf

In der Regel werden befristete Arbeitsverträge nicht gekündigt, sondern enden mit Ablauf ihrer Befristungsdauer.

a) Grundsatz des Rechtsmissbrauchs

Bei befristeten Verträgen hat sich ebenfalls der Grundsatz des Rechtsmissbrauchs durchgesetzt. Der Oberste Gerichtshof entschied in dem Fall *Tôshiba Yanagi Chô Kojo*, dass bei der Ablehnung eines mehrmals verlängerten, befristeten Arbeitsvertrages der Missbrauchsgrundsatz analog angewendet werden soll[536]. Nach der Rechtsprechung werden also Kettenarbeitsverträge mit unbefristeten Arbeitsverträgen und die Ablehnung der Vertragsverlängerung mit einer Kündigung gleichgesetzt[537].

Voraussetzung ist entweder, dass der befristete Vertrag vom Inhalt her einem unbefristeten Vertrag gleicht[538], oder, dass der Arbeitgeber Handlungen

---

534 Takeuchi-Okuno, in: Blanpain (Hrsg.), Regulation of Fixed-Term Employment Contracts, S. 116.

535 Kojima, Contemporary Japan, Vol. 22 (2010), S. 35.

536 Oberster Gerichtshof, Urteil vom 22. Juli 1974, Saikô Saibansho Hanreishû, Vol. 28, No. 5, S. 927 ff.; Suwa, The International Journal of Comparative Labour Law and Industrial Relations, Vol. 6 (1990/91), No. 4, S. 235; Sugeno, S. 395; Hashimoto, Zeitschrift für japanisches Recht, Vol. 17 (2004), S. 80; Takeuchi-Okuno, in: Blanpain (Hrsg.), Regulation of Fixed-Term Employment Contracts, S. 121.

537 Oberster Gerichtshof, Urteil vom 22. Juli 1974, Saikô Saibansho Hanreishû, Vol. 28, No. 5, S. 927 ff.; Schregle, International Labour Review, Vol. 132 (1993), No. 4, S. 514.

538 Suwa, The International Journal of Comparative Labour Law and Industrial Relations, Vol. 6 (1990/91), No. 4, S. 235; Takeuchi-Okuno, in: JILPT (Hrsg.), Labor Policy on

vorgenommen hat, die bei dem Arbeitnehmer die Hoffnung begründeten, sein Vertrag werde verlängert[539]. Im ersten Fall sind Art und Umfang der Tätigkeit, die übernommenen Verpflichtungen sowie der Umstand, ob die Tätigkeit auf Dauer angelegt ist, entscheidend[540]. Zur Beurteilung, ob ein Vertrauenstatbestand geschaffen wurde, müssen die Anzahl der Verlängerungen sowie die Gesamtbeschäftigungsdauer, die Richtigkeit der bisherigen Vertragsverlängerungen, die Behandlung vergleichbarer Arbeitnehmer durch denselben Arbeitgeber in vergleichbaren Situationen, sowie der Umstand, ob der Arbeitgeber durch Worte oder Taten die Erwartung des Arbeitnehmers begründet hat, sein Arbeitsverhältnis werde fortbestehen, herangezogen werden[541].

Liegt eine der beiden Voraussetzungen vor, so ist die Verweigerung der Vertragsverlängerung unwirksam, wenn kein sachlich rechtfertigender Grund für die Verweigerung besteht[542]. Der Arbeitgeber muss in diesem Fall objektive und sozial gerechtfertigte Gründe vortragen, warum er den Vertrag nicht verlängern will[543]. Für einen solchen objektiv rechtfertigenden Grund reicht es jedoch aus, dass der Arbeitgeber glaubhaft darlegt, dass ansonsten ein regulärer Arbeitnehmer entlassen werden müsste[544].

Fixed-term Employment Contracts, S. 78; Takeuchi-Okuno, in: Blanpain (Hrsg.), Regulation of Fixed-Term Employment Contracts, S. 121.

539 Tsuchida, Japan Labor Review, Vol. 1 (2004), No. 4, S. 40; Takeuchi-Okuno, in: JILPT (Hrsg.), Labor Policy on Fixed-term Employment Contracts, S. 78; Takeuchi-Okuno, in: Blanpain (Hrsg.), Regulation of Fixed-Term Employment Contracts, S. 121.

540 Takeuchi-Okuno, in: Blanpain (Hrsg.), Regulation of Fixed-Term Employment Contracts, S. 121.

541 Oberster Gerichtshof, Urteil vom 22. Dezember 1986, Rôdô Hanrei, Vol. 486, S. 6; Takeuchi-Okuno, in: JILPT (Hrsg.), The Regulation of Fixed-term Employment in Japan, S. 78; Hashimoto, Zeitschrift für japanisches Recht, Vol. 17 (2004), S. 80; Takeuchi-Okuno, in: Blanpain (Hrsg.), Regulation of Fixed-Term Employment Contracts, S. 121/122.

542 Oberster Gerichtshof, Urteil vom 22. Juli 1974, Saikô Saibansho Hanreishû, Vol. 28, No. 5, S. 927 ff.; Oberster Gerichtshof, Urteil vom 4. Dezember 1986, Rôdô Hanrei, Vol. 486, S. 6 ff.; Nishitani, Zeitschrift für japanisches Recht, Vol. 10 (2000), S. 78; Nishitani, Arbeit und Recht 2001, S. 449; Takeuchi-Okuno, in: JILPT (Hrsg.), Labor Policy on Fixed-term Employment Contracts, S. 78; Takeuchi-Okuno, in: Blanpain (Hrsg.), Regulation of Fixed-Term Employment Contracts, S. 121.

543 Oberster Gerichtshof, Urteil vom 18. Dezember 2009, Rôdô Hanrei, Vol. 993, S. 5; Takeuchi-Okuno, in: JILPT (Hrsg.), Labor Policy on Fixed-term Employment Contracts, S. 79; Tsuchida, Japan Labor Review, Vol. 1 (2004), No. 4, S. 40.

544 Oberster Gerichtshof, Urteil vom 4. Dezember 1986, Rôdô Hanrei, Vol. 486, S. 6; Takeuchi-Okuno, in: JILPT (Hrsg.), Labor Policy on Fixed-term Employment Contracts, S. 79; Takeuchi-Okuno, in: Blanpain (Hrsg.), Regulation of Fixed-Term Employment Contracts, S. 122.

In den Fällen, in denen das Gericht die Verweigerung der Vertragsverlängerung als unbegründet ansieht, gilt der Vertrag als verlängert, und zwar mit derselben Frist wie der vorangegangene Vertrag[545].

b) Mitteilungsverpflichtung?

Grundsätzlich kann Art. 20 ASG als Erfordernis einer Kündigungsfrist verstanden werden, enthält aber vom Wortlaut her nur eine Mitteilungsverpflichtung des Arbeitgebers, so dass die Frage berechtigt ist, ob der Arbeitgeber auch bei befristeten Verträgen verpflichtet sein kann, auf das Ende der Befristungsdauer hinzuweisen. Dies ist für den Normalfall abzulehnen, da sich die Vorschrift des Art. 20 ASG im Kapitel über Kündigungen befindet[546]. Wie bereits gesehen, wird aber die Verlängerungsverweigerung bei Kettenarbeitsverträgen wie eine Kündigung behandelt, so dass Art. 20 ASG zumindest dann Anwendung finden muss, wenn der befristete Vertrag so oft erneuert wurde, dass er mit einem unbefristeten Vertrag gleichgesetzt wird[547].

§ 20 Das Rechtsverhältnis zwischen Verleiher und Entleiher

Ein weiteres vertraglich geregeltes Rechtsverhältnis besteht bei der Arbeitnehmerüberlassung zwischen dem Verleiher und dem Entleiher.

I. Der Abschluss eines Überlassungsvertrages

Dieses Rechtsverhältnis ist durch den Abschluss eines Überlassungsvertrages gekennzeichnet. Wie im deutschen Recht verpflichtet sich der Verleiher, dem Entleiher Arbeitskräfte bereitzustellen. Im Gegenzug hierzu schuldet der Entleiher dem Verleiher die Zahlung der vereinbarten Vergütung.

---

545 Oberster Gerichtshof, Urteil vom 4. Dezember 1986, Rôdô Hanrei, Vol. 486, S. 6; Takeuchi-Okuno, in: JILPT (Hrsg.), Labor Policy on Fixed-term Employment Contracts, S. 79; Hashimoto, Zeitschrift für japanisches Recht, Vol. 17 (2004), S. 80; Takeuchi-Okuno, in: Blanpain (Hrsg.), Regulation of Fixed-Term Employment Contracts, S. 122.

546 Sugeno, S. 401.

547 Sugeno, S. 401.

1. Berufsfelder

Seit dem Erlass des JAÜG wurde die Arbeitnehmerüberlassung weitgehend liberalisiert. Dennoch sind auch heute noch im Gesetz und in der Kabinettsanordnung Berufsfelder enthalten, für die der Abschluss eines Überlassungsvertrages unzulässig ist. Zu den im Gesetz genannten Berufsfeldern gehören das Hafentransportgewerbe, das Baugewerbe sowie solche Berufe im Sicherheitsgewerbe, die in Art. 2 Abs. 1 des Gesetzes über Sicherheitsdienstleistungen (警備業法, *Keibi Gyô Hô*)[548] genannt werden, Art. 4 Abs. 1 JAÜG. Die Kabinettsanordnung nennt zusätzlich Ärzte im Sinne des Art. 17 Ärztegesetz (医師法, *Ishi Hô*)[549], Zahnärzte im Sinne des Art. 17 Zahnärztegesetz (歯科医師法, *Shikaishi Hô*)[550], Pharmazeuten im Sinne des Art. 19 Pharmazeutengesetz (薬剤師法, *Yakuzaishi Hô*)[551], Diätetiker im Sinne des Art. 1 Abs. 2 Diätetikergesetz (栄養士法, *Eiyôshi Hô*)[552], Krankenschwestern, Pfleger und Geburtshelfer im Sinne der Art. 2, 3, 5, 6, 31 Abs. 2 des Krankenschwestern, Geburtshelfer und Pflegergesetzes (保健師助産師看護師法, *Hokenshi Jyosanshi Kangoshi Hô*)[553], Zahnhygieniker im Sinne des Art. 2 Abs. 1 Zahnhygienikergesetz (歯科衛生士法, *Shikaeiseishi Hô*)[554], Strahlentherapeuten im Sinne des Art. 2 Abs. 2 Strahlentherapeutengesetz (診療放射線技師法, *Shinryôhôshasengishi Hô*)[555] und Zahntechniker im Sinne des Art. 2 Abs. 1 Zahntechnikergesetz (歯科技工士法, *Shikagikôshi Hô*)[556].

548 Im Internet abrufbar unter: www.houko.com/00/01/S47/117.HTM (Japanisch), Zugriff zuletzt am: 1. Juni 2012.

549 Im Internet abrufbar unter: www.houko.com/00/01/S23/201.HTM (Japanisch), Zugriff zuletzt am: 1. Juni 2012.

550 Im Internet abrufbar unter: www.houko.com/00/01/S23/202.HTM (Japanisch), Zugriff zuletzt am: 1. Juni 2012.

551 Im Internet abrufbar unter: www.houko.com/00/01/S35/146.HTM (Japanisch), Zugriff zuletzt am: 1. Juni 2012.

552 Im Internet abrufbar unter: www.houko.com/00/01/S22/245.HTM (Japanisch), Zugriff zuletzt am: 1. Juni 2012.

553 Im Internet abrufbar unter: www.houko.com/00/01/S23/203.HTM (Japanisch), Zugriff zuletzt am: 1. Juni 2012.

554 In Internet abrufbar unter: www.houko.com/00/01/S23/204.HTM (Japanisch), Zugriff zuletzt am: 1. Juni 2012.

555 Im Internet abrufbar unter: www.houko.com/00/01/S26/226.HTM (Japanisch), Zugriff zuletzt am: 1. Juni 2012.

556 Im Internet abrufbar unter: www.houko.com/00/01/S30/168.HTM (Japanisch), Zugriff zuletzt am: 1. Juni 2012.

2. Inhalt eines Überlassungsvertrages

Art. 26 JAÜG legt den notwendigen Inhalt des Überlassungsvertrages fest. Der Überlassungsvertrag soll den Tätigkeitsbereich, den Namen und Ort des Entleihunternehmens, Informationen über die anweisende Person, die Dauer der Überlassung, Beginn und Ende der täglichen Arbeits- und Ruhezeiten, Regelungen zur Handhabung von Beschwerden sowie Angaben zu den Maßnahmen enthalten, die zur Aufrechterhaltung der Beschäftigung des Leiharbeitnehmers nach Ablauf der Überlassungsdauer getroffen werden. Ist eine anschließende oder gleichzeitige Arbeitsvermittlung im Sinne des „Temp-to-Perm" vorgesehen, so soll der Arbeitsvertrag auch hierzu Angaben enthalten. Die am 28. März 2012 geänderte Fassung des Art. 26 Abs. 1 Nr. 6 JAÜG legt weiterhin fest, dass der Überlassungsvertrag auch Regelungen zur Beendigung des Vertrages sowie zu den Kosten enthalten muss, die zur Sicherung der Beschäftigung des Leiharbeitnehmers anfallen. In Art. 26 Abs. 1 Nr. 10 JAÜG in Verbindung mit Art. 22 JAÜG-VO wird schließlich angeführt, dass auch Informationen zu den verantwortlichen Personen auf Verleiher- und Entleiherseite, Überstunden und zusätzliche Arbeitstage, sowie die detaillierte Erklärung, dass und vor allem welche Einrichtungen des Entleihers dem Leiharbeitnehmer zur Verfügung gestellt werden, Bestandteil des Überlassungsvertrages sein müssen.

Gemäß Art. 21 Abs. 3 JAÜG-VO müssen sämtliche Punkte schriftlich festgehalten werden.

3. Festsetzung der Überlassungsdauer

Durch die Überarbeitung des JAÜG im Jahr 2004 wurde die Verpflichtung des Entleihers, die Überlassungsdauer im Voraus festzulegen, in das Gesetz aufgenommen. Art. 40-2 Abs. 3 JAÜG lautet sinngemäß:

> *„Der Entleiher soll, wenn er fortgesetzt Dienstleistungen von einem Verleiher für einen Zeitraum von mehr als einem Jahr und weniger als drei Jahre hinsichtlich desselben Arbeitsplatzes im Unternehmen des Entleihers oder irgendeinem anderen Ort, an dem der Leiharbeitnehmer eingesetzt wird, in Anspruch nimmt, die Dauer der Überlassung nach den Vorgaben der Verordnung des Ministeriums für Gesundheit, Arbeit und Soziales im Voraus festsetzen."*

Die Ausführungsanordnung zum JAÜG sieht in Art. 33-3 vor, dass der Entleiher bei der Festsetzung der Überlassungsdauer den Namen der Gewerkschaft oder der Person, welche die Mehrheit der Arbeitnehmer vertritt, sowie die Informationen, die dieser Gewerkschaft oder Person mitgeteilt wurden, das Datum, an dem die Stellungnahme der Gewerkschaft beziehungsweise des Repräsentanten eingeholt wurde, der Inhalt der Stellungnahme und unter Umständen die geänderte Dauer schriftlich festhalten und für mindestens drei Jahre aufbewahren muss. Aus dieser Vorschrift wird deutlich, dass der Entleiher Leiharbeitnehmer länger als ein Jahr nur nach vorheriger Konsultation der Hauptgewerkschaft beziehungsweise des Hauptvertreters beschäftigen darf. Gemäß Kapitel 2 Nr. 15 (1) der Mitteilung Nr. 245 des Ministeriums für Gesundheit, Arbeit und Soziales muss der Entleiher das Vertretungsorgan rechtzeitig von dem Vorhaben in Kenntnis setzen und ihm eine angemessene Vorbereitungszeit vor der Anhörung einräumen. Zur Vorbereitung teilt der Entleiher der Gewerkschaft mit, um welchen Tätigkeitsbereich es sich handelt, die geplante Überlassungsdauer, den Beginn der Überlassung und die Gründe für die Notwendigkeit des Einsatzes von Leiharbeitnehmern[557]. Hierdurch soll der Entleiher zur Auseinandersetzung mit den gegenwärtigen Arbeitsbedingungen und wirtschaftlichen Umstände gezwungen werden[558]. Eine Einschränkung der Entscheidungsfreiheit des Entleihers wird dadurch aber nicht erreicht, da die Verordnung nur die Anhörung, nicht aber den Konsens mit der Gewerkschaft oder dem Repräsentanten verlangt[559].

4. Mindestüberlassungsdauer

Im Rahmen der neuesten Überarbeitung des JAÜG vom 28. März 2012 wurde zum ersten Mal seit dem Erlass des JAÜG eine Mindestüberlassungsdauer in das Gesetz aufgenommen. Der neu eingeführte Art. 35-3 Abs. 1 JAÜG lautet sinngemäß:

> *„Verleihunternehmen dürfen Arbeitnehmer nur dann für einzelne Tage (weniger als 30 Tage) verleihen, wenn sie für Aufgaben eingesetzt werden sollen, die in der Ausführungsverordnung festgelegt sind und die um einer schnellen und präzisen Ausführung willen Fachwissen oder besondere Techniken oder Erfahrung erfordern und dabei anerkanntermaßen eine angemessene Überprüfung des Arbeitsverhältnisses nicht behindert wird, sowie dann, wenn es die*

557 Mizushima, Japan Labor Review, Vol. 1 (2004), No. 4, S. 23.
558 Mizushima, Japan Labor Review, Vol. 1 (2004), No. 4, S. 22.
559 Mizushima, Japan Labor Review, Vol. 1 (2004), No. 4, S. 23.

> *Planung einer langfristigen Einstellung von Arbeitnehmern, die besonders schwer zu vermitteln sind, erfordert oder in anderen, in der Ausführungsverordnung festgelegten Fällen."*

In den in Art. 35-3 Abs. 1 JAÜG genannten Fällen bleibt daher der Abschluss eines Überlassungsvertrages, der eine Überlassung kürzer als 30 Tage vorsieht, möglich. In allen anderen Fällen ist die kurzzeitige Überlassung ausgeschlossen. Die Ausführungsverordnung wurde noch nicht geändert, so dass der Umfang des Art. 35-3 JAÜG noch nicht eindeutig bestimmt werden kann.

5. Höchstüberlassungsdauer

Hinsichtlich einer möglichen Überlassungsdauer bestehen in Deutschland und Japan erhebliche Unterschiede.

a) Überblick über die historische Entwicklung in Deutschland

Bei Erlass des deutschen AÜG am 7. August 1972[560] war gemäß Art. 1 § 3 Abs. 1 Nr. 6 AÜG a. F. lediglich eine Überlassung für die Dauer von bis zu drei Monaten vorgesehen. Im Zuge mehrerer Gesetzesreformen[561] wurde die Höchstüberlasssungsdauer systematisch angehoben, bevor schließlich durch das Erste Gesetz für moderne Dienstleistungen am Arbeitsmarkt vom 23. Dezember 2002[562] Art. 1 § 3 Abs. 1 Nr. 6 AÜG gänzlich gestrichen wurde.

Trotz Streichung der Höchstüberlassungsdauer aus dem Gesetzestext wurde teilweise weiterhin angenommen, dass aufgrund des Überbrückungscharakters die Arbeitnehmerüberlassung nur vorübergehender Natur sein sollte, mithin eine dauerhafte Überlassung auch weiterhin ausgeschlossen wäre[563]. Zudem übernähme der Verleiher bei einer dauerhaften Überlassung nicht das Arbeitgeberri-

---

560 Gesetz zur Regelung der gewerbsmäßigen Arbeitnehmerüberlassung vom 7. August 1972, Bundesgesetzblatt Jahrgang 1972 Teil I, S. 1393 ff.

561 Beschäftigungsförderungsgesetz 1985 vom 26. April 1985, Bundesgesetzblatt Jahrgang 1985 Teil I, S. 715; Erstes Gesetz zur Umsetzung des Spar-, Konsolidierungs- und Wachstumsprogramms vom 21. Dezember 1993, Bundesgesetzblatt Jahrgang 1993 Teil I, S. 2362; Gesetz zur Reform der Arbeitsförderung vom 24. März 1997, Bundesgesetzblatt Jahrgang 1997 Teil I, S. 715; Gesetz zur Reform der arbeitsmarktpolitischen Instrumente vom 10. Dezember 2001, Bundesgesetzblatt Jahrgang 2001 Teil I, S. 3463.

562 Erstes Gesetz für moderne Dienstleistungen am Arbeitsmarkt vom 23. Dezember 2002, Bundesgesetzblatt Jahrgang 2002 Teil I, S. 4618.

563 Schindele, Arbeit und Recht 2008, S. 33; Sansone, S. 112; Ulber, Arbeit und Recht 2010, S. 11.

siko, so dass in einem solchen Fall von einer verdeckten Arbeitsvermittlung ausgegangen werden müsste[564]. Diese Ansicht überzeugte jedoch nicht. Zum einen signalisierte der Gesetzgeber gerade mit der Streichung des Art. 1 § 3 Abs. 1 Nr. 6 AÜG, dass er nicht mehr von einem Überbrückungscharakter der Arbeitnehmerüberlassung ausging[565] und zum anderen trägt der Verleiher auch bei dauerhaften Überlassungen im Hinblick auf die Entgeltzahlungen und Probleme mit dem Entleiher das Arbeitgeberrisiko. Der Ansicht, dass mit der Streichung des Art. 1 § 3 Abs. 1 Nr. 6 AÜG auch eine dauerhafte Überlassung möglich wurde, schloss sich 2005 das Bundesarbeitsgericht an[566].

Diese Rechtslage änderte sich 2008 erneut mit dem Inkrafttreten der Leiharbeitsrichtlinie[567]. Sowohl in Art. 1 Abs. 1 als auch in Art. 3 Abs. 1 lit. e der Leiharbeitsrichtlinie wird die Überlassung als „vorübergehend" bezeichnet. Im Zuge der Reform des AÜG[568] wurde daher in § 1 Abs. 1 AÜG folgender Satz 2 eingefügt:

> *„Die Überlassung von Arbeitnehmern an Entleiher erfolgt vorübergehend".*

Der Begriff „vorübergehend" wird nach der Gesetzesbegründung als „flexible Zeitkomponente" verstanden und nicht als bestimmte Höchstüberlassungsdauer[569]. Eine Überlassung ist daher „vorübergehend", wenn „die Überlassung an den jeweiligen Entleiher im Verhältnis zum Leiharbeitsverhältnis zwischen Verleiher und Leiharbeitnehmer „vorübergehend" ist"[570]. Damit wird ausgesagt, dass das Leiharbeitsverhältnis länger dauern muss als die einzelne Überlassung und grundsätzlich mehrere Überlassungen im Zeitraum des Leiharbeitsverhältnisses möglich sein müssen[571]. Zur Konkretisierung wird daher vorgeschlagen,

564 Ulber, in: Ulber (Hrsg.), AÜG, 3. Auflage, Einleitung D Rn. 8, § 1 Rn. 201c; Schüren, in: Schüren (Hrsg.), AÜG, 2. Auflage, § 1 Rn. 634; Ulber, Arbeit und Recht 2003, S. 10.

565 Sansone, S. 113; Wensing/Freise, Betriebs-Berater 2004, S. 2240/2241.

566 Bundesarbeitsgericht, Beschluss vom 25. Januar 2005 – 1 ABR 61/03, Neue Zeitschrift für Arbeitsrecht 2005, S. 1199 ff.

567 Richtlinie 2008/104/EG des Europäischen Parlaments und des Rates vom 19. November 2008 über Leiharbeit (LeiharbeitsRL).

568 Erstes Gesetz zur Änderung des Arbeitnehmerüberlassungsgesetzes – Verhinderung von Missbrauch der Arbeitnehmerüberlassung vom 28. April 2011, Bundesgesetzblatt Jahrgang 2011 Teil I, S. 642.

569 BT-Drucks. 17/4804, S. 8; Lembke, Der Betrieb 2011, S. 415.

570 BT-Drucks. 17/4804, S. 8; Sandmann/Marschall/Schneider, AÜG, Stand Dezember 2011, § 1 Rn. 51.

571 Sandmann/Marschall/Schneider, AÜG, Stand Dezember 2011, § 1 Rn. 51.

sich an der Rechtsprechung des Bundesarbeitsgerichts zu Art. 1 § 1 Abs. 3 Nr. 2 AÜG a. F. zu orientieren, wonach es maßgeblich auf die Umstände des Einzelfalls ankommen soll, also zum Beispiel die Dauer des Arbeitsverhältnisses mit dem Verleiher, Grund und Länge der einzelnen Überlassungen, Häufigkeit und Dauer der Unterbrechungen sowie die Natur der zu verrichtenden Tätigkeiten Berücksichtigung finden sollen[572]. Aus dem Begriff „vorübergehend" ergibt sich auch, dass Überlassungen, die auf Dauer angelegt sind, nicht mehr zu den zulässigen Arbeitnehmerüberlassungen im Sinne des AÜG zu zählen sind[573]. Zwar ist mit zunehmender Länge des Arbeitsvertrages auch eine längere Überlassungsdauer möglich, doch muss die Überlassungsdauer so bemessen werden, dass sie mit Blick auf das Arbeitsverhältnis nur einen bestimmten Teil von dessen Gesamtdauer ausmacht, um noch als „vorübergehend" zu gelten.

b) Rechtslage in Japan

Anders als im deutschen Recht enthält das JAÜG auch heute noch teilweise eine Höchstüberlassungsdauer.

Für die Berufsfelder Maschinendesign und –planung, Maschinenbedienung bei Rundfunk und Fernsehen, Produktion von Rundfunk- und Fernsehprogrammen, Maschinenbedienung in Büroräumen, Übersetzung und Stenographie, Sekretariat, Archivierung, Marktforschung und Finanzbuchhaltung war in der Mitteilung Nr. 38 des Ministeriums für Arbeit aus dem Jahr 1986 eine Überlassungsdauer von höchstens neun Monaten vorgesehen[574]. Lediglich für die Berufsfelder Software- und Systemingenieurswesen sowie Programmierung war der Abschluss eines Überlassungsvertrages von bis zu einem Jahr möglich[575]. Keine Angaben zur Überlassungsdauer enthielt die Mitteilung Nr. 38 für die Berufsfelder Anfertigung von Handelspapieren, Präsentation von Waren und Dienstleistungen für Touristen[576] sowie für die Berufsfelder Gebäudereinigungsservice, Instandhaltung und technischer Gebäudeservice sowie den allgemeinen

572 Hamann, Europäische Zeitschrift für Arbeitsrecht 2009, S. 312.

573 Leuchten, Neue Zeitschrift für Arbeitsrecht 2011, S. 609; Lembke, Der Betrieb 2011, S. 415. Andere Ansicht: Hamann, Europäische Zeitschrift für Arbeitsrecht 2009, S. 311; Sandmann/Marschall/Schneider, AÜG, Stand Dezember 2011, § 1 Rn. 51.

574 Watanabe, Japan Labor Bulletin, Juli 1986, S. 7; Kojima, Contemporary Japan, Vol. 22 (2010), S. 29.

575 Watanabe, Japan Labor Bulletin, Juli 1986, S. 7; Kojima, Contemporary Japan, Vol. 22 (2010), S. 29.

576 Watanabe, Japan Labor Bulletin, Juli 1986, S. 7.

Gebäudeservice[577]. Einige Monate später wurde die Überlassungsdauer für alle zulässigen Berufe auf ein Jahr festgelegt[578].

Im Jahr 1999 setzte der Gesetzgeber die Höchstdauer für Überlassungen in den ursprünglich zulässigen 26 Berufsfeldern sowie zum Aufbau, zur Umwandlung, Vergrößerung, Verkleinerung oder Schließung von Unternehmen auf drei Jahre und für Überlassungen zur Ersetzung von Arbeitnehmerinnen im Mutterschafts- oder Kinderpflegeurlaub auf zwei Jahre fest[579]. Für die restlichen Berufe blieb es bei der Ein-Jahres-Grenze[580].

Erst mit der Überarbeitung des JAÜG im Jahr 2004 wurde die zeitliche Beschränkung für die ursprünglichen 26 Berufe aufgehoben[581]. Lediglich die neu aufgenommenen Berufsfelder, mit Ausnahme des produzierenden Gewerbes, blieben auf drei Jahre beschränkt[582]. Für das produzierende Gewerbe betrug die Überlassungsdauer ein Jahr[583].

Im Jahr 2007 wurde schließlich auch die Überlassungsdauer im produzierenden Gewerbe auf drei Jahre heraufgesetzt[584].

Heute enthält Art. 40-2 JAÜG folgende Regelungen: Danach sind Überlassungen in den 26 ursprünglichen Berufsfeldern (Art. 40-2 JAÜG in Verbindung mit Art. 4 JAÜG-A), zum Aufbau, zur Umwandlung, Erweiterung, Verkleinerung oder zur Schließung eines Unternehmens sowie zur vorübergehenden Ersetzung von Arbeitnehmern in Mutterschafts- und Familienpflegeurlaub zeitlich unbegrenzt möglich (Art. 40-2 Abs. 1, 2 Nr. 1 JAÜG). Ebenso ist eine zeitlich unbegrenzte Überlassung möglich, wenn es sich um eine Überlassung handelt, bei der die Arbeit von einem Leiharbeitnehmer an bedeutend weniger Tagen im

577 Watanabe, Japan Labor Bulletin, Juli 1986, S. 7.

578 Coe/Johns/Ward, Transforming the Japanese labour market, S. 17.

579 Nishitani, Zeitschrift für japanisches Recht, Vol. 10 (2000), S. 79; Kojima/Fujikawa, Osaka University Law Review, Vol. 50 (2003), S. 21; Imai, The Rise of Temporary Employment in Japan, S. 18, 22/23; Hanami, in: Blanpain/Graham (Hrsg.), S. 165/166; JETRO, Japanese Market Report No. 66, S. 18; Coe/Johns/Ward, Transforming the Japanese labour market, S. 14, 19; JILPT, in: JILPT (Hrsg.), Labor Situation in Japan and Analysis: Detailed Exposition 2011/2012, S. 13.

580 Imai, The Rise of Temporary Employment in Japan, S. 18, 22/23; Coe/Johns/Ward, Transforming the Japanese labour market, S. 14; JILPT, in: JILPT (Hrsg.), Labor Situation in Japan and Analysis: Detailed Exposition 2011/2012, S. 13.

581 Coe/Johns/Ward, Transforming the Japanese labour market, S. 18; JILPT, in: JILPT (Hrsg.), Labor Situation in Japan and Analysis: Detailed Exposition 2011/2012, S. 13.

582 Imai, The Rise of Temporary Employment in Japan, S. 22; JILPT, in: JILPT (Hrsg.), Labor Situation in Japan and Analysis: Detailed Exposition 2011/2012, S. 13.

583 JILPT, in: JILPT (Hrsg.), Labor Situation in Japan and Analysis: Detailed Exposition 2011/2012, S. 13.

584 Coe/Johns/Ward, Transforming the Japanese labour market, S. 14, 19.

Monat ausgeführt wird als von einem vergleichbaren Arbeitnehmer des Entleihers. Für alle anderen Überlassungsverträge beträgt die zulässige Frist ein Jahr (Art. 40-2 Abs. 2 Nr. 2 JAÜG). Die Überlassungsdauer nach Art. 40-2 Abs. 2 Nr. 2 JAÜG kann jedoch auf drei Jahre angehoben werden, wenn mehr als die Hälfte der Arbeitnehmer des Entleihers in einer einzigen Gewerkschaft organisiert sind oder von einem Repräsentanten vertreten werden und die Vorgaben der Verordnung des Ministeriums für Gesundheit, Arbeit und Soziales eingehalten sind, Art. 40-2 Abs. 3 JAÜG in Verbindung mit Art. 33-3 JAÜG-VO.

Die Höchstgrenze wurde deswegen eingeführt und aufrechterhalten, weil der Gesetzgeber hoffte, dadurch dem Prinzip der lebenslangen Beschäftigung Rechnung zu tragen und die Arbeitsplätze regulärer Arbeitnehmer zu sichern[585]. In rechtlicher Hinsicht wurde diesem Bestreben jedoch nur unzureichend Rechnung getragen. Zwar sah das JAÜG von Anfang an eine Höchstgrenze vor, doch war der Abschluss eines neuen Überlassungsvertrages nach Ablauf der Höchstfrist unproblematisch möglich[586]. Die Begrenzung lief somit praktisch ins Leere. Die Befristungsregelungen gewannen erst durch die Einführung von Art. 40-4 JAÜG und Art. 40-5 JAÜG an Bedeutung und Durchsetzungskraft. Art. 40-4 JAÜG normiert, dass der Entleiher dann, wenn er den Leiharbeitnehmer nach Ablauf der zulässigen Überlassungsdauer nach Art. 40-2 Abs. 2 Nr. 2 JAÜG weiterhin auf demselben Arbeitsplatz für dieselbe Tätigkeit einsetzen will, den Leiharbeitnehmer direkt einstellen muss, sofern dieser damit einverstanden ist. Art. 40-5 JAÜG enthält eine vergleichbare Regelung für den Fall des Leiharbeitnehmereinsatzes für mehr als drei Jahre im Sinne des Art. 40-2 Abs. 3, 4 JAÜG. Eine Einstellungsverpflichtung des Entleihers resultiert lediglich dann nicht aus dem langfristigen Einsatz des Leiharbeitnehmers, wenn es sich um einen Fall des Art. 40-2 Abs. 1, 2 Nr. 1 JAÜG handelt.

c) Tatsächliche Ausnutzung der Höchstüberlassungsdauer

Die „Höchstüberlassungsdauer“ wird jedoch sowohl in Deutschland als auch in Japan nur selten ausgeschöpft.

In Deutschland ergab eine Umfrage des Arbeitgeberverbandes Gesamtmetall im Februar 2008, dass in den Unternehmen der Metall- und Elektronik-Industrie nur rund 19 Prozent der Überlassungsverträge für mehr als 12 Monate abgeschlossen werden[587]. Jeweils ungefähr ein Drittel der Überlassungsverträge sahen eine Überlassungsdauer von sechs bis 12 Monate sowie von drei bis sechs

585 Imai, The Rise of Temporary Employment in Japan, S. 13; Kojima/Fujikawa, in: Houseman/Osawa (Hrsg.), S. 400; Hanami, in: Blanpain/Graham (Hrsg.), S. 166.

586 Troppenz, S. 24.

587 Gesamtmetall, Zeitarbeit bei M + E nach Einsatzdauer.

Monate vor[588]. Die restlichen 16 Prozent enthielten Überlassungszeiträume von wenigen Tagen bis hin zu drei Monaten[589].

In Japan fand das Ministerium für Gesundheit, Arbeit und Soziales 2009 in einer Umfrage heraus, dass ungefähr 60,7 Prozent der Überlassungsverträge für weniger als sechs Monate abgeschlossen werden, während weitere 23,8 Prozent der Verträge eine Überlassung zwischen sechs und zwölf Monaten vorsahen[590]. Daraus ergibt sich, dass weitere 15,5 Prozent der Überlassungsverträge eine Vertragsdauer enthielten, die länger als 12 Monate war. Die überwiegend kurzen Überlassungszeiträume hängen zum einen damit zusammen, dass sich einige Unternehmen noch immer dem Prinzip der lebenslangen Beschäftigung verpflichtet sehen, zum anderen tragen auch die geltenden gesetzlichen Bestimmungen im JAÜG (Art. 40-4, 40-5 JAÜG) ihren Teil dazu bei.

6. Cooling-off-Periode

Art. 40-2 Abs. 1 JAÜG normiert, dass ein Entleiher denselben Leiharbeitnehmer nicht mehr auf demselben Arbeitsplatz als Leiharbeitnehmer beschäftigen darf, wenn die maximale Überlassungsdauer abgelaufen ist. Will er den Leiharbeitnehmer auch nach Ablauf der maximalen Überlassungsdauer einsetzen, so muss er ihm einen Arbeitsvertrag als Arbeitnehmer anbieten, Art. 40-4, 40-5 JAÜG.

Das Ministerium für Arbeit hat 1999 ungewollt durch die Mitteilung Nr. 138 (seit 2009 Nr. 245) eine Umgehungsmöglichkeit hinsichtlich dieser Regelungen geschaffen. Art. 2 Abs. 14 Unterabsatz 3 der Mitteilung Nr. 245 lautet sinngemäß:

> *„Wenn der Entleiher Arbeitnehmerüberlassungsdienstleistungen annimmt, ein neues Angebot auf Durchführung einer Arbeitnehmerüberlassung erhält und zwischen diesem Angebot und dem Ende der vorangegangenen Überlassung keine drei Monate liegen, so gelten die beiden Überlassungen als eine einzige“.*

Das bedeutet, dass die Überlassungszeiträume der aufeinanderfolgenden Überlassungen zusammengerechnet werden und die Gesamtüberlassungsdauer die maximale Überlassungsdauer nicht überschreiten darf. Liegen allerdings

588 Gesamtmetall, Zeitarbeit bei M + E nach Einsatzdauer.

589 Gesamtmetall, Zeitarbeit bei M + E nach Einsatzdauer.

590 Ministerium für Gesundheit, Arbeit und Soziales, 平成20年派遣労働者実態調査結果の概要, S. 9; Bertero, The Haken Crisis, S. 5 Fußnote 6.

zwischen der ersten Überlassung und der zweiten drei Monate und ein Tag, so werden die Überlassungen getrennt voneinander betrachtet und bei beiden Überlassungen darf jeweils die maximale Überlassungsdauer ausgenutzt werden.

Zur Überbrückung dieser drei Monate kommen für den Entleiher mehrere Möglichkeiten in Betracht.

Zum einen kann der Entleiher vollständig auf den Leiharbeitnehmer verzichten und ihn erst nach Ablauf der drei Monate wieder einsetzen[591]. Das Abwarten der Drei-Monats-Frist ist jedoch nur schwer mit dem betrieblichen Ablauf vereinbar[592], da neue Arbeitskräfte angelernt werden müssen und dies in der Regel mit geringerer Produktionsleistung und Zeitverlust verbunden ist.

Zweitens besteht die Möglichkeit, den Leiharbeitnehmer vorübergehend auf einem anderen Arbeitsplatz im Unternehmen einzusetzen[593]. Da Art. 40-4 und 40-5 JAÜG lediglich die Verpflichtung normieren, den Leiharbeitnehmer dann als Arbeitnehmer einzustellen, wenn dieser auf ein und demselben Arbeitsplatz mehr als drei Jahren beschäftigt wurde, entsteht keine Verpflichtung zur Einstellung, wenn der Leiharbeitnehmer zwischenzeitlich auf einem anderen Arbeitsplatz eingesetzt wurde. Problematisch hierbei ist allerdings, dass der Entleiher so gezwungen ist, entweder einen Arbeitnehmer von seinem Arbeitsplatz abzuziehen oder er muss einen weiteren Leiharbeitnehmer anzufordern, was mit zusätzlichen Personalkosten verbunden ist[594].

Weiterhin besteht die Möglichkeit, den Leiharbeitnehmer mit einem auf drei Monate befristeten Arbeitsvertrag einzustellen[595]. Bei der befristeten Übernahme des Leiharbeitnehmers fallen für den Entleiher aber weitere Fixkosten an. Als festangestellter Arbeitnehmer hat der Leiharbeitnehmer nämlich Anspruch auf bezahlten Urlaub, Krankengeld und Ähnliches. Im Rahmen der Arbeitnehmerüberlassung werden solche Kosten vom Verleihunternehmen als Arbeitgeber getragen.

Alle drei Möglichkeiten sind daher mit steigenden Kosten verbunden, bieten aber dennoch in der Regel eine günstigere Alternative als die Festanstellung des Leiharbeitnehmers, zumal sich die Kosten nach drei Monaten wieder reduzieren.

Nicht in allen Fällen werden solche Maßnahmen aber auch als wirksam anerkannt. Das Unternehmen Mazda stellte 2009 die Leiharbeitnehmer als befristete Arbeitnehmer an, bis die Cooling-off-Periode abgelaufen war[596]. Die Leihar-

591 Kimura, 日本労働研究雑誌, Vol. 582 (2009), S. 40.
592 Kimura, 日本労働研究雑誌, Vol. 582 (2009), S. 40.
593 Kimura, 日本労働研究雑誌, Vol. 582 (2009), S. 40.
594 Kimura, 日本労働研究雑誌, Vol. 582 (2009), S. 40.
595 Kimura, 日本労働研究雑誌, Vol. 582 (2009), S. 40.
596 Japan Press Weekly, 100 temporary workers win direct employment at Mazda, 2. Juli 2009.

beitnehmer meldeten diese Fälle den Arbeitsbüros in Hiroshima und Yamaguchi, die daraufhin diese Maßnahmen für unwirksam erklärten und das Unternehmen anwiesen, die Leiharbeitnehmer als reguläre Arbeitnehmer einzustellen[597].

Empirische Studien belegen, dass nur in den wenigsten Fällen tatsächlich eine Anstellung des Leiharbeitnehmers als reguläre Arbeitskraft nach Art. 40-4, 40-5 JAÜG erfolgt. Die Untersuchung des Ministeriums für Gesundheit, Arbeit und Soziales von 2008 ergab, dass 86,5 Prozent der Unternehmen nicht einmal einen Weg zur Direkteinstellung von Leiharbeitnehmern eingerichtet haben[598]. 4,3 Prozent der Unternehmen haben zwar einen solchen Weg eingerichtet, aber dennoch nie einen Leiharbeitnehmer direkt eingestellt[599].

Grundsätzlich muss daher festgehalten werden, dass eine Höchstüberlassungsdauer, die mit einer Öffnungsklausel in Form einer Cooling-off-Periode versehen ist, nicht geeignet ist, die Ersetzung von Stammarbeitnehmern durch Leiharbeitnehmer zu verhindern. Die Umgehungsmöglichkeiten gehen zwar mit steigenden Personalkosten einher, doch beziehen sich diese nur auf einen relativ geringen Zeitraum. So lange die zusätzlichen Kosten während der Cooling-off-Periode durch die Arbeitnehmerüberlassung im Ganzen kompensiert werden können, das heißt die Gesamtkosten beim Einsatz von Leiharbeitnehmern insgesamt geringer ausfallen als beim Einsatz von regulären Arbeitnehmern, und die Arbeitsbüros oder das Ministerium nicht härter durchgreifen, werden die Entleihunternehmen weiterhin zu Umgehungsmaßnahmen tendieren.

II. Beendigung des Überlassungsvertrages

Da der Entleiher nicht vertraglicher Arbeitgeber des Leiharbeitnehmers ist, kann dieser dem Leiharbeitnehmer auch nicht kündigen im Sinne der Art. 18-2 ASG, 16 AVG. Der Entleiher kann den Leiharbeitnehmer jedoch indirekt aus der Beschäftigung entlassen, indem er den Überlassungsvertrag mit dem Verleiher kündigt. Die Kündigung des Überlassungsvertrages ist weitgehend der Privatautonomie der beiden Parteien überlassen, im Einzelnen wurden jedoch Vorkehrungen zum Schutz des Leiharbeitnehmers getroffen.

---

597 Japan Press Weekly, 100 temporary workers win direct employment at Mazda, 2. Juli 2009.

598 Ministerium für Gesundheit, Arbeit und Soziales, 平成20年派遣労働者実態調査結果の概要, S. 13; Kojima, Contemporary Japan, Vol. 22 (2010), S. 34.

599 Ministerium für Gesundheit, Arbeit und Soziales, 平成20年派遣労働者実態調査結果の概要, S. 13; falsch bei: Kojima, Contemporary Japan, Vol. 22 (2010), S. 34.

Beim Überlassungsvertrag handelt es sich um einen befristeten Vertrag zwischen Verleiher und Entleiher. Das bedeutet, dass der Vertrag grundsätzlich mit Zeitablauf endet. Eine Beendigung vor Zeitablauf ist nach japanischem Recht nur durch wechselseitiges Einverständnis möglich[600].

In der Praxis sieht es dagegen anders aus. In der Wirtschaft besteht ein Machtungleichgewicht, das den wirtschaftlich starken Entleihunternehmen zumeist die Durchsetzung einer einseitigen Vertragsbeendigung ermöglicht[601]. Das Gesetz gegen Zahlungsrückstände bei Subunternehmerarbeit enthält zwar Regelungen bei ungleicher Verhandlungsmacht sowie den daraus folgenden unfairen Handelspraktiken und es wird in der Literatur auch durchaus in Erwägung gezogen, dieses Gesetz auf die frühzeitige Beendigung von Überlassungsverträgen anzuwenden[602]. Die Japan Fair Trade Commission sieht aber den Überlassungsvertrag nicht vom Begriff des Dienstleistungsvertrages umfasst, wie er im Gesetz gegen Zahlungsrückstände bei Subunternehmerarbeit definiert ist[603].

Das Ministerium für Gesundheit, Arbeit und Soziales nahm daher, um dem Ungleichgewicht entgegenzuwirken, in die Mitteilung Nr. 138 (heute Nr. 245) folgende Regelungen auf, um den Leiharbeitnehmer vor Willkürhandlungen des Entleihers zu schützen.

1. Vorherige Ankündigung der Beendigung des Überlassungsvertrages

Nach Kapitel 2 Nr. 6 (2) und (4) der Mitteilung Nr. 245 des Ministeriums für Gesundheit, Arbeit und Soziales muss der Entleiher, wenn er den Überlassungsvertrag vorzeitig beenden will, seine Kündigungsentscheidung dem Verleihunternehmen 30 Tage im Voraus mitteilen.

2. Sicherstellung einer Weiterbeschäftigung

Im Falle der vorzeitigen Kündigung des Überlassungsvertrages verlangt Kapitel 2 Nr. 6 (1) und (3) der Mitteilung Nr. 245 neben einer frühzeitigen Ankündigung, dass der Entleiher Maßnahmen trifft, um die Weiterbeschäftigung des Leiharbeitnehmers sicherzustellen, sofern die Kündigung nicht aus Gründen in der Person des Leiharbeitnehmers erfolgte. Zu diesen Maßnahmen gehört unter anderem die Unterbringung in einem angeschlossenen oder befreundeten Unternehmen.

---

600 Nitta, Social Science Japan, September 2009, S. 16; Kojima, Contemporary Japan, Vol. 22 (2010), S. 35.

601 Kojima, Contemporary Japan, Vol. 22 (2010), S. 35.

602 Nitta, Social Science Japan, September 2009, S. 16.

603 Nitta, Social Science Japan, September 2009, S. 16.

3. Schadensersatz

Verstößt der Entleiher gegen die Ankündigungsfrist und ist nicht in der Lage, eine andere Beschäftigungsmöglichkeit zu finden, so ist er verpflichtete, Schadensersatz zu leisten. Kapitel 2 Nr. 6 (4) der Mitteilung Nr. 245 bestimmt, dass der Entleiher bei einer Kündigung, bei der zwischen Ankündigung und Beendigungszeitpunkt weniger als 30 Tage liegen, eine Summe an das Verleihunternehmen zu zahlen hat, die höher ist als der Betrag, den das Verleihunternehmen bei Aufrechterhaltung des Vertrages für diesen Zeitraum erhalten würde. Kündigt der Entleiher also nur mit einer Frist von 20 Tagen, so sieht die Mitteilung vor, dass er an den Verleiher eine Entschädigung in Höhe von mehr als 10 Tagesgebühren leisten muss.

§ 21 Rechtsverhältnis zwischen Entleiher und Leiharbeitnehmer

Die letzte Seite der triangulären Beziehung bildet das Verhältnis zwischen Leiharbeitnehmer und Entleiher.

I. Verhältnis zwischen Entleiher und Leiharbeitnehmer während der Überlassung

Vergleichbar mit dem deutschen Recht kommt auch in Japan zwischen Entleiher und Leiharbeitnehmer kein vertragliches Rechtsverhältnis zustande. Es wird weder ein Arbeitsvertrag noch ein Werk- oder Dienstvertrag abgeschlossen.

Art. 2 Nr. 1 JAÜG definiert die Arbeitnehmerüberlassung als die Überlassung eines Arbeitnehmers durch seinen Arbeitgeber an einen Dritten, wobei das Arbeitsverhältnis zwischen dem Arbeitnehmer und dem Arbeitgeber bestehen bleibt. Der Gesetzgeber hat damit zum Ausdruck gebracht, dass allein zwischen dem Verleiher und dem Leiharbeitnehmer ein Arbeitsverhältnis im Sinne einer Arbeitnehmer-Arbeitgeber-Beziehung bestehen soll. Ein weiteres Arbeitsverhältnis soll durch die Überlassung gerade nicht begründet werden. Durch den Überlassungsvertrag mit dem Verleiher erhält der Entleiher lediglich vereinzelte Rechtspositionen aus dem Arbeitsvertrag, wie zum Beispiel das Weisungsrecht, überschrieben, wird dadurch aber noch nicht zum Arbeitgeber des Leiharbeitnehmers. Ein Werk- oder Dienstvertrag scheidet deswegen aus, weil der Entleiher weder berechtigt ist, die Leistung des Leiharbeitnehmers einzufordern, noch dazu verpflichtet ist, die Entgeltzahlungen direkt an den Leiharbeitnehmer zu erbringen.

II. Geltende Schutzvorschriften

Einige Regelungen aus Schutzgesetzen richten sich nicht nur an das Verleihunternehmen als Arbeitgeber, sondern auch an den Entleiher. So ist zum einen Art. 7 ASG, der den Arbeitgeber verpflichtet, dem Arbeitnehmer Zeit einzuräumen, um seine bürgerlichen Rechte und Pflichten auszuüben, auf den Entleiher anwendbar[604]. Ebenfalls anwendbar sind Art. 5 ASG[605], der das Verbot der Zwangsarbeit enthält, und Art. 3 ASG, in dem das Diskriminierungsverbot wegen Nationalität, Glauben oder sozialem Status geregelt ist[606]. Hinzu kommen die Art. 32 bis 36 ASG[607]. Art. 32 ASG enthält die Bestimmung, dass Arbeitnehmer nicht mehr als 40 Stunden in einer Woche und acht Stunden am Tag arbeiten dürfen. Die Arbeitszeit darf nur kurzfristig und nur mit schriftlicher Zustimmung der Mehrheitsgewerkschaft oder des Hauptvertreters verlängert werden, Art. 32-2 Abs. 1 ASG. Eine langfristige Verlängerung der Arbeitszeit ist bei entsprechender Vereinbarung mit der Gewerkschaft oder dem Hauptvertreter möglich, wenn diese Vereinbarung der zuständigen Regierungseinrichtung vorgelegt wurde, Art. 36 Abs. 1 ASG. Gemäß Art. 33 ASG analog kann der Entleiher bei Bestehen einer außergewöhnlichen Notwendigkeit aufgrund einer Katastrophe oder eines unausweichlichen Ereignisses die Arbeitszeit ausweiten, sofern die entsprechende Regierungseinrichtung zustimmt. Art. 34 Abs. 1 ASG regelt die Ruhezeiten dahingehend, dass bei einer Arbeitszeit von mehr als sechs Stunden am Tag 45 Minuten Pause und bei einer Arbeitszeit von mehr als acht Stunden am Tag 60 Minuten Pause gemacht werden muss. Zudem soll die Pausenzeit dem Arbeitnehmer zur freien Verfügung stehen, Art. 34 Abs. 3 ASG. Art. 35 ASG betrifft den Ruhetag. Danach darf der Arbeitnehmer an mindestens einem Tag in der Woche nicht zur Arbeit herangezogen werden.

III. Verpflichtungen des Entleihers bei längerfristigem Einsatz des Leiharbeitnehmers

Unter bestimmten Umständen entsteht für den Entleiher die Verpflichtung zur Festeinstellung des Leiharbeitnehmers.

So normiert Art. 40-3 JAÜG, dass der Entleiher dann, wenn er einen Leiharbeitnehmer für einen Zeitraum zwischen einem und drei Jahren (mit Ausnahme der Überlassungen nach Art. 40-2 Abs. 1 JAÜG) für dieselbe Tätigkeit ein-

---

604 Araki, Japan Labor Bulletin, August 1994, S. 7; Kojima/Fujikawa, in: Houseman/Osawa (Hrsg.), S. 393; Hanami, in: Blanpain/Graham (Hrsg.), S. 165.

605 Araki, Japan Labor Bulletin, August 1994, S. 7.

606 Kojima/Fujikawa, in: Houseman/Osawa (Hrsg.), S. 393.

607 Troppenz, S. 9.

gesetzt hat und nach Ablauf der festgesetzten Überlassungsdauer den Arbeitsplatz mit einem festangestellten Arbeitnehmer besetzen will, den Leiharbeitnehmer unverzüglich als Arbeitnehmer einstellen soll, sofern der Leiharbeitnehmer den Wunsch, für den Entleiher zu arbeiten, geäußert hat und das Arbeitsverhältnis zum Verleiher sieben Tage vor Ablauf der Überlassungsdauer gekündigt wurde.

Gemäß Art. 40-4 JAÜG entsteht ebenfalls eine Einstellungsverpflichtung, wenn der Entleiher von dem Verleiher auf den Ablauf der zulässigen Höchstüberlassungsfrist hingewiesen wurde. Eine ähnliche Regelung enthält Art. 40-5 JAÜG. Danach ist der Entleiher dann zur Einstellung des Leiharbeitnehmers verpflichtet, wenn er den Leiharbeitnehmer für einen Zeitraum von drei Jahren für dieselbe Tätigkeit eingesetzt hat und ihn auch über den Zeitraum hinaus weiterbeschäftigen möchte. Der Unterschied zwischen diesen beiden Vorschriften besteht darin, dass bei Art. 40-4 JAÜG die zulässige Höchstüberlassungsdauer auch nur ein Jahr betragen kann, wenn die Gewerkschaft bei der Festlegung der Überlassungsdauer nicht mitgewirkt hat. Art. 40-5 JAÜG bezieht sich dagegen ausschließlich auf Fälle des Art. 40-2 Abs. 3 JAÜG. Anders als es der Wortlaut vermuten lässt, werden von Art. 40-5 JAÜG nicht die Überlassungen nach Art. 40-2 Abs. 1 JAÜG erfasst, da ansonsten die zeitlich unbegrenzte Einsatzmöglichkeit in eine begrenzte umgewandelt würde.

IV. Konsequenzen bei Kündigung des Überlassungsvertrages

Im Falle der Kündigung des Überlassungsvertrages treffen den Entleiher grundsätzliche keine arbeitgeberseitigen Verpflichtungen. Er ist also weder verpflichtet, eine Kündigungsfrist gegenüber dem Leiharbeitnehmer einzuhalten, noch muss er ein Ausscheidegeld zahlen.

1. Grundsatz des Missbrauchs des Kündigungsrechts auch im mittelbaren Beschäftigungsverhältnis?

Der Grundsatz des Rechtsmissbrauchs bei Kündigungen kann in diesem Verhältnis keine Anwendung finden. Zum einen besteht hier schon gar kein Arbeitsvertrag, auf den der Grundsatz angewendet werden könnte, und zum anderen kann aus dem Status als Leiharbeitnehmer und der gesetzlichen Höchstüberlassungsdauer keine begründete Erwartung in die Fortsetzung des Beschäftigungsverhältnisses erwachsen. Dem Begriff des Leiharbeitnehmers ist immanent, dass nur eine vorübergehende Überlassung und keine vollständige Eingliederung in das Unternehmen angestrebt werden.

2. Suche nach alternativen Beschäftigungsmöglichkeiten

Wie bereits im Abschnitt über das Rechtsverhältnis zwischen Verleiher und Entleiher beschrieben, postuliert die Mitteilung Nr. 245 des Ministeriums für Gesundheit, Arbeit und Soziales in Kapitel 2 Nr. 6 (3) die Verpflichtung des Entleihers, nach einer alternativen Beschäftigungsmöglichkeit in einem wirtschaftlich verbundenen oder befreundeten Unternehmen zu suchen und diese dem Leiharbeitnehmer zu vermitteln, wenn der Entleiher den Überlassungsvertrag vor Ablauf der im Vertrag festgesetzten Dauer kündigt und die Kündigung nicht aus Gründen erfolgt, die in der Person des Leiharbeitnehmers liegen.

Kapitel 8: Besondere Formen der Arbeitnehmerüberlassung

Neben der allgemeinen und der speziellen Arbeitnehmerüberlassung haben sich ähnlich wie in Deutschland zwei besondere Formen der Arbeitnehmerüberlassung entwickelt: Der Temp-to-Perm-Service und die konzerninterne Arbeitnehmerüberlassung.

§ 22 Temp-to-Perm

Temp-to-Perm (紹介予定派遣, *shokai yotei haken*) ist die Abkürzung von „from temporary to permanent" und betrifft den Fall, dass ein Leiharbeitnehmer als solcher für in der Regel weniger als ein Jahr in ein anderes Unternehmen gesendet wird, mit der Erwartung, dass dieses ihn später als Arbeitnehmer übernimmt[608].

I. Historische Entwicklung des Temp-to-Perm

Trotz Zulassung der Arbeitnehmerüberlassung blieben Temp-to-Perm-Abreden mit Inkrafttreten des JAÜG vorerst noch verboten. Dies ging zurück auf das Verbot der Arbeitnehmervermittlung für private Unternehmen im APSG. Durch den Erlass des JAÜG wurde zwar die Leiharbeit als Bereichsausnahme zum Vermittlungsverbot behandelt[609], die Arbeitsvermittlung durch private Unternehmen blieb aber weiterhin unzulässig. Auch das JAÜG selbst sprach sich gegen eine Vermittlungshandlung der Verleihunternehmen aus. Indem Art. 2 Abs. 1 JAÜG a. F. die Arbeitnehmerüberlassung definierte als die Bereitstellung eines Arbeitnehmers an eine andere Person, während das Arbeitsverhältnis mit dem Arbeitgeber bestehen bleibt, waren solche Fälle ausgeschlossen, in denen der Verleiher gerade nicht die dauerhafte Beschäftigung des Leiharbeitnehmers beabsichtigte, sondern eine Vermittlung an den Entleiher anstrebte, da dann gerade nicht das Arbeitsverhältnis mit dem Verleiher bestehen bleiben sollte[610]. Weiterhin ging man davon aus, dass durch ein entsprechendes Verbot der späteren Vermittlung verhindert würde, dass sich die Zielsetzungen der beiden Institute – Arbeitnehmerüberlassung und Arbeitsvermittlung – vermischen und sich

608 Kamiya, The Japan Times Online, 28. November 2000; Gottfried, Social Indicator Research, S. 189.

609 Kojima/Fujikawa, in: Houseman/Osawa (Hrsg.), S. 411.

610 Kojima/Fujikawa, in: Houseman/Osawa (Hrsg.), S. 411/412.

der Verleiher seiner Verpflichtung als Arbeitgeber entziehen könnte[611]. Gerade in der Phase der Arbeitnehmerüberlassung könnte der Verleiher seine Arbeitgeberpflichten unter Verweis auf den Entleiher vernachlässigen oder Unklarheit hinsichtlich der Zuständigkeiten beim Leiharbeitnehmer entstehen.

Erst im April 1997 wurden die Regelungen zur gebührenpflichtigen Arbeitsvermittlung gelockert und im Dezember 1999 erfolgte durch die Reform des APSG und des JAÜG eine weitgehende Liberalisierung der Berufsfelder in der Arbeitnehmerüberüberlassung und der Arbeitsvermittlung[612]. Zu diesem Zeitpunkt war der Temp-to-Perm-Service in Japan schon nicht mehr unbekannt. Unternehmen wie Adecco Career Staff Ltd. boten bereits einen ähnlichen Service an, indem sie Absolventen für zwei Jahre zur Erprobung als Leiharbeitnehmer in die Entleihunternehmen schickten, für die spätere Vermittlung aber noch keine zusätzliche Gebühr erhoben[613].

Am 1. Dezember 2000 schließlich hob das Ministerium für Arbeit das Temp-to-Perm-Verbot auf[614]. Folgende Voraussetzungen mussten zunächst erfüllt sein, damit der Verleiher Vermittlungsdienstleistungen anbieten durfte: Die ursprüngliche Registrierung des Arbeitnehmers und der Abschluss des Arbeitsvertrages mit dem Entleihunternehmen mussten auf die eigenständige Bewerbung des Arbeitnehmers zurückgeführt werden können und mit seiner Zustimmung durchgeführt worden sein[615]. Zweitens mussten sowohl der Leiharbeitnehmer als auch der Entleiher ihren Willen kundtun, einen Arbeitsvertrag abschließen zu wollen, und die Arbeitsbedingungen mussten ausgehandelt werden, sobald der Überlassungsvertrag endete[616]. In jeder Stufe des Temp-to-Perm-Prozesses waren sowohl Entleiher als auch Verleiher verpflichtet, die Daten des Leiharbeitnehmers vertraulich zu behandeln[617].

Aus der rechtlichen Umsetzung des Temp-to-Perm-Services ergaben sich zunächst noch einige praktische Schwierigkeiten.

Den Entleihern war es zum einen untersagt, sich die Leiharbeitnehmer zum Beispiel durch die Angabe von gewünschten Arbeitnehmereigenschaften auszu-

611 Mizushima, Japan Labor Review, Vol. 1 (2004), No. 4, S. 19; Kojima/Fujikawa, in: Houseman/Osawa (Hrsg.), S. 412.

612 Kojima/Fujikawa, in: Houseman/Osawa (Hrsg.), S. 412/413.

613 Kamiya, The Japan Times Online, 28. November 2000.

614 JILPT, Japan Labor Bulletin, März 2001, S. 1; Kojima/Fujikawa, in: Houseman/Osawa (Hrsg.), S. 411, 413; JETRO, Japanese Market Report No. 66, S. 1.

615 JILPT, Japan Labor Bulletin, März 2001, S. 1; Kojima/Fujikawa, in: Houseman/Osawa (Hrsg.), S. 413.

616 JILPT, Japan Labor Bulletin, März 2001, S. 1.

617 JILPT, Japan Labor Bulletin, März 2001, S. 1.

suchen[618]. Vorstellungsgespräche oder Vorschläge zur Übernahme durften erst dann vorgenommen werden, wenn die Überlassungsdauer abgelaufen war[619]. Grund hierfür war Art. 26 Abs. 7 JAÜG. Art. 26 Abs. 7 JAÜG normiert, dass der Entleiher dann, wenn er einen Überlassungsvertrag abschließt, davon absehen soll, eine Handlung vorzunehmen, die darauf ausgerichtet ist, den Leiharbeitnehmer zu spezifizieren. Diese Regelung wurde 1999 eingeführt, um eine klare Unterscheidung zwischen Arbeitnehmerüberlassung und Arbeitsvermittlung zu ermöglichen und den Leiharbeitnehmer vor einer Diskriminierung zu schützen[620]. Verleihunternehmen erhielten also Anfragen der Entleihunternehmen, wählten einen ihrer Ansicht nach passenden Leiharbeitnehmer unter den registrierten oder angestellten Personen aus, führten ein Gespräch mit diesem durch und schickten ihn schließlich mit seinem Einverständnis in das Entleihunternehmen[621]. Ein persönlicher Kontakt zwischen Entleiher und Leiharbeitnehmer fand bis zur endgültigen Auswahl des Leiharbeitnehmers nicht statt. Die Auswahl des richtigen Leiharbeitnehmers oblag also allein dem Verleiher[622].

Zum anderen war es den Verleihunternehmen nicht gestattet, Vermittlungstätigkeiten vorzunehmen, so lange der Überlassungsvertrag noch wirksam war[623]. Erst nach dem Ablauf der Überlassungsdauer durften die Verleihunternehmen eine dauerhafte Einstellung des Leiharbeitnehmers mit dem Entleihunternehmen besprechen und die entsprechenden Vermittlungshandlungen vornehmen.

Des Weiteren war der Temp-to-Perm-Service nur vorgesehen für jüngere Arbeitnehmer, nicht dagegen für solche Arbeitnehmer im mittleren oder höheren Alter, für die gerade Vermittlungsschwierigkeiten auf dem Arbeitsmarkt bestanden und die deshalb am meisten von der Arbeitslosigkeit betroffen waren[624].

Im Februar 2002 schließlich führte das Ministerium für Gesundheit, Arbeit und Soziales das „Schema für Beschäftigung auf versuchsweiser Basis“ ein, welches in die Überarbeitung des JAÜG im Jahr 2004 einfloss[625].

---

618 JILPT, Japan Labor Bulletin, Mai 2002, S. 4; Kojima/Fujikawa, in: Houseman/Osawa (Hrsg.), S. 413.

619 Kojima/Fujikawa, in: Houseman/Osawa (Hrsg.), S. 413.

620 Weathers, Social Science Japan Journal, Vol. 4 (2001), No. 2, S. 208 Fußnote 13.

621 JETRO, Japanese Market Report No. 66, S. 22.

622 JETRO, Japanese Market Report No. 66, S. 22.

623 Kojima/Fujikawa, in: Houseman/Osawa (Hrsg.), S. 413.

624 JILPT, Japan Labor Bulletin, Mai 2002, S. 4.

625 JILPT, Japan Labor Bulletin, Mai 2002, S. 4.

II. Gegenwärtiger Stand des Temp-to-Perm

Heute definiert das JAÜG „Temp-to-Perm" in Art. 2 Nr. 6 sinngemäß wie folgt:

> *„Temp-to-Perm ist eine Form der Arbeitnehmerüberlassung, in der Arbeitsvermittlung erfolgt oder erfolgen soll durch eine Person, die entweder eine Lizenz nach Art. 5 Abs. 1 besitzt oder eine Anzeige nach Art. 16 Abs. 1 getätigt hat und zusätzlich eine Lizenz nach dem Arbeitsplatzsicherungsgesetz besitzt oder das Ministerium nach den Vorschriften des Arbeitsplatzsicherungsgesetzes unterrichtet hat, wobei die Arbeitsvermittlung entweder vor oder nach dem Beginn der Arbeitnehmerüberlassung stattfindet (...) und über die spätere Einstellung des Leiharbeitnehmers zwischen dem Entleiher und dem Leiharbeitnehmer noch vor Ablauf des Überlassungsvertrages Einigkeit besteht."*

Hiervon erfasst werden sowohl solche Vermittlungstätigkeiten, bei denen der Verleiher aktiv den Leiharbeitnehmer als Arbeitnehmer dem Entleiher anbietet, als auch solche, in denen die spätere Einstellung zwischen Leiharbeitnehmer und Entleiher ohne Zutun des Verleihers vereinbart wird.

Aus der Definition des Temp-to-Perm-Services in Art. 2 Nr. 6 JAÜG geht hervor, dass der Verleiher nun bereits vor Ablauf des Überlassungsvertrages Vermittlungshandlungen vornehmen darf[626].

Da die vorgeschaltete Leiharbeitsphase zudem gemäß dem „Schema für Beschäftigung auf versuchsweiser Basis" ausdrücklich zur Erprobung dienen soll, ist es den Entleihunternehmen nun auch gestattet, sich den Leiharbeitnehmer in Vorstellungsgesprächen auszusuchen[627]. Das Verbot der Konkretisierung des Leiharbeitnehmers ist zwar auch heute noch in Art. 26 Abs. 7 JAÜG enthalten, der Temp-to-Perm-Service gilt jedoch seit 2004 als hiervon ausgenommen[628].

Die Definition des Temp-to-Perm enthält weiterhin das Erfordernis zweier Lizenzen beziehungsweise zweier Mitteilungen an das Ministerium für Gesundheit, Arbeit und Soziales. Zum einen müssen die Verleihunternehmen die Lizenz zur Vornahme von Arbeitnehmerüberlassungen beantragen oder das Ministerium über die Vornahme informieren. Zum anderen nimmt Art. 2 Abs. 6 JAÜG

---

626 Mizushima, Japan Labor Review, Vol. 1 (2004), No. 4, S. 15.

627 JILPT, Japan Labor Bulletin, Mai 2002, S. 4; Mizushima, Japan Labor Review, Vol. 1 (2004), No. 4, S. 15.

628 Mizushima, Japan Labor Review, Vol. 1 (2004), No. 4, S. 15.

Bezug auf die Vorschriften Art. 30 Abs. 1 APSG und Art. 33-4 APSG, in denen die Vermittlungslizenz beziehungsweise die Mitteilung an das Ministerium im Falle der Vermittlungstätigkeit geregelt sind.

III. Ablehnung der Übernahme des Leiharbeitnehmers

Ist der Entleiher gewillt, den Leiharbeitnehmer als Arbeitnehmer einzustellen, so schließen die beiden Parteien (Entleiher und Leiharbeitnehmer) einen Arbeitsvertrag im Sinne des ASG und AVG. Probleme treten jedoch dann auf, wenn der Entleiher den Leiharbeitnehmer nicht übernehmen will. In einigen Fällen kann sich dies als Missbrauch des Temp-to-Perm-Services darstellen[629].

Gemäß Kapitel 2 Nr. 18 (2) der Mitteilung Nr. 245 des Ministeriums für Gesundheit, Arbeit und Soziales ist der Entleiher bei Ablehnung der Festanstellung verpflichtet, den Grund für die Nichteinstellung dem Verleihunternehmen schriftlich, per E-Mail oder mit Facsimile mitzuteilen.

Hinsichtlich des Inhalts der Begründung stellt sich die Frage, ob die Unfähigkeit des Leiharbeitnehmers, seine Weigerung, fehlende Kooperation oder andere Faktoren in der Person des Leiharbeitnehmers sowie sinkende Umsätze des Entleihunternehmens eine Nichteinstellung rechtfertigen können[630]. Bislang fehlt es in diesem Punkt an einer höchstrichterlichen Entscheidung.

In einem Fall zum normalen Probearbeitsverhältnis lehnte der Arbeitgeber die Festanstellung des Arbeitnehmers ab, mit der Begründung, dass dieser falsche Angaben in der Bewerbung sowie im Bewerbungsgespräch gemacht beziehungsweise wichtige Informationen verschwiegen habe[631]. Ein solches Benehmen, auf das die Täuschungsvorschrift des Art. 96 JBGB anzuwenden sei, zeige die Untauglichkeit des Arbeitnehmers[632]. Der Arbeitnehmer war Mitglied einer radikalen Studentenbewegung und nahm während seiner Studienzeit an illegalen Demonstrationen teil, gab jedoch sowohl im Bewerbungsbogen als auch im Bewerbungsgespräch an, an Studentenbewegungen keinerlei Interesse zu haben[633]. Es ging also um ein Aufeinandertreffen von Glaubens- und Weltanschauungsfreiheit des Arbeitnehmers und der Vertragsfreiheit des Arbeitgebers. Das Gericht entschied, dass die Nichtverlängerung des Vertrages weder gegen Art. 14

---

629 Mizushima, Japan Labor Review, Vol. 1 (2004), No. 4, S. 20.

630 Mizushima, Japan Labor Review, Vol. 1 (2004), No. 4, S. 21.

631 Oberster Gerichtshof, Urteil vom 12. Dezember 1973, www.courts.go.jp/english/judgments/text/1973.12.12-1968-O-No.932.html (Zugriff zuletzt am: 2. Juni 2012).

632 Oberster Gerichtshof, Urteil vom 12. Dezember 1973, www.courts.go.jp/english/judgments/text/1973.12.12-1968-O-No.932.html.

633 Oberster Gerichtshof, Urteil vom 12. Dezember 1973, www.courts.go.jp/english/judgments/text/1973.12.12-1968-O-No.932.html.

JV noch gegen Art. 3 ASG verstoße, da gerade letzterer als Spezialnorm für das Arbeitsrecht nur für Arbeitsbedingungen nach der Einstellung gelte, nicht aber die Einstellung selbst betreffe[634]. Weiterhin führte das Gericht aus, dass auch die Ablehnung einer Einstellung aus Gründen der Glaubens- und Weltanschauungsfreiheit nicht aus sich heraus als eine rechtswidrige Handlung nach dem JBGB oder als Verstoß gegen die öffentliche Politik oder gegen die guten Sitten angesehen werden könne[635]. Natürlich bestehe die Möglichkeit, dass solche arbeitgeberseitigen Handlungen Einfluss auf die Gedanken und die Weltanschauung des Arbeitnehmers haben können, mangels spezifischer gesetzlicher Regelungen müssen solche Handlungen dennoch als rechtmäßig gelten[636].

Temp-to-Perm-Dienstleistungen sind jedoch nicht ohne weiteres mit einer normalen Probezeit vergleichbar.

Während Entleiher und Leiharbeitnehmer im Rahmen des Temp-to-Perm in der Phase der Arbeitnehmerüberlassung nicht durch einen Arbeitsvertrag miteinander verbunden sind und auch grundsätzlich nicht durch das Gesetz verpflichtet sind, einen solchen abzuschließen, stellt ein Probearbeitsvertrag im japanischen Arbeitsrecht einen Arbeitsvertrag mit dem Vorbehalt des Rücktrittsrechts dar[637]. Zudem hat das Probeverhältnis als Vorstufe einer Festanstellung einen engeren Bezug zum Prinzip der lebenslangen Beschäftigung, während der Temp-to-Perm-Service mehr Ähnlichkeit mit der Arbeitnehmerüberlassung hat und das Ergebnis der Bestrebung nach optimaler Abstimmung von Angebot und Nachfrage ist[638]. Dies könnte für eine höhere Schutzwürdigkeit des Arbeitnehmers in einem gewöhnlichen Probearbeitsverhältnis sprechen.

Andererseits gelten jedoch laut dem Obersten Gerichtshof vor der Einstellung des Arbeitnehmers nicht die allgemeinen Diskriminierungsvorschriften, sondern ausschließlich das Prinzip der Vertragsfreiheit[639]. Geht es also um die Frage der Festeinstellung, so ist der Arbeitgeber trotz Abschlusses eines Probearbeitsvertrages nicht an die Diskriminierungsvorschriften des ASG gebunden.

---

634 Oberster Gerichtshof, Urteil vom 12. Dezember 1973, www.courts.go.jp/english/judgments/text/1973.12.12-1968-O-No.932.html.

635 Oberster Gerichtshof, Urteil vom 12. Dezember 1973, www.courts.go.jp/english/judgments/text/1973.12.12-1968-O-No.932.html.

636 Oberster Gerichtshof, Urteil vom 12. Dezember 1973, www.courts.go.jp/english/judgments/text/1973.12.12-1968-O-No.932.html.

637 Oberster Gerichtshof, Urteil vom 12. Dezember 1973; www.courts.go.jp/english/judgments/text/1973.12.12-1968-O-No.932.html; Nishitani, S. 158; Mizushima, Japan Labor Review, Vol. 1 (2004), No. 4, S. 21.

638 Mizushima, Japan Labor Review, Vol. 1 (2004), No. 4, S. 22.

639 Oberster Gerichtshof, Urteil vom 12. Dezember 1973, www.courts.go.jp/english/judgments/text/1973.12.12-1968-O-No.932.html.

Im Rahmen des Temp-to-Perm muss dagegen ein strengerer Maßstab angelegt werden, da ansonsten einem Missbrauch dieses Instituts Tür und Tor geöffnet wäre. Das Prinzip der Vertragsfreiheit kann daher nicht uneingeschränkt gelten, sondern muss dahingehend modifiziert werden, dass in den Fällen, in denen der Arbeitgeber schon keine Intention hatte, den Leiharbeitnehmer einzustellen oder sich herausstellt, dass der Arbeitgeber lediglich Gründe vorschiebt oder dramatisiert, die Ablehnung der Einstellung rechtswidrig ist. Nach dieser Auslegung könnten die Unfähigkeit des Leiharbeitnehmers, seine mangelnde Kooperationsbereitschaft sowie die sinkenden Umsätze des Entleihunternehmens durchaus die Ablehnung einer Einstellung rechtfertigen, da in diesen Fällen vernünftige Erwägungen und nicht die Willkür des Entleihers im Vordergrund stehen. Die wirtschaftlichen Umstände im Entleihunternehmen können jedoch nur dann als Rechtfertigung herangezogen werden, wenn sie erst im Laufe der Arbeitnehmerüberlassung auftraten und nicht bereits vor Abschluss des Überlassungsvertrages bestanden, da bei Auftreten vor Vertragsabschluss gerade kein Bedürfnis besteht, den Leiharbeitnehmer zu erproben, wenn seine Nichteinstellung aufgrund des wirtschaftlichen Engpasses schon gar nicht in Frage kommt.

§ 23 Die konzerninterne Arbeitnehmerüberlassung

Die konzerninterne Arbeitnehmerüberlassung wird in Deutschland und in Japan ebenfalls unterschiedlich gehandhabt.

I. Die konzerninterne Arbeitnehmerüberlassung in Deutschland

In Deutschland ist die konzerninterne Arbeitnehmerüberlassung in § 1 Abs. 3 Nr. 2 AÜG und § 9 Nr. 2 AÜG geregelt.

Nach § 1 Abs. 3 Nr. 2 AÜG findet das AÜG mit wenigen Ausnahmen keine Anwendung auf die Arbeitnehmerüberlassung zwischen Konzernunternehmen im Sinne des § 18 Aktiengesetz, wenn der Arbeitnehmer nicht zum Zweck der Überlassung eingestellt und beschäftigt wird. Ein Konzern im Sinne des § 18 Abs. 1 S. 1 Aktiengesetz liegt dabei dann vor, wenn ein herrschendes und ein oder mehrere abhängige Unternehmen unter der einheitlichen Leitung des herrschenden Unternehmens zusammengefasst sind. Aus § 1 Abs. 3 Nr. 2 AÜG ergibt sich, dass das AÜG grundsätzlich auf die konzerninterne Arbeitnehmerüberlassung keine Anwendung findet, sofern das Verleihunternehmen die Arbeitnehmer auch tatsächlich selbst beschäftigt und sie nicht nur einstellt, um sie dann an andere konzerninterne Unternehmen zu überlassen. Die Herausnahme der konzerninternen Arbeitnehmerüberlassung aus dem Anwendungsbereich des AÜG wurde damit begründet, dass bei der Überlassung von Arbeitnehmern konzernangehöriger Unternehmen nur der interne Arbeitsmarkt betroffen sei und daher auch die soziale Absicherung der Leiharbeitnehmer nicht gefährdet werde[640].

Unterstützt wird § 1 Abs. 3 Nr. 2 AÜG durch § 9 Nr. 2 AÜG, wonach eine abweichende tarifliche Regelung nicht für Leiharbeitnehmer gilt, die in den letzten sechs Monaten vor der Überlassung an den Entleiher aus einem Arbeitsverhältnis bei diesem oder einem Arbeitgeber, der mit dem Entleiher einen Konzern im Sinne des § 18 Aktiengesetz bildet, ausgeschieden sind. Durch diese sogenannte „Drehtürklausel“ soll verhindert werden, dass die Unternehmen Arbeitnehmer entlassen und diese dann später als Leiharbeitnehmer zu schlechteren Arbeitsbedingungen beschäftigen[641].

II. Die konzerninterne Arbeitnehmerüberlassung in Japan

Auf dem japanischen Arbeitsmarkt hat sich ein dualistisches System der „Arbeitnehmerüberlassung“ auf konzerninterner Ebene entwickelt.

1. Zaiseki shûkko

Zaiseki shûkko (出向, kurz: *shûkko*) liegt vor, wenn ein Unternehmen seinen Arbeitnehmer zwar behält, dieser aber befristet an ein anderes Unternehmen ausgeliehen wird, das in den meisten Fällen mit dem entsendenden Unternehmen wirtschaftlich, finanziell oder freundschaftlich verbunden ist[642].

a) Zaiseki shûkko als Arbeitsmaßnahme

Konsequenz des Prinzips der lebenslangen Beschäftigung ist unter anderem ein geringer Austausch zwischen den Unternehmen und dem externen Arbeitsmarkt[643]. Um dennoch eine gewisse Flexibilität der Unternehmen zu erreichen, hat sich in Japan ein enormer betriebs-, unternehmens- und konzerninterner Ar-

---

640 BT-Drucks. 10/3206, S. 33; Hamann, in: Schüren/Hamann (Hrsg.), AÜG, 4. Auflage, § 1 Rn. 485.

641 BR-Drucks. 847/10, S. 1/2.

642 JILPT, Japan Labor Bulletin, Dezember 2001, S. 3; Ouchi, Japan Labor Bulletin, Juli 2003, S. 6; Grainger/Miyamoto, Journal of Human Values, Vol. 9 (2003), No. 2, S. 108; Schlachter/Meinhardt, Recht der Internationalen Wirtschaft 2003, S. 771; Flämig, S. 227.

643 Flämig, S. 227.

beitsmarkt herausgebildet[644]. Der Wechsel zwischen Arbeitsplätzen in demselben Unternehmen oder Konzern ist somit keine Seltenheit, was auch zu dem Ausdruck „Rotierende Belegschaft" geführt hat[645].

Shûkko muss dabei als eine Art vorübergehende Versetzung in ein anderes Unternehmen verstanden werden. Der Arbeitnehmer arbeitet – wie bei einer regulären Versetzung innerhalb eines Unternehmens – an einem neuen Arbeitsplatz unter der Weisung und Aufsicht der Führungskräfte des aufnehmenden Unternehmens, während der Status als Arbeitnehmer des entsendenden Unternehmens aufrechterhalten bleibt. Dieser Versetzungsprozess verläuft meistens von oben nach unten: das entsendenden Unternehmen hat in der Regel eine höhere Position im Konzern inne als das aufnehmende Unternehmen[646].

Als Gründe für einen solchen vorübergehenden Transfer werden unter anderem die Reduzierung der Arbeitskräfte im entsendenden Unternehmen, der Mangel an Arbeitskräften im aufnehmenden Unternehmen, die Verfestigung der Geschäftsbeziehungen, die Verringerung der Personalkosten sowie die Vermittlung von Know-How genannt[647], wobei der ursprüngliche Zweck des Transfers in der Qualifizierung der Arbeitnehmer bestand[648].

b) Vertragsverhältnisse bei zaiseki shûkko

Die herrschende Meinung nimmt im Rahmen des *zaiseki shûkko* das Vorliegen von zwei Arbeitsverträgen an: einer besteht zwischen Arbeitnehmer und entsendendem Unternehmen und der andere zwischen dem Arbeitnehmer und dem aufnehmenden Unternehmen[649]. Genau genommen soll es sich um einen befristeten Vertrag mit dem aufnehmenden Unternehmen handeln, während das ur-

---

644 Futagami/Waragai/Westphal, Shukko in Japanese Companies and its Economic and Managerial Effects, S. 3; Flämig, S. 227.

645 Yamakawa, Japan Labor Bulletin, Dezember 1993, S. 5 ff.; Flämig, S. 235.

646 Grainger/Miyamoto, Journal of Human Values, Vol. 9 (2003), No. 2, S. 108.

647 Lincoln/Ahmadjian, Shukko (Employee Transfers) and Tacit Knowledge Exchange in Japanese Supply Networks, S. 7/8; Grainger/Miyamoto, Journal of Human Values, Vol. 9 (2003), No. 2, S. 108; Nishitani, S. 169; Ouchi, Japan Labor Bulletin, Juli 2003, S. 6; Schlachter/Meinhardt, Recht der Internationalen Wirtschaft 2003, S. 771; Hanami, in: Blanpain/Graham (Hrsg.), S. 163.

648 Ernst, Dauerbeschäftigung und Flexibilität in Japan, S. 93.

649 Sugeno, S. 380; Yamakawa, Japan Labor Bulletin, Dezember 1993, S. 6; Araki, Japan Labor Bulletin, August 1994, S. 8 Fußnote 8; Nishitani, S. 18, 173; Flämig, S. 228.

sprüngliche Arbeitsverhältnis mit dem entsendenden Unternehmen weiter bestehen bleibt, aber ruht[650].

aa) Der Arbeitsvertrag mit dem entsendenden Unternehmen

Im Rahmen des Arbeitsverhältnisses zwischen entsendendem Unternehmen und Arbeitnehmer stellt sich die Frage, ob das Unternehmen überhaupt das Recht hat, seine Arbeitnehmer beliebig an andere Unternehmen auszuleihen. Dagegen könnte Art. 625 Abs. 1 JBGB sprechen, der besagt, dass ein Arbeitgeber seine Rechtsposition nicht an eine dritte Person übertragen darf, solange er nicht die Zustimmung des Arbeitnehmers hierzu hat.

Nach der Direktionsrechtstheorie wurde für eine gewöhnliche Versetzung (配転, *haiten*) innerhalb ein und desselben Unternehmens angenommen, dass der Arbeitgeber die Versetzung einseitig durch die Ausübung seines Weisungsrechts durchsetzen könnte[651]. Diese Theorie gilt schon aufgrund des Wortlauts von Art. 625 Abs. 1 JBGB als veraltet. Die herrschende Meinung folgt daher heute der Generalkonsenstheorie. Die Generalkonsenstheorie geht davon aus, dass der Arbeitsvertrag die generelle Zustimmung des Arbeitsnehmers zu Änderungen seines Arbeitsplatzes enthält[652]. Hierauf aufbauend wird gefordert, dass die Versetzung nur dann bindend sein soll, wenn sie sich im Rahmen des ursprünglichen Arbeitsvertrages hält (Vertragstheorie)[653]. Dieser Auffassung schlossen sich die Gerichte an[654]. Aus Art. 625 Abs. 1 JBGB lässt sich gerade nicht herauslesen, dass die Zustimmung des Arbeitnehmers im Zeitpunkt der Versetzung gegeben sein muss; es reicht vielmehr aus, dass zum Zeitpunkt des Arbeitsvertragsabschlusses ein Konsens des Arbeitnehmers mit späteren Versetzungen gegeben ist[655]. Konsens wird dabei verstanden als die generelle oder implizierte Zustimmung bezüglich der Versetzung, die zu Beginn oder im Laufe des Beschäftigungsverhältnisses geäußert wird[656]. Die Möglichkeit, einen Arbeitnehmer auf einen bestimmten Arbeitsplatz zu versetzen, sowie die grundlegenden Arbeitsbedingungen an diesem Arbeitsplatz müssen im Arbeitsvertrag, in der Arbeitsordnung, in Kollektivvereinbarungen oder in sonstigen Erklärun-

650 Sugeno, S. 380; Araki, Zeitschrift für ausländisches und internationales Arbeits- und Sozialrecht 1993, S. 16; Troppenz, S. 16; Schlachter/Meinhardt, Recht der Internationalen Wirtschaft 2003, S. 771.

651 Sugeno, S. 367; Yamakawa, Japan Labor Bulletin, Dezember 1993, S. 6.

652 Sugeno, S. 367/368.

653 Sugeno, S. 368.

654 Yamakawa, Japan Labor Bulletin, Dezember 1993, S. 6; Flämig, S. 238.

655 Sugeno, S. 376/377; Foote, UCLA Law Review, Vol. 43 (1996), S. 669.

656 Foote, UCLA Law Review, Vol. 43 (1996), S. 670.

klarheiten in den arbeitsrechtlichen Beziehungen ausgeräumt und das Wachstum des externen Arbeitsmarktes gefördert werden[678]. Gemäß Art. 7 Abs. 1 Nr. 1 JAÜG soll das Ministerium die Erteilung der Lizenz (beziehungsweise deren Verlängerung, Art. 10 Abs. 3 JAÜG) verweigern, wenn das betroffene Unternehmen ausschließlich das Ziel verfolgt, seine Dienstleistungen nur einer bestimmten Person zur Verfügung zu stellen. Besitzt das Unternehmen bereits eine Lizenz, so steht es dem Ministerium zu, Änderungen in der Ausrichtung des Unternehmens vorzuschlagen, Art. 48 Abs. 2 JAÜG. Ausnahmen von diesem Verbot sollen dann gemacht werden, wenn mehr als 30 Prozent der Leiharbeitnehmer des Verleihunternehmens 60 Jahre oder älter sind (Art. 1-3 JAÜG-VO) oder wenn durch die Überlassung die Beschäftigung solcher Leiharbeitnehmer sichergestellt werden soll, deren Vermittlung sich sonst als schwierig erweisen würde (Art. 7 Abs. 1 Nr. 1 JAÜG).

Hieraus lässt sich schließen, dass in Japan die konzerninterne Arbeitnehmerüberlassung möglich ist, solange das Verleihunternehmen nicht nur einem einzigen Unternehmen in diesem Konzern die Arbeitnehmer bereitstellt. Handelt es sich also um eine sogenannte Personalführungsgesellschaft, deren einziger Zweck darin besteht, die Leiharbeitnehmer einzustellen, um sie dann an das führende Unternehmen zu überlassen, so liegt eine Arbeitnehmerüberlassung unter Verstoß gegen das JAÜG vor.

Ob dies so bleibt, muss abgewartet werden. Die Tokyo Bar Association forderte 2009, dass die konzerninterne Arbeitnehmerüberlassung auch dann verboten sein sollte, wenn sie nicht exklusiv an das herrschende Unternehmen erfolgt[679]. Dies soll jedenfalls dann gelten, wenn die Form der Arbeitnehmerüberlassung deswegen gewählt wird, weil hierdurch schlechtere Arbeitsbedingungen und Entgeltzahlungen vereinbart werden können[680]. Ob eine spätere Umsetzung dieser Empfehlung erfolgt, ist noch ungewiss.

678 Flämig, S. 249.
679 Tokyo Bar Association, 労働者派遣法の改正を求める意見書, S. 5.
680 Tokyo Bar Association, 労働者派遣法の改正を求める意見書, S. 5.

Kapitel 9: Der Grundsatz der ausgeglichenen Behandlung

Während in Deutschland der Gleichbehandlungsgrundsatz bereits seit 2001 im AÜG geregelt ist, wurde erst am 28. März 2012 der Grundsatz der ausgeglichenen Behandlung als abgeschwächte Form des Gleichbehandlungsgrundsatzes in Art. 30-2 JAÜG aufgenommen.

§ 24 Der Gleichbehandlungsgrundsatz in Deutschland

Nach mehrfach gescheiterten Normierungsversuchen auf europäischer Ebene gelang Deutschland im Jahr 2001 die Umsetzung des Gleichbehandlungsgrundsatzes für Leiharbeitnehmer. Durch das Job-AQTIV-Gesetz[681] wurde § 10 Abs. 5 AÜG dahingehend geändert, dass für Überlassungsverträge, die länger als zwölf Monate dauern, ab dem 13. Monat die im Betrieb des Entleihers für vergleichbare Arbeitnehmer des Entleihers geltenden Arbeitsbedingungen einschließlich des Arbeitsentgelts auch für Leiharbeitnehmer gelten. Dieser Schritt wurde damit begründet, dass bei einem Einsatz des Leiharbeitnehmers im Betrieb des Entleihers ab dem 13. Monat die tatsächliche Bindung zum Entleiherbetrieb derart stark zunehme, dass keine Rechtfertigung für eine Ungleichbehandlung mehr gegeben sei[682]. Durch das Erste Gesetz für moderne Dienstleistungen am Arbeitsmarkt vom 23. Dezember 2002[683] wurde schließlich der Gleichbehandlungsgrundsatz auch in § 3 Abs. 1 Nr. 3 AÜG verankert. Weit vor der Umsetzung auf europäischer Ebene enthielt § 3 Abs. 1 Nr. 3 AÜG bereits die Tarifdispositivität des Gleichbehandlungsgrundsatzes. Der Gesetzgeber beabsichtigte hierdurch, die Leiharbeit zu fördern und attraktiver zu gestalten, um so den Arbeitssuchenden den Einstieg in den Arbeitsmarkt zu erleichtern[684]. Die Tarifdispositivität hatte den negativen Effekt, dass sich eine Art „Unterbietungswettbewerb" zwischen der Tarifgemeinschaft der DGB-Gewerkschaften und der Tarif-

681 Gesetz zur Reform der arbeitsmarktpolitischen Instrumente (Job-AQTIV-Gesetz), Bundesgesetzblatt Jahrgang 2002 Teil I, S. 3443.

682 BT-Drucks. 14/6944, S. 53; Fuchs, Neue Zeitschrift für Arbeitsrecht 2009, S. 59.

683 Erstes Gesetz für moderne Dienstleistungen am Arbeitsmarkt vom 23. Dezember 2002, Bundesgesetzblatt Jahrgang 2002 Teil I, S. 4618.

684 Bundesverfassungsgericht, Beschluss vom 29. Dezember 2004 – 1 BvR 2582/03, 1 BvR 2283/03, 1 BvR 2504/03, Neue Zeitschrift für Arbeitsrecht 2005, S. 154; BT-Drucks. 15/25, S. 23/24; Sansone, S. 87.

gemeinschaft Christliche Gewerkschaften Zeitarbeit und PersonalService-Agenturen (CGZP) entwickelte[685]. Aus diesem Grund erfuhr die Tarifdispositivität im Jahr 2011 die Einschränkung, dass die Mindestentgelte nicht mehr unterschritten werden dürfen. Im Hinblick auf die Missbrauchsgefahr durch Personalführungsgesellschaften[686] wurde 2011 des Weiteren die Beschränkung in das AÜG aufgenommen, dass die Dispositivität nicht für Leiharbeitnehmer gilt, die in den letzten sechs Monaten vor der Überlassung an den Entleiher aus einem Arbeitsverhältnis bei diesem oder einem Arbeitgeber, der mit dem Entleiher einen Konzern im Sinne des § 18 Aktiengesetz bildet, ausgeschieden sind.

§ 25 Der Gleichbehandlungsgrundsatz in Japan

In Japan existiert das arbeitsrechtliche Prinzip „Gleicher Lohn für gleiche Arbeit" nicht[687]. Der Gleichbehandlungsgrundsatz findet daher nur dann Anwendung, wenn er explizit für die jeweilige Beschäftigungsgruppe im Gesetz geregelt ist. Am 28. März 2012 wurde der Grundsatz der ausgeglichenen Behandlung als eine abgeschwächte Form des Gleichbehandlungsgrundsatzes in das JAÜG aufgenommen.

I. Historische Entwicklung des Gleichbehandlungsgrundsatzes im Arbeitsrecht

Bereits im Jahr 1984 wurde die Anwendung des Gleichbehandlungsgrundsatzes bei Teilzeitarbeitskräften in Erwägung gezogen und 2007 in das ASG aufgenommen; hinsichtlich der Werkvertragsangestellten und der befristeten Arbeitsverträge scheiterte seine Durchsetzung bisher.

1. Teilzeitbeschäftigung

Für Teilzeitarbeitskräfte ist der Gleichbehandlungsgrundsatz in Art. 8 Abs. 1 TzG verankert. Danach dürfen Teilzeitarbeitskräfte, deren Tätigkeitsfeld und Verantwortungsbereich sich nicht von dem regulärer Arbeitskräfte unterscheidet, deren Einsatzbereich wie bei regulären Arbeitnehmern abgeändert werden kann und die keinen befristeten Vertrag abgeschlossen haben, hinsichtlich Lohn-

685 Schüren, Recht der Arbeit 2006, S. 306; Hunnekuhl/zu Dohna-Jaeger, Neue Zeitschrift für Arbeitsrecht 2007, S. 954; Sansone, S. 44.

686 Hamann, Neue Zeitschrift für Arbeitsrecht 2011, S. 70, 71; Böhm, Der Betrieb 2010, S. 672 ff.

687 Hashimoto, Zeitschrift für japanisches Recht, Vol. 17 (2004), S. 77 Fußnote 27.

fragen, der Zurverfügungstellung von Aus- und Weiterbildungsmaßnahmen sowie von Fürsorgeeinrichtungen nicht anders behandelt werden als vergleichbare reguläre Arbeitnehmer.

Vor der Einführung des Gleichbehandlungsgrundsatzes bei Teilzeitarbeitskräften wurde in Japan lange Zeit diskutiert, ob eine solche Gleichbehandlung gerechtfertigt sei.

Auf einem Symposium im Jahr 1984 wurde vorgetragen, dass Arbeit in gleicher Menge und Qualität, unabhängig von Geschlecht, Alter, sozialem Status, Nationalität oder Glauben des Arbeitnehmers, stets den gleichen Wert für das Unternehmen habe und somit die Festsetzung von gleichen Löhnen als geltendes Prinzip anerkannt werden müsse[688]. Eine ungleiche Behandlung stelle also einen Verstoß gegen den Grundsatz „gleichen Lohn für gleiche Arbeit“ dar und somit auch einen Verstoß gegen die öffentliche Ordnung[689]. Zur Definition von „gleicher Arbeit“ seien die übernommenen Aufgaben, das Leistungspotential, die Fähigkeiten, das Alter, der Bildungsstand, die Dauer der Betriebszugehörigkeit sowie die Einbindung in das Unternehmen heranzuziehen[690].

Von der herrschenden Meinung wird jedoch die Existenz des Grundsatzes „Gleicher Lohn für gleiche Arbeit“ verneint[691]. In Japan existiert kein einheitliches berufsorientiertes System zur Festlegung der Löhne[692], wie es zum Beispiel in Deutschland durch branchenspezifische Tarifverträge geschaffen wird. Vielmehr werden in Japan die Löhne durch einzelne Faktoren beeinflusst, wie das Alter, die Dauer der Betriebszugehörigkeit, die übernommenen Verpflichtungen und die Ausbildung[693]. Ein Vergleich der einzelnen Arbeitnehmer ist aus diesem Grund nur schwer durchführbar. Daher wird das Verständnis vom Gleichbehandlungsgrundsatz als Teil der öffentlichen Politik (Art. 90 JBGB) weitgehend abgelehnt[694].

Gegen eine Gleichbehandlung von Teilzeitarbeitskräften wurde zudem vorgetragen, dass Vollzeitarbeitskräften in der Regel mehr Verpflichtungen und

688 Zitiert nach: Asakura, Japan Labor Bulletin, Oktober 2002, S. 8.

689 Zitiert nach: Asakura, Japan Labor Bulletin, Oktober 2002, S. 8.

690 Zitiert nach: Asakura, Japan Labor Bulletin, Oktober 2002, S. 9.

691 Nakakubo, Japan Labor Bulletin, Oktober 2002, S. 7; Hashimoto, Zeitschrift für japanisches Recht, Vol. 17 (2004), S. 77 Fußnote 27; Tsuchida, Japan Labor Review, Vol. 1 (2004), No. 4, S. 36.

692 Tsuchida, Japan Labor Review, Vol. 1 (2004), No. 4, S. 36/37; Morozumi, Japan Labor Review, Vol. 6 (2009), No. 2, S. 48.

693 Tsuchida, Japan Labor Review, Vol. 1 (2004), No. 4, S. 37.

694 Tsuchida, Japan Labor Review, Vol. 1 (2004), No. 4, S. 37; Hashimoto, Zeitschrift für japanisches Recht, Vol. 17 (2004), S. 77 Fußnote 27; Morozumi, Japan Labor Review, Vol. 6 (2009), No. 2, S. 48.

mehr Verantwortung zukommen[695]. Zu diesen Verpflichtungen gehören die Akzeptanz von Überstunden und Versetzungen sowie das Wettbewerbsverbot[696]. Des Weiteren wäre schon die Qualität der beiden Beschäftigungskategorien nicht vergleichbar, da die regulären Arbeitnehmer in der Regel direkt nach ihrem Schul- oder Universitätsabschluss angeworben würden, wohingegen bei Teilzeitarbeitskräften gerade kein besonderes Ausbildungsniveau gefordert würde[697].

Trotz der Ablehnung des Gleichbehandlungsgrundsatzes als Teil der öffentlichen Politik legte das Ministerium für Gesundheit, Arbeit und Soziales in seinem Bericht über Teilzeitarbeitskräfte vom Juli 2002 fest, dass der Gleichbehandlungsgrundsatz im Hinblick auf Teilzeitarbeitskräfte dort Anwendung finden solle, wo es keine vernünftigen Gründe für eine Differenzierung gebe[698].

In der Überarbeitung des TzG von 2007 wurde daher die Verpflichtung zur Gleichbehandlung von solchen Teilzeitarbeitskräften in das Gesetz aufgenommen, deren Tätigkeitsfeld und Verantwortungsbereich sich nicht von dem regulärer Arbeitskräfte unterscheidet, deren Einsatzbereich wie bei regulären Arbeitnehmern abgeändert werden kann und die keinen befristeten Vertrag abgeschlossen haben, Art. 8 Abs. 1 TzG.

Für solche Teilzeitarbeitskräfte, die nicht unter die Definition von Art. 8 Abs. 1 TzG fallen, gilt gemäß Art. 3 TzG nur die Verpflichtung zur „ausgeglichenen Behandlung“[699] gegenüber regulären Arbeitnehmern.

Aus der Zusammenschau von Art. 8 Abs. 1 TzG und Art. 3 TzG ergibt sich, dass selbst für Teilzeitarbeitskräfte der Gleichbehandlungsgrundsatz nur eingeschränkt gilt.

2. Werkvertrag

Das Bezirksgericht in Osaka entschied sich 2002 gegen die Anwendbarkeit des Gleichbehandlungsgrundsatzes beziehungsweise des Grundsatzes einer ausgeglichenen Behandlung auf Werkvertragsangestellte[700]. Ein selbständiger Kraftfahrer klagte, weil der Lohnunterschied zu seinen direkt angestellten Kollegen in demselben Unternehmen 30 Prozent betrug, obwohl er dieselbe Tätigkeit ver-

695 Nakakubo, Japan Labor Bulletin, Oktober 2002, S. 6; Asakura, Japan Labor Bulletin, Oktober 2002, S. 9.

696 Asakura, Japan Labor Bulletin, Oktober 2002, S. 9.

697 Nakakubo, Japan Labor Bulletin, Oktober 2002, S. 6.

698 Nakakubo, Japan Labor Bulletin, Oktober 2002, S. 7; Sakuraba, in: JILPT (Hrsg.), New Developments in Employment Discrimination Law, S. 191/192.

699 Zur Bedeutung des Grundsatzes der ausgeglichenen Behandlung siehe Kapitel 9 § 25 II.

700 Bezirksgericht Osaka, Urteil vom 22. Mai 2002, Rôdô Hanrei, Vol. 830, S. 22.

richtete, die Arbeitszeit die gleiche war und seine Beschäftigungsdauer teilweise sogar länger war als die seiner Arbeitskollegen. Das Gericht sah keinen Grund zur Annahme eines Sittenverstoßes, sondern argumentierte, dass die Höhe des Lohnes aufgrund der Vertragsfreiheit der Dispositionsbefugnis der Parteien unterliege[701].

3. Befristete Arbeitsverträge

Das Bezirksgericht in Nagano entschied 1996, dass im Hinblick auf den Gleichbehandlungsgrundsatz ein Lohnunterschied von regulären Arbeitnehmern und befristeten Arbeitnehmern, welche dieselbe Arbeit ausführen und dieselbe Anzahl von Stunden ableisten, von mehr als 20 Prozent eine Verletzung des Gesetzes (Verstoß gegen die öffentliche Ordnung, Art. 90 JBGB)[702] darstelle. Das Gericht ging dabei allerdings nicht von der Allgemeingültigkeit des Grundsatzes „gleicher Lohn für gleiche Arbeit" aus, sondern leitete aus dem Diskriminierungsverbot der Art. 3, 4 ASG das Erfordernis einer gerechten Behandlung ab[703].

Im Jahr 2008 reichte die Demokratische Partei Japans erfolglos einen Gesetzesvorschlag ein, der ein Diskriminierungsverbot hinsichtlich des Lohnes und anderer Arbeitsbedingungen bei befristeten Arbeitsverträgen vorsah[704]. In dem Abschlussbericht der Untersuchungsgruppe, welche das Ministerium für Gesundheit, Arbeit und Soziales im Februar 2009 gründete, wurde ebenfalls gefordert, dass die Gleichbehandlung zwischen befristeten und unbefristeten Arbeitnehmern gefördert werden müsse[705]. Gleichzeitig wurden aber auch Zweifel hinsichtlich der Einführung eines Gleichbehandlungsgrundsatzes geäußert: Die Berechnung des Lohnes erfolge anders als in europäischen Ländern nicht aufgrund eines berufsbasierten Systems, sondern vielmehr anhand von Leistung, Verpflichtungen und Human Ressource Management Schemata[706]. Die Löhne von regulären Arbeitnehmern würden im Rahmen einer Langzeitentwicklung festge-

701 Bezirksgericht Osaka, Urteil vom 22. Mai 2002, Rôdô Hanrei, Vol. 830, S. 22; Hashimoto, Zeitschrift für japanisches Recht, Vol. 17 (2004), S. 79.

702 Bezirksgericht Nagano, Urteil vom 15. März 1996, Rôdô Hanrei, Vol. 690, S. 32; Kezuka, Japan Labor Bulletin, September 2000, S. 10; Nakakubo, Japan Labor Bulletin, Oktober 2002, S. 6; Schlachter/Meinhardt, Recht der Internationalen Wirtschaft 2003, S. 772; Hashimoto, Zeitschrift für japanisches Recht, Vol. 17 (2004), S. 77/78.

703 Kezuka, Japan Labor Bulletin, September 2000, S. 10; Hashimoto, Zeitschrift für japanisches Recht, Vol. 17 (2004), S. 77.

704 Hamaguchi/Ogino, Non-regular-work, S. 22.

705 Hamaguchi/Ogino, Non-regular work, S. 22.

706 Hamaguchi/Ogino, Non-regular work, S. 22.

setzt werden, die gerade bei befristeten Arbeitsnehmern nicht existiere und daher eine Vergleichbarkeit schwierig gestalte[707].

4. Arbeitnehmerüberlassung

Wie bei Werkvertragsangestellten besteht auch zwischen den Leiharbeitnehmern und dem Entleihunternehmen keine arbeitsvertragliche Beziehung, sondern lediglich ein faktisches Weisungsverhältnis aufgrund eines Überlassungsvertrages zwischen Verleiher und Entleiher, dessen Gestaltung weitgehend der Vertragsfreiheit der Parteien unterliegt. Aufgrund der fehlenden arbeitsvertraglichen Beziehung stehen die Leiharbeitnehmer den Werkvertragsangestellten daher näher als den Teilzeitarbeitskräften, für die ansatzweise ein Gebot zur gleichen Behandlung anerkannt wurde. Aufgrund der oben aufgezeigten Entwicklung in den Bereichen der Teilzeitbeschäftigung, der Werkverträge und der befristeten Verträge war daher grundsätzlich nicht mit der Einführung des Gleichbehandlungsgrundsatzes im Arbeitnehmerüberlassungsrecht zu rechnen.

Dennoch hat der Gesetzgeber am 28. März 2012 eine abgeschwächte Form des Gleichbehandlungsgrundsatzes in Art. 30-2 JAÜG normiert. Art. 30-2 JAÜG lautet sinngemäß:

> *„(1) Die Verleihunternehmen wägen ständig das Gehaltsgleichgewicht zwischen regulären Arbeitnehmern und den Leiharbeitnehmern, die mit Aufgaben betraut werden, die gleichermaßen auch von Angestellten des Entleihunternehmens durchgeführt werden, ab, und müssen dabei das Gehaltsniveau eines gewöhnlichen Arbeitnehmers, der dieselben Aufgaben wahrnimmt wie der Leiharbeitnehmer, sowie den Inhalt der Aufgaben, den Erfolg, den Arbeitseifer, die Fähigkeiten und die Erfahrung des Leiharbeitnehmers in Betracht ziehen und bei der Festlegung des Gehalts des Leiharbeitnehmers berücksichtigen.*
> *(2) Die Verleihunternehmen wägen ständig das Gleichgewicht zwischen regulären Arbeitnehmern und den Leiharbeitnehmern, die mit Aufgaben betraut werden, die gleichermaßen von Arbeitnehmern des Entleihers durchgeführt werden, ab, und müssen hinsichtlich der Leiharbeitnehmer diejenigen Maßnahmen berücksichtigen, die erforderlich*

707 Hamaguchi/Ogino, Non-regular work, S. 22.

sind, um einen reibungslosen Ablauf der Beschäftigung des Leiharbeitnehmers sicherzustellen, wie zum Beispiel Weiterbildung und soziale Absicherung."

Normiert wurde also nicht die absolute Gleichbehandlung von Leiharbeitnehmern und vergleichbaren Arbeitnehmern des Entleihers, sondern lediglich eine Verpflichtung zur ausgeglichenen Behandlung, sowohl hinsichtlich der Lohnzahlungen als auch hinsichtlich der übrigen Arbeitsbedingungen.

II. Interpretation des Grundsatzes der ausgeglichenen Behandlung

Kezuka sieht die Bedeutung einer ausgeglichenen Behandlung in einem Ausgleich von Intra-Organisationsprinzip (Gleichbehandlung) und Vertragsfreiheit[708]: Je länger ein Arbeitnehmer in einem Unternehmen beschäftigt ist und umso mehr er sich in das Unternehmen einfügt, desto mehr muss die Abwägung in Richtung Gleichbehandlung gehen[709]. Ausgeglichene Behandlung bedeutet demnach die Anpassung der Gleichbehandlung an den Grad der Eingliederung des Arbeitnehmers in das Unternehmen[710]. Mangels entsprechender Rechtsprechung oder Richtlinien zur Interpretation des Art. 30-2 JAÜG wird im Folgenden auf die Rechtsprechung, Literatur und Richtlinien zum Grundsatz der ausgeglichenen Behandlung bei Teilzeitarbeitskräften und befristeten Arbeitsverträgen zurückgegriffen.

1. Ausgeglichene Behandlung hinsichtlich der Lohnfestsetzung

Gemäß Art. 9 Abs. 1 TzG ist der Arbeitgeber bei Teilzeitbeschäftigten verpflichtet, auf eine ausgeglichene Behandlung bei der Lohnfestsetzung zu achten, indem er die Verpflichtungen, die Arbeitsergebnisse, den Arbeitseifer, die Fähigkeiten sowie Erfahrung und andere Komponenten berücksichtigt. Vom Inhalt her gleicht Art. 9 Abs. 1 TzG somit Art. 30-2 Abs. 1 JAÜG.

Im Rahmen des Art. 9 Abs. 1 TzG wird der Lohn nicht im Sinne von Art. 10 ASG verstanden, sondern dahingehend eingeschränkt, dass nur solche Zahlungen erfasst sein sollen, die eng mit den gegenwärtigen beruflichen Verpflichtungen des Teilzeitarbeitnehmers verbunden sind[711]. Nicht erfasst werden somit un-

708 Kezuka, Japan Labor Bulletin, September 2000, S. 12.
709 Kezuka, Japan Labor Bulletin, September 2000, S. 12.
710 Kezuka, Japan Labor Bulletin, September 2000, S. 12.
711 Morozumi, Japan Labor Review, Vol. 6 (2009), No. 2, S. 45.

ter anderem die Pendlerpauschale, Rentenzahlungen und Familienzulagen[712]. Hieraus lässt sich schlussfolgern, dass auch bei Leiharbeitnehmern nur die konkreten leistungs- und verpflichtungsbezogenen Sonderzahlungen vom Grundsatz der ausgeglichenen Behandlung erfasst sind. Sofern die Verleihunternehmen bisher darauf verzichtet haben, solche Sonderzahlungen an den Leiharbeitnehmer auszuzahlen, werden sie diese nun in den Arbeitsvertrag aufnehmen müssen. Sonstige Sonderzulagen, die zum Beispiel mit dem Familienstand oder dem Wohnort des Leiharbeitnehmers zusammenhängen, müssen auch weiterhin nicht geleistet werden.

Des Weiteren beinhaltet der Grundsatz der ausgeglichenen Behandlung als Minus zum Gleichbehandlungsgrundsatz nicht, dass die Löhne von regulären und nicht-regulären Arbeitnehmern die gleiche Höhe haben müssen[713]. Eine Differenzierung ist also nicht per se unzulässig. Ein Bericht der „Untersuchungsgruppe zum Beschäftigungsmanagement von Teilzeitarbeitskräften“ vom April 2000 begründet dies in Bezug auf Teilzeitarbeitskräfte damit, dass diese zwar dieselben Verpflichtungen wahrnehmen können, sie aber grundsätzlich von Überstunden ausgenommen sind, nicht an Feiertagen arbeiten oder mit der Versetzung auf andere Arbeitsplätze rechnen müssen[714]. Diese Argumentation kann nicht ohne weiteres auf Leiharbeitnehmer übertragen werden. Verleiher und Entleiher können im Überlassungsvertrag durchaus die Erbringung der Arbeitsleistung an Feiertagen und über die übliche Arbeitszeit hinaus vereinbaren. Ebenso können zwischen Verleiher und Entleiher Absprachen hinsichtlich einer Versetzung an einen anderen Einsatzort getroffen werden. Grundsätzlich gilt, dass für Leiharbeitnehmer dieselben Arbeitsbedingungen im Überlassungsvertrag vereinbart werden können wie für reguläre Arbeitnehmer. Der Unterschied zu den regulären Arbeitnehmern besteht hier jedoch darin, dass der Entleiher keine arbeitgeberähnliche Position einnimmt. Er verfügt nicht über die Rechte eines Arbeitgebers, ist also nicht berechtigt, die Arbeitsbedingungen einseitig zu ändern oder den Leiharbeitnehmer zu disziplinieren. Diese schwächere Ausgestaltung der Rechtsbeziehung zwischen Leiharbeitnehmer und Entleiher könnte unter Umständen als Begründung für die Ablehnung der absoluten Gleichbehandlung herangezogen werden.

Die „Idee von der ausgeglichenen Behandlung“ kann - anders als der Gleichbehandlungsgrundsatz - als Teil der öffentlichen Politik (Art. 90 JBGB) verstanden werden[715]. Hieraus folgt, dass eine Differenz zwischen den Löhnen

---

712 Morozumi, Japan Labor Review, Vol. 6 (2009), No. 2, S. 45.

713 Tsuchida, Japan Labor Review, Vol. 1 (2004), No. 4, S. 38.

714 Kezuka, Japan Labor Bulletin, September 2000, S. 11; Sakuraba, in: JILPT (Hrsg.), New Developments in Employment Discrimination Law, S. 192.

715 Tsuchida, Japan Labor Review, Vol. 1 (2004), No. 4, S. 38, 39.

von Leiharbeitnehmern und regulären Arbeitnehmern dann als Verstoß gegen Art. 30-2 Abs. 1 TzG und Art. 90 JBGB angesehen werden kann, wenn sie ein sozial nicht mehr zu rechtfertigendes Ausmaß erreicht[716]. Es ist den Unternehmen daher gestattet, zwischen regulären und nicht-regulären Arbeitnehmern zu differenzieren und die Lohnhöhe von den beruflichen Verpflichtungen und der Betriebszughörigkeit abhängig zu machen, so lange sich die Differenz in einem sozial gerechtfertigten Rahmen hält[717].

Weder das Gesetz noch die Richtlinien zur Teilzeitbeschäftigung geben aber ein Maß vor, in dem sich die Lohndifferenz bewegen muss, um nicht als Verstoß gegen den Grundsatz der ausgeglichenen Behandlung gewertet zu werden. Im Jahr 1996 urteilte das Bezirksgericht von Nagano im „Maruko Alarm Fall", dass der Lohn von Arbeitnehmerinnen mit befristeten Arbeitsverträgen nicht weniger als 80 Prozent des Lohnes von regulären Arbeitnehmerinnen betragen dürfe, wenn die befristeten Arbeitnehmerinnen die gleiche Tätigkeit unter gleichen Bedingungen ausführen[718]. Wieso die Grenze gerade bei 80 Prozent gezogen wurde, geht aus dem Urteil nicht hervor.

Aus dem Erfordernis der sozialen Rechtfertigung ergibt sich weiterhin, dass der Arbeitnehmer dann, wenn er hinsichtlich des Lohnes zwischen regulären Arbeitnehmern und nicht-regulären Arbeitnehmern differenzieren will, hierfür Gründe angeben und die Unterschiede quantitativ spezifizieren muss[719].

Abschließend sehen die Richtlinien zur Teilzeitbeschäftigung vor, dass der Arbeitgeber Beförderungen, Gehaltserhöhungen und ein Personalbewertungssystem für Teilzeitarbeitskräfte einführen soll, um die Löhne ähnlich wie bei Vollzeitarbeitskräften anhand der individuellen Leistung festsetzen zu können[720]. Eine Übertragung dieser Richtlinie in das Recht der Arbeitnehmerüberlassung wird wohl nicht stattfinden. Bei Leiharbeitnehmern besteht das Problem, dass diese nicht oder nur schlecht durch ihre Arbeitgeber bewertet werden können, da diese nicht in deren Betrieb eingesetzt werden. Die Verleihunternehmen haben nur in den seltensten Fällen direkten Kontakt zu ihren Arbeitnehmern und kön-

716 Tsuchida, Japan Labor Review, Vol. 1 (2004), No. 4, S. 38.

717 Tsuchida, Japan Labor Review, Vol. 1 (2004), No. 4, S. 38.

718 Bezirksgericht Nagano, Urteil vom 15. März 1996, Rôdô Hanrei, Vol. 690, S. 32; Nakakubo, Japan Labor Bulletin, Oktober 2002, S. 6; Schlachter/Meinhardt, Recht der Internationalen Wirtschaft 2003, S. 772; Hashimoto, Zeitschrift für japanisches Recht, Vol. 17 (2004), S. 77/78; Hirobe, in: Ueta/Remacle (Hrsg.), S. 225; Sakuraba, in: JILPT (Hrsg.), New Developments in Employment Discrimination Law, S. 191; Morozumi, Japan Labor Review, Vol. 6 (2009), No. 2, S. 48.

719 Kezuka, Japan Labor Bulletin, September 2000, S. 11; JILPT, Japan Labor Bulletin, Oktober 2002, S. 5.

720 Tsuchida, Japan Labor Review, Vol. 1 (2004), No. 4, S. 43.

nen daher weder die Person noch die Leistung des Leiharbeitnehmers direkt beurteilen. Es besteht auch keine gesetzlich Verpflichtung des Entleihers, den Leiharbeitnehmer zu bewerten, um so dem Verleiher eine indirekte Bewertung zu ermöglichen. Der Gesetzgeber beziehungsweise das Ministerium für Gesundheit, Arbeit und Soziales wird daher einen anderen Weg finden müssen, um einen direkten Vergleich von regulären Arbeitnehmern und Leiharbeitnehmern zu ermöglichen.

2. Ausgeglichene Behandlung hinsichtlich sonstiger Arbeitsbedingungen

Im Rahmen der Teilzeitbeschäftigung wurde der Grundsatz der ausgeglichenen Behandlung dahingehend interpretiert, dass der Arbeitgeber verpflichtet sei, Maßnahmen zu treffen, welche den Übergang vom Teilzeitarbeitnehmerstatus zum Vollzeitarbeitnehmerstatus vereinfachen sollen, wie zum Beispiel die Bereitstellung von entsprechenden Beförderungsprogrammen sowie Aus- und Weiterbildungsprogrammen[721]. Eine entsprechende Verpflichtung des Verleihers, den Vollzeitstatus seiner Arbeitnehmer zu fördern, wurde im Zuge der Reform des JAÜG am 28. März 2010 in Art. 30 JAÜG aufgenommen.

Weiterhin wurde im Zuge der Einführung des Grundsatzes der ausgeglichenen Behandlung in das TzG auch Art. 11 TzG eingeführt[722], wonach der Arbeitgeber in Erwägung ziehen soll, die betriebseigenen Einrichtungen, die von seinen regulären Arbeitnehmern genutzt werden können, auch seinen Arbeitnehmern auf Teilzeitbasis zur Verfügung zu stellen. Diese Regelung könnte ebenfalls im Hinblick auf Art. 26 Abs. 1 Nr. 10 JAÜG in Verbindung mit Art. 22 JAÜG-VO in das JAÜG übertragen oder als Richtlinie festgesetzt werden. Art. 26 Abs. 1 Nr. 10 JAÜG in Verbindung mit Art. 22 Nr. 3 JAÜG-VO normiert, dass im Falle der Einigung zwischen Verleiher und Entleiher darüber, dass der Leiharbeitnehmer die betriebseigenen Einrichtungen nutzen darf, diese Einigung sowie ihr genauer Inhalt in den Überlassungsvertrag aufgenommen werden muss. Aus dem Grundsatz der ausgeglichenen Behandlung ließe sich eine Verpflichtung des Verleihers ableiten, auf eine solche Einigung verstärkt hinzuwirken.

---

721 Tsuchida, Japan Labor Review, Vol. 1 (2004), No. 4, S. 43.

722 Sakuraba, in: JILPT (Hrsg.), New Developments in Employment Discrimination Law, S. 193.

III. Zu erwartende Auswirkungen bei der Lohnfestsetzung

Ein Eckpfeiler des japanischen Arbeitsrechtssystems war bis vor wenigen Jahren noch das sogenannte „Senioritätsprinzip" (年功序列制度, *nenkôjoretsuseido*). Hierbei handelte es sich um ein Vergütungs- und Beförderungssystem, bei dem die betriebliche Position und das Entgelt dem Alter und der Dauer der Betriebszugehörigkeit entsprechend anstiegen[723]. Grundgedanken hinter der Einführung dieses Prinzips waren die Anpassung der Entlohnung an die steigenden Bedürfnisse einer Normalfamilie im Laufe der Jahre sowie die Honorierung der zunehmenden Erfahrung des Arbeitnehmers[724]. Bei Leiharbeitnehmern dagegen blieb der Lohn meist unverändert, unabhängig von Alter und Dauer der Zugehörigkeit zum Betrieb des Verleihers[725].

In den 60er Jahren gewann die erbrachte Leistung im Betrieb bei der Festlegung des Lohnes und bei der Beförderung unter dem Einfluss des US-amerikanischen Personalmanagements immer mehr an Bedeutung[726]. Da die Unternehmen gezwungen waren, ihre Effektivität durch Kostenreduzierung zu steigern, um weiterhin konkurrenzfähig zu bleiben, waren die Arbeitgeber nicht mehr gewillt, den Lohn jedes Jahr anzuheben[727]. Das Senioritätsprinzip wurde in vielen Betrieben ersetzt durch eine Art „innerbetriebliche Organisationshierarchie", bei welcher der Arbeitgeber den Arbeitnehmer und seine Leistung bewertet und anhand der Bewertung die Höhe des Lohnes festsetzt[728]. Dieses System besteht aus mehreren Stufen und Unterstufen, die der Arbeitnehmer durchlaufen muss[729]. Erfüllt der Arbeitnehmer die festgesetzten Bedingungen und fällt die Bewertung durch den Arbeitgeber positiv aus, steigt er in die nächsthöhere Stufe auf[730]. Das Bewertungssystem ist in dieser Form nicht auf den Leiharbeitnehmer anwendbar, da zum einen, wie bereits oben dargestellt, keine Bewertung der

---

723 Yamakawa, The American Journal of Comparative Law, Vol. 49 (2001), No. 4, S. 628; Nishitani, S. 4; Kojima, Contemporary Japan, Vol. 22 (2010), S. 31/32.

724 Ernst, Japans langer Abschied von der Vollbeschäftigung, S. 31; Oshige, Arbeitsmarktstruktur und industrielle Beziehungen in Japan, S. 6; Sakuraba, in: JILPT (Hrsg.), New Developments in Employment Discrimination Law, S. 183/184.

725 Kojima, Contemporary Japan, Vol. 22 (2010), S. 32.

726 Yamakawa, The American Journal of Comparative Law, Vol. 49 (2001), No. 4, S. 628; Nishitani, S. 4.

727 Adhikari, S. 15/16.

728 Nishitani, S. 4; Sakuraba, in: JILPT (Hrsg.), New Developments in Employment Discrimination Law, S. 184.

729 Sakuraba, in: JILPT (Hrsg.), New Developments in Employment Discrimination Law, S. 184.

730 Sakuraba, in: JILPT (Hrsg.), New Developments in Employment Discrimination Law, S. 184.

Leistung durch den Verleiher möglich ist und zum anderen der Leiharbeitnehmer oftmals nicht länger als ein Jahr in einem Entleihunternehmen bleibt, so dass es keine vergleichbare Vorjahresleistung gibt. Das Ergebnis war also eine steigende Ungleichbehandlung mit dem Alter: Während die Gehälter der Leiharbeitnehmer meistens auf einer niedrigen Stufe blieben, wuchs das Gehalt regulär beschäftigter Arbeitnehmer mit der Dauer der Betriebszugehörigkeit und dem steigenden Leistungspotenzial[731].

Heute gibt es drei Systeme zur Festsetzung des Lohnes: die Festsetzung eines „Berufslohns" (仕事給, *shigotokyû*), der sich nach der beruflichen Stellung, den damit verbundenen Verpflichtungen, der zu tragenden Verantwortung und der Qualifikation des Arbeitnehmers berechnet, die Festsetzung eines „persönlichen Lohns" (俗事員給, *zokujiinkyû*), der sich nach Alter, Betriebszugehörigkeit und Ausbildung richtet, und schließlich die Festsetzung eines „Syntheselohns" (総合給, *sôgôkyû*), der eine Verbindung aus den beiden anderen Lohnarten darstellt (häufigste Art der Festsetzung)[732]. Der Berufslohn ist das Ergebnis der regelmäßigen Bewertung des Arbeitnehmers und ist daher hinsichtlich des Leiharbeitnehmers nur eingeschränkt nutzbar. Im Hinblick auf den persönlichen Lohn stellt sich dagegen die Frage, auf welche Betriebszugehörigkeitsdauer es ankommen soll – diejenige im Betrieb des Verleihers oder diejenige im Betrieb des Entleihers? Die Betriebszugehörigkeit im Verleihunternehmen wird den Entleiher regelmäßig nicht interessieren und wirkt sich auch nicht auf die Tätigkeit im Entleiherbetrieb aus. Auf der anderen Seite ist die Verweildauer im Betrieb des Entleihers in den meisten Fällen nur wenige Monate, so dass sich hieraus keine Lohnsteigerungen erheben können. Beide Lohnfestsetzungssysteme eignen sich daher nur bedingt für die Ermittlung der angemessenen Lohnhöhe in der Arbeitnehmerüberlassung.

Eine im Jahr 2007 durchgeführte Studie des Ministeriums für Gesundheit, Arbeit und Soziales ergab, dass Leiharbeitnehmer zwischen 20 und 24 Jahren im Jahr 2007 rund 1,2 Prozent mehr verdienten als reguläre Arbeitnehmer im selben Alter[733]. Im Alter zwischen 25 und 29 Jahren zeigte sich keine Lohndifferenz mehr[734]. Danach nahm die Lohndifferenz zu Ungunsten der Leiharbeitnehmer stetig zu, bis sie schließlich bei den 50- bis 54-jährigen Leiharbeitnehmern ihren

731 Asao, Japan Labor Review, Vol. 7 (2010), No. 4, S. 94.

732 Holzhausen, Social Science Japan Journal, Vol. 3 (2000), No. 2, S. 223.

733 Ministerium für Gesundheit, Arbeit und Soziales, 平成20年派遣労働者実態調査, Tabelle 51; JILPT, Japanese Working Life Profile 2008/2009, S. 48.

734 Ministerium für Gesundheit, Arbeit und Soziales, 平成20年派遣労働者実態調査, Tabelle 51; JILPT, Japanese Working Life Profile 2008/2009, S. 48.

Höhepunkt mit 36,7 Prozent erreichte[735]. Ab einem Alter von 40 Jahren beträgt die Lohndifferenz mehr als 20 Prozent, so dass sich die Normierung des Grundsatzes der ausgeglichenen Behandlung besonders bei Leiharbeitnehmern im mittleren und höheren Alter auswirken wird.

Neben dem geringeren Stundenlohn wirken sich aber auch die fehlenden Sonderzahlungen aus. Eine Besonderheit des japanischen Lohnsystems ist das starke Gewicht von Sonderzahlungen bei der Zusammenstellung des Lohnes[736]. Ungefähr vier Fünftel des Gesamtlohnes machen in der Regel die monatlichen Lohnzahlungen aus, während ein weiteres Fünftel in Form von zweimal jährlich gezahlten Sonderzahlungen geleistet wird[737]. Als Sonderzahlungen werden unter anderem eine Familienzulage, eine Wohnungszulage, eine Fahrtkostenzulage, eine Großstadtzulage und eine Zulage für besonders kalte Gegenden geleistet, wodurch die Fürsorgepflicht des Arbeitgebers gegenüber dem Arbeitnehmer und seiner Familie zum Ausdruck gebracht werden soll[738]. Da der Entleiher nicht der Arbeitgeber des Leiharbeitnehmers ist, besteht für diesen keine derartige Fürsorgepflicht. Manche Arbeitsordnungen des Verleihunternehmens sehen jedoch eine solche Sonderzahlungsverpflichtung des Verleihers gegenüber Leiharbeitnehmern, die nach dem Beschäftigungsprinzip angestellt sind, vor[739]. Für Leiharbeitnehmer im Registrierungstypus ist dies dagegen nur selten der Fall. Durch die Einführung des Grundsatzes der ausgeglichenen Behandlung wird sich hier nur wenig ändern, da davon ausgegangen werden kann, dass nur leistungsbezogene Sonderzahlungen von diesem Grundsatz erfasst sind, der Großteil der Sonderzahlungen aber familiären oder örtlichen Bezug hat. Eine weitgehende Gleichstellung wird daher gerade in diesem Punkt nicht erreicht werden.

Einen weiteren finanziellen Vorteil direkt angestellter Arbeitnehmer stellt das Ausscheidegeld dar. Das Ausscheidegeld wird vom Arbeitgeber bei Ausscheiden des Arbeitnehmers aus dem Unternehmen aufgrund der Erreichung der betrieblichen Altersgrenze sowie aufgrund von Arbeitgeber- oder Arbeitnehmerkündigungen gezahlt[740]. Üblicherweise wird das Ausscheidegeld derart berechnet, dass die Anzahl der Monate in dem Unternehmen multipliziert werden mit dem monatlichen Gehalt des Arbeitnehmers im Zeitpunkt des Ausschei-

---

735 Ministerium für Gesundheit, Arbeit und Soziales, 平成20年派遣労働者実態調査, Tabelle 51; JILPT, Japanese Working Life Profile 2008/2009, S. 48.

736 Nishitani, S. 180; Bertero, The Haken Crisis, S. 6 Fußnote 8.

737 Port/McAlinn, S. 546; Rebick, S. 44; Bertero, The Haken Crisis, S. 6 Fußnote 8. Auszahlungen im Dezember und Juli [Nishitani, Zeitschrift für japanisches Recht, Vol. 10 (2000), S. 75].

738 Nishitani, S. 180.

739 Shire/van Jaarsveld, S. 15.

740 Nishitani, S. 180; Port/McAlinn, S. 549/550.

dens[741]. Früher wurde das Ausscheidegeld noch in Form einer einmaligen Abfindung gewährt, durch die steigende Bedeutung der betrieblichen Altersfürsorge entscheiden sich die Arbeitnehmer aber immer häufiger dafür, sich das Ausscheidegeld in Form einer laufenden Rente auszahlen zu lassen[742]. Ein solches Ausscheidegeld wird ebenfalls nur vom Arbeitgeber geleistet und somit nicht vom Entleiher. Ist im Verleiherunternehmen ein solches Ausscheidegeld vorgesehen, fließt in die Berechnung nur der gegenüber regulären Arbeitnehmern geringere Basislohn ein, so dass das Ausscheidegeld in der Regel auch niedriger ausfällt als bei einem vergleichbaren regulären Arbeitnehmer. Durch die Einführung des Grundsatzes der ausgeglichenen Behandlung wird sich auch in diesem Bereich kaum etwas ändern.

IV. Einführung des Gleichbehandlungsgrundsatzes

Abschließend stellt sich die Frage, ob es nicht bereits eine gesetzliche Grundlage gibt, anhand derer auch der Gleichbehandlungsgrundsatz in die Leiharbeit hätte eingeführt werden können.

Art. 14 JV normiert die Gleichheit vor dem Gesetz. Danach darf niemand aufgrund seiner Rasse, seines Glaubens, seines Geschlechts, seiner sozialen Stellung oder Herkunft in wirtschaftlicher, politischer oder sozialer Hinsicht unterschiedlich behandelt werden. Nach der Rechtsprechung des Obersten Gerichtshofs gilt Art. 14 JV, wie in Deutschland auch, nur im Verhältnis zwischen Staat und Bürger, doch gehört er zur öffentlichen Ordnung und wirkt somit indirekt über Generalklauseln des JBGB auch auf vertragliche Beziehungen zwischen Individuen ein[743]. Von diesem verfassungsrechtlichen Grundsatz leitet sich auch Art. 3 ASG ab, der ein Verbot der Ungleichbehandlung explizit für das Arbeitsrecht postuliert. Problematisch ist allerdings, dass nach herrschender Meinung unter „sozialem Status“ nur der durch Geburt erworbene Status verstanden wird[744]. Die Stellung als Leiharbeitnehmer fällt nicht darunter[745]. Eine Ungleichbehandlung von Leiharbeitnehmern und regulären Arbeitskräften stellt somit keinen Verstoß gegen Art. 14 JV oder Art. 3 ASG dar.

---

741 Port/McAlinn, S. 549.

742 Nishimura, in: Tomandl (Hrsg.), S. 146.

743 Muranaka, in: Tomandl (Hrsg.), S. 168; Nishitani, S. 60.

744 Nishitani, S. 65; Tsuchida, Japan Labor Review, Vol. 1 (2004), No. 4, S. 36; Sakuraba, in: JILPT (Hrsg.), New Developments in Employment Discrimination Law, S. 190/191.

745 Nakakubo, Japan Labor Bulletin, Oktober 2002, S. 6; Nishitani, S. 65; Hashimoto, Zeitschrift für japanisches Recht, Vol. 17 (2004), S. 77/78 Fußnote 28.

Auch das GBG hält hierfür keine Rechtsgrundlage bereit. Ziel dieses Gesetzes ist nämlich nicht die Gleichstellung von allen Arbeitnehmern, sondern nur die Gleichbehandlung von Männern und Frauen innerhalb ein und derselben Beschäftigungsgruppe gemäß den Prinzipien der japanischen Verfassung, Art. 1 GBG.

Art. 3 Abs. 2 AVG normiert, dass ein Arbeitsvertrag zwischen den Parteien unter Berücksichtigung einer ausgewogenen Behandlung abgeschlossen werden soll. Aufgrund seiner abstrakten Natur bietet aber auch diese Vorschrift keine Rechtsgrundlage für den Gleichbehandlungsgrundsatz[746].

Weiterhin wurde im Zusammenhang mit der Teilzeitbeschäftigung versucht, das in Europa vorherrschende Prinzip des gleichen Lohns für gleiche Arbeit aus Art. 90 JBGB abzuleiten[747]. Gemäß Art. 90 JBGB ist jede rechtliche Handlung unwirksam, die einen Zweck verfolgt, der gegen die öffentliche Ordnung verstößt. Nach einer Mindermeinung stellte die Ungleichbehandlung von Teilzeitbeschäftigten und Vollzeitarbeitskräften einen Verstoß gegen die öffentliche Ordnung dar[748]. Wie bereits oben dargestellt, scheitert diese Ansicht aber an dem fehlenden berufsbezogenen Lohnsystem. Es scheint daher nicht möglich, dieses Prinzip als Bestandteil der öffentlichen Ordnung zu sehen, zumal es auch einen Widerspruch zum Senioritätsprinzip und zum gegenwärtigen Lohnfestsetzungssystem, die von der herrschenden Auffasung als Bestandteile der öffentlichen Ordnung anerkannt sind, darstellt[749].

Auf internationaler Ebene käme das IAO-Übereinkommen Nr. 111 als Rechtsgrundlage in Betracht[750]. Japan hat diese Konvention bisher allerdings noch nicht ratifiziert.

Eine Ratifizierung[751] erfolgte aber bezüglich des Internationalen Paktes über wirtschaftliche, soziale und kulturelle Rechte (ICESCR). Art. 7 (a) (1) ICESCR lautet:

> *„Die Vertragsstaaten dieses Paktes erkennen das Recht eines jeden auf gerechte und günstige Arbeitsbedingungen an und gewährleisten insbesondere:*

---

746 Takeuchi-Okuno, in: Blanpain (Hrsg.), Regulation of Fixed-term Employment Contracts, S. 126.

747 Tsuchida, Japan Labor Review, Vol. 1 (2004), No. 4, S. 36.

748 Tsuchida, Japan Labor Review, Vol. 1 (2004), No. 4, S. 36.

749 Tsuchida, Japan Labor Review, Vol. 1 (2004), No. 4, S. 36/37.

750 Übereinkommen über die Diskriminierung in Beschäftigung und Beruf, unterzeichnet in Genf 1958, am 15. Juni 1960 in Kraft getreten.

751 Ratifizierung am 21. Juni 1979, treaties.un.org/Pages/ViewDetails.aspx?src=TREATY&mtdsg_no=IV-3&chapter=4&lang=en; Zugriff zuletzt am: 1. Juni 2012.

> *(a) Vergütungen, die Arbeitnehmern mindestens bieten:*
> *(i) Angemessene Löhne und gleiche Vergütungen für Leistungen gleichen Wertes, ohne irgendeine Unterscheidung..."*

Somit läge grundsätzlich eine gesetzliche Grundlage für den Equal-pay-Grundsatz vor, da gemäß Art. 98 Abs. 2 JV internationale Verträge, welche das Kabinett abschließt, gewissenhaft beachtet werden sollen. Der ICESCR bedarf auch keines zusätzlichen Umsetzungsaktes, um Rechtskraft in Japan zu entfalten[752]. Dennoch stellte das UN-Komitee für Wirtschaftliche, Soziale und Kulturelle Rechte in einer Untersuchung fest, dass juristische Entscheidungen im Allgemeinen sich nicht auf den Pakt beziehen, da die japanischen Gerichte fehlerhaft davon ausgehen, dass keine der dortigen Regelungen eine direkte Wirkung auf das nationale Recht hat[753].

---

752 Vgl hierzu Kapitel 3 § 6 II.

753 Vereinte Nationen, Concluding Observations of the Committee on Economic, Social and Cultural Rights: Japan, 24. 09. 2001, E/C.12/1/Add.67.; Asakura, Japan Labor Bulletin, Oktober 2002, S. 10.

Kapitel 10: Kollektivrechtliche Besonderheiten

Die japanische Verfassung räumt in Art. 28 der Bildung von Gewerkschaften[754] und der gewerkschaftlichen Betätigung einen besonderen Stellenwert ein. Sie garantiert den Arbeitnehmern das Recht, sich in Gewerkschaften zu organisieren, als solche kollektiv zu handeln und zu verhandeln. Im Gegensatz hierzu wird ein entsprechendes Recht des Arbeitgebers in der Verfassung nicht erwähnt.

§ 26 Die Organisation von Leiharbeitnehmern

Aufgrund der Eigenart des Unternehmensgewerkschaftswesens (企業別組合, *kigyôbetsukumiai*) gestaltet sich die Organisation von Leiharbeitnehmern besonders schwierig.

I. Das Prinzip der Unternehmensgewerkschaft in Japan

Als weiterer Eckpfeiler neben dem Prinzip der lebenslangen Beschäftigung und dem Senioritätsprinzip hat sich im Laufe der Jahre das Unternehmensgewerkschaftswesen herausgebildet, obwohl eine Bildung von Gewerkschaften (年労働組合, *Rôdô Kumiai*) auf Unternehmensebene weder im Gesetz noch in ministeriellen Verordnungen vorgesehen ist[755]. Die Gewerkschaften werden in den einzelnen Unternehmen gegründet, verhandeln nur mit dem entsprechenden Unternehmen und Kollektivvereinbarungen gelten ausschließlich auf Unternehmens-

---

754 Art. 2 GewG: "Der Begriff 'Gewerkschaften', wie er in diesem Gesetz gebraucht wird, soll solche Organisationen oder Verbände bezeichnen, die freiwillig gegründet wurden, hauptsächlich aus Arbeitnehmern bestehen und deren Zweck darin besteht, die Arbeitsbedingungen aufrechtzuerhalten oder zu verbessern und den Status des Arbeitnehmers anzuheben (…)". Auch wenn die Definition in Art. 2 GewG dem deutschen Verständnis von „Gewerkschaft" entspricht, sind dennoch viele japanische Gewerkschaften nach deutschem Recht nicht tariffähig (Nishitani, S. 23). Da für jede Gewerkschaft unabhängig von ihrer Mitgliederzahl Art. 28 JV gilt [Art. 6 GewG; Hanami/Komiya, S. 169; Takeuchi-Okuno, Japan Labor Review, Vol. 9 (2012), No. 1, S. 92], fehlt es vielen japanischen Gewerkschaften an der sozialen Mächtigkeit und Leistungsfähigkeit, die von dem deutschen Recht für die Annahme der Tariffähigkeit gefordert werden [Rieble/Klumpp, in: Richardi et al., (Hrsg.), Münchner Handbuch zum Arbeitsrecht, Band 2, 3. Auflage, § 164 Rn. 10 ff.].

755 Araki, Japan Labor Bulletin, Mai 2002, S. 9; Rebick, S. 10, 87.

ebene[756]. Der Hauptgrund für die Durchsetzung dieses Modells liegt im Prinzip der lebenslangen Beschäftigung[757]. Maßnahmen zur Vermeidung von Kündigungen laufen zumeist auf Konzern- bzw Unternehmensebene ab, ebenso die Aus- und Weiterbildung der Arbeitnehmer und sogar die Lohnhöhe wird anhand unternehmensinterner Kriterien festgelegt[758]. Daher erscheint eine Organisation der Arbeitnehmer auf nationaler Ebene oder branchenspezifisch kaum sinnvoll[759].

Oftmals schließen sich aber die Unternehmensgewerkschaften zu unternehmensübergreifenden lokalen und nationalen Organisationen zusammen[760]. Solche unternehmensübergreifende Gewerkschaften sind jedoch nicht tariffähig[761]. Ihr Tätigkeitsbereich beschränkt sich vielmehr auf die Beratung, Informierung und Koordinierung der Unternehmensgewerkschaften sowie auf die Repräsentation der Unternehmensgewerkschaften nach außen[762]. Die nationalen Gewerkschaften arbeiten des Weiteren direkt mit der Regierung, dem Parlament sowie Arbeitgeberorganisationen zusammen, um die Arbeitnehmerinteressen bei der Ausarbeitung von Arbeitsstandards sowie Steuer- und Sozialsystemen auf nationaler Ebene zu vertreten[763].

II. Das Problem der Organisation von Leiharbeitnehmern

Das traditionelle Unternehmensgewerkschaftswesen ist für die Organisation von nicht-regulären Beschäftigten ungeeignet. Sofern Gewerkschaften, deren Mitglieder überwiegend reguläre Arbeitnehmer sind, zusätzlich auch nicht-reguläre Beschäftigte organisieren, geraten sie in den Konflikt, dass das Interesse der regulären Arbeitskräfte an einem stabilen Arbeitsplatz nicht in Einklang gebracht werden kann mit dem Interesse der nicht-regulären Arbeitnehmer, ihren Ar-

756 Araki, Japan Labor Bulletin, Mai 2002, S. 9; Waldenberger, in: Matanle/Lunsing (Hrsg.), S. 23; Takeuchi-Okuno, Japan Labor Review, Vol. 9 (2012), No. 1, S. 86.
757 Hanami, in: Coing et al. (Hrsg.), S. 288.
758 Araki, Zeitschrift für ausländisches und internationales Arbeits- und Sozialrecht 1993, S. 10; Araki, Japan Labor Bulletin, Mai 2002, S. 9.
759 Araki, Zeitschrift für ausländisches und internationales Arbeits- und Sozialrecht 1993, S. 10; Araki, Japan Labor Bulletin, Mai 2002, S. 9.
760 Schlachter/Meinhardt, Recht der Internationalen Wirtschaft 2003, S. 766; Hanami/Komiya, S. 162.
761 Adhikari, S. 37.
762 Schlachter/Meinhardt, Recht der Internationalen Wirtschaft 2003, S. 766; Hanami/Komiya, S. 162.
763 Adhikari, S. 37.

beitsplatz ebenfalls nicht zu verlieren[764], denn bei einer notwendigen Personalreduzierung aus wirtschaftlichen Gründen werden vorrangig nicht-reguläre Arbeitnehmer entlassen, um die Arbeitsplätze regulärer Arbeitnehmer zu erhalten[765]. Obwohl es rechtlich gesehen keine Hindernisse gibt, weigern sich daher viele Gewerkschaften nicht-reguläre Arbeitnehmer als Mitglieder aufzunehmen[766].

Doch nicht nur der Status als nicht-regulärer Beschäftigter, sondern auch die mit dem Status als Leiharbeitnehmer verbundene zwangsweise Mobilität beeinträchtigt die Mitgliedschaft in einer Unternehmensgewerkschaft[767]. Der Leiharbeitnehmer hält sich nicht im Betrieb des Verleihers auf, so dass er die sonstigen Arbeitnehmer des Verleihers nicht kennenlernt und somit bereits die Gründung einer Gewerkschaft im Verleihunternehmen erschwert wird. Zudem ist in Japan die Einstellung nach dem Registrierungsprinzip die vorherrschende Einstellungsform, so dass die meisten Leiharbeitnehmer ohnehin nur wenige Monate am Stück beim Verleiher angestellt sind.

Letztlich kommt noch hinzu, dass in den letzten Jahren die Gewerkschaftsrate stark zurückgegangen ist und nur noch wenige Unternehmen überhaupt über Gewerkschaften verfügen[768]. Seit ihrem Höhepunkt im Jahr 1949 (55,8 Prozent) fiel die Quote der organisierten Arbeitnehmer auf ungefähr 18,5 Prozent im Jahr 2010 und beträgt in Unternehmen mit weniger als 100 Arbeitnehmern gerade einmal noch 1,1 Prozent[769].

---

764 Araki, Japan Labor Bulletin, Mai 2002, S. 10.

765 Araki, Japan Labor Bulletin, Mai 2002, S. 7.

766 Chalmers, S. 81; Ernst, Japans langer Abschied von der Vollbeschäftigung, S. 33; Araki, Japan Labor Bulletin, Mai 2002, S. 7, 10; Takeuchi-Okuno, Japan Labor Review, Vol. 9 (2012), No. 1, S. 86.

767 Chalmers, S. 106.

768 Mizumachi, Social Science Japan, September 2009, S. 10.

769 Mizumachi, Social Science Japan, September 2009, S. 10 Fußnote 8; Hashimoto, Japan Labor Review, Vol. 9 (2012), No. 1, S. 25; Takeuchi-Okuno, Japan Labor Review, Vol. 9 (2012), No. 1, S. 86 Fußnote 3. Im Jahr 2010 konnte in den Unternehmen mit mehr als 1.000 Arbeitnehmern eine Gewerkschaftsquote von 46,2 Prozent festgestellt werden, während solche Unternehmen, die zwischen 100 und 999 Arbeitnehmer beschäftigten, nur zu 14,2 Prozent organisiert waren [Ministerium für Gesundheit, Arbeit und Soziales, 平成22年労働組合基礎調査の概況; Takeuchi-Okuno, Japan Labor Review, Vol. 9 (2012), No. 1, S. 86/87 Fußnote 3].

III. Historische Entwicklung der Leiharbeitnehmerorganisation

Anfang des 20. Jahrhunderts verhinderten strafrechtliche und verwaltungsrechtliche Regelungen die Gründung von Gewerkschaften. Art. 17 des Gesetzes über die öffentliche Sicherheit aus dem Jahr 1900 enthielt das Verbot, Gewalt oder Drohungen mit dem Ziel anzuwenden, andere Menschen zum Beitritt in Gewerkschaften zu bewegen, sowie sie zur Teilnahme an einem Streik aufzufordern[770]. Nach dem militärischen Einmarsch Japans in China im Jahr 1937 wurde von der Militärregierung die Gründung von Gewerkschaften vollständig untersagt[771]. Erst nach dem Ende des Zweiten Weltkrieges gelang Japan die Ausarbeitung eines Gewerkschaftsgesetzes, das schließlich 1946 in Kraft trat[772].

In den ersten Jahren nach Erlass des GewG war eine Mitgliedschaft in den Gewerkschaften nur für reguläre Arbeitnehmer eröffnet[773]. Aus den oben genannten Gründen weigerten sich viele Gewerkschaften, auch nicht-reguläre Arbeitnehmer aufzunehmen. So lange der Großteil der Arbeitnehmerschaft aus regulären Arbeitnehmern bestand, stellte die Beschränkung auf reguläre Arbeitnehmer kein größeres Problem dar[774]. Der anhaltende Anstieg der Zahl nicht-regulärer Beschäftigter zwang die Gewerkschaften jedoch zu einem Umdenken und zur Aufnahme auch nicht-regulärer Beschäftigter[775]. Dies hing vor allem auch damit zusammen, dass aufgrund der mangelnden Motivation, Einbindung und Einheit der nicht-regulären Arbeitnehmer am Arbeitsplatz auch die Arbeitsplätze der regulären Arbeitnehmer gefährdet waren[776]. Die ersten nicht-regulären Beschäftigten, die aufgenommen wurden, waren die Teilzeitarbeitnehmer und die Vertragsangestellten[777].

770 Shimoi, in: Tomandl (Hrsg.), S. 46; Yamakawa, Pacific Rim Law and Policy Journal, Vol. 4 (1995), No. 2, S. 369 Fußnote 27.

771 Moriguchi/Ono, Institutional Change in Japan, S. 10; Guyonnet, The Asia-Pacific Journal, 18. April 2011.

772 Shimoi, in: Tomandl (Hrsg.), S. 47; Rebick, S. 76; Hornsby, ASIANetwork Exchange, Vol. 12 (2004), No. 2, S. 20.

773 Chalmers, S. 81; Ernst, Japans langer Abschied von der Vollbeschäftigung, S. 33; Araki, Japan Labor Bulletin, Mai 2002, S. 7, 10; Takeuchi-Okuno, Japan Labor Review, Vol. 9 (2012), No. 1, S. 86.

774 Fujimura, Japan Labor Review, Vol. 9 (2012), No. 1, S. 10.

775 Fujimura, Japan Labor Review, Vol. 9 (2012), No. 1, S. 10.

776 Hashimoto, Japan Labor Review, Vol. 9 (2012), No. 1, S. 36.

777 Ishiguro, Electronic Journal of Contemporary Japanese Studies, Artikel 10 im Jahr 2008 vom 22. Dezember 2008; Fujimura, Japan Labor Review, Vol. 9 (2012), No. 1, S. 10.

Um 1980 wurden vermehrt regionale, überbetriebliche Gewerkschaften gegründet[778]. Solche Gewerkschaften agieren außerhalb der Unternehmensebene und werden als Gemeinschaftsgewerkschaften bezeichnet[779]. Verwechslungsgefahr besteht hier mit den regionalen und nationalen Gewerkschaftszusammenschlüssen. Es handelt sich gerade nicht um Organisationen, deren Mitglieder Unternehmensgewerkschaften sind, sondern um Gewerkschaften im Sinne des Art. 2 GewG mit Arbeitnehmern als Mitglieder. Sie sind daher auch tariffähig im Sinne des GewG. Selbst wenn eine solche Gemeinschaftsgewerkschaft nur einen einzigen Arbeitnehmer eines bestimmten Unternehmens vertritt, ist das Unternehmen verpflichtet, mit dieser Gewerkschaft zu verhandeln, unabhängig davon, welchem Unternehmen die sonstigen Mitglieder angehören[780]. Dies gebietet Art. 28 JV. Es gibt daher in rechtlicher Hinsicht keinen Unterschied in der Behandlung von Unternehmensgewerkschaften und Gemeinschaftsgewerkschaften[781].

Das Besondere an solchen Gemeinschaftsgewerkschaften ist, dass sie auch nicht-reguläre Arbeitnehmer als Mitglieder akzeptieren[782]. In einigen Fällen fokusieren sie sich sogar auf bestimmte Beschäftigungsgruppen. Die bekannteste Gewerkschaft für Leiharbeitnehmer ist heute die *Tokyo Union*, die neben ihrer Rolle als Gewerkschaft auch als Rechtsanwaltsvereinigung auftritt[783].

Im Zusammenhang mit den Gemeinschaftsgewerkschaften muss vor allem der Trend berücksichtigt werden, dass gerade junge Leiharbeitnehmer und Teilzeitarbeitskräfte sich nicht um die Aufnahme in einer bereits bestehenden Gewerkschaft bemühen, sondern ihre eigenen Gewerkschaften gründen[784]. Zu diesen eigens für Leiharbeitnehmer geschaffenen Gewerkschaften gehört auch die *Shutoken Seinen Yunion* („Tokios Junge Union“), die im Jahr 2000 im Tokio gegründet wurde, zu Japans zweitgrößter Gewerkschaftsvereinigung Zenroren gehört und mit der Japanischen Kommunistischen Partei zusammenarbeitet[785]. Seit ihrer Gründung hat die Gewerkschaft rund 80 bis 90 Prozent der Kollektiv-

778 Takeuchi-Okuno, Japan Labor Review, Vol. 9 (2012), No. 1, S. 87.
779 Takeuchi-Okuno, Japan Labor Review, Vol. 9 (2012), No. 1, S. 87.
780 Takeuchi-Okuno, Japan Labor Review, Vol. 9 (2012), No. 1, S. 92.
781 Takeuchi-Okuno, Japan Labor Review, Vol. 9 (2012), No. 1, S. 101.
782 Takeuchi-Okuno, Japan Labor Review, Vol. 9 (2012), No. 1, S. 87.
783 Weathers, in: Vinken et al. (Hrsg.), S. 73.
784 Guyonnet, The Asia-Pacific Journal, 18. April 2011. Im Jahr 2009 wurden innerhalb von drei Monaten mit Unterstützung der Japanischen Kommunistischen Partei 250 neue Gewerkschaften von Leiharbeitnehmern gegründet (Guyonnet, The Asia-Pacific Journal, 18. April 2011).
785 Guyonnet, The Asia-Pacific Journal, 18. April 2011; Weathers, in: Vinken et al. (Hrsg.), S. 78.

verhandlungen mit Arbeitgebern gewonnen und verfügt inzwischen über mehr als 400 Mitglieder[786].

§ 27 Teilnahmepflicht des Entleihers an Kollektivverhandlungen

Anders als die deutsche Fassung der Koalitionsfreiheit im Grundgesetz erfasst der Wortlaut des Art. 28 JV bereits das Recht auf Kollektivverhandlungen als Grundrecht der Arbeitnehmer. Zum Schutz dieses Rechts verbietet Art. 7 GewG bestimmte Maßnahmen und Verhaltensweisen des Arbeitgebers („unfaire Arbeitgebermaßnahmen"[787]). Das Konzept der unfairen Arbeitgebermaßnahme stammt wie das GewG selbst aus dem US-Amerikanischen, bezieht sich aber in Japan, anders als in den USA, nur auf arbeitgeberseitige Maßnahmen[788]. Dies hängt vor allem damit zusammen, dass auch Art. 28 JV nur die Vereinigungsfreiheit der Arbeitnehmer erfasst[789]. Durch diese einseitige Ausrichtung wird die Vorstellung zum Ausdruck gebracht, dass bei Kollektivverhandlungen ein Ungleichgewicht zwischen Gewerkschaft und Unternehmen besteht, das zu Lasten der Gewerkschaft geht[790].

Nach Art. 7 Nr. 2 GewG liegt eine unfaire Arbeitgebermaßnahme vor, wenn ein Arbeitgeber sich ohne objektiv gerechtfertigten Grund weigert, mit einer Gewerkschaft zu verhandeln, die Arbeitnehmer des Unternehmens vertritt. Eine Verweigerung an der Teilnahme liegt vor, wenn der Arbeitgeber nicht an den Verhandlungen teilnimmt, nicht ernsthaft und gewissenhaft teilnimmt, lediglich schweigend zuhört, auf Bedingungen besteht, die für die Gewerkschaft unter keinen Umständen akzeptabel sind, oder auf ähnliche Weise eine Einigung verhindert[791]. Liegt eine solche unfaire Arbeitgebermaßnahme vor, so stehen der Gewerkschaft ein Anspruch auf Aufnahme der Kollektivverhandlung sowie ein Schadensersatzanspruch aus Art. 709 JBGB zu[792].

Es stellt sich daher die Frage, ob im Rahmen einer Arbeitnehmerüberlassung die Leiharbeitnehmer nur mit dem Verleiher kollektiv verhandeln dürfen oder ob Kollektivverhandlungen auch mit dem Entleiher möglich sind.

---

786 Guyonnet, The Asia-Pacific Journal, 18. April 2011.

787 Konishi, in: Mukooyama/Akuzawa/Hanau (Hrsg.), S. 69.

788 Tomandl, in: Tomandl (Hrsg.), S. 8; Muranaka, in: Tomandl (Hrsg.), S. 217.

789 Nishitani, S. 25.

790 Nishitani, S. 25.

791 Konishi, in: Mukooyama/Akuzawa/Hanau (Hrsg.), S. 73; Muranaka, in: Tomandl (Hrsg.), S. 106.

792 Muranaka, in: Tomandl (Hrsg.), S. 112.

I. Der Begriff des Arbeitgebers in kollektivrechtlicher Hinsicht

Das GewG enthält, anders als das ASG, keine Definition des Arbeitgeberbegriffs. Die Definition aus dem ASG kann nur dann übertragen werden, wenn der Sinn und Zweck des GewG keine andere Definition erfordert. Der Begriff des Arbeitgebers muss also im Hinblick auf Sinn und Zweck des GewG sowie der dem GewG zugrunde liegenden Koalitionsfreiheit ermittelt werden[793].

1. Der Begriff des Arbeitgebers im Sinne des Art. 7 GewG nach Ansicht der Literatur

Es steht außer Zweifel, dass derjenige Arbeitgeber ist, der mit dem Arbeitnehmer in einer arbeitsvertraglichen Beziehung steht. Die strengste Ansicht will daher als „Arbeitgeber" im Sinne des Art. 7 Nr. 2 GewG nur denjenigen ansehen, der Partei des Arbeitsvertrages ist[794]. Die meisten Stimmen in der Literatur lehnen allerdings diese Definition ab, da die Verpflichtung zur Teilnahme an Kollektivverhandlungen nicht aus dem Abschluss eines Vertrages resultiert, sondern sich aus dem Gesetz ergibt[795]. Der Begriff des Arbeitgebers soll daher nach der Gegenauffassung auch solche Personen umfassen, die sich in einer ähnlichen Stellung wie der vertragliche Arbeitgeber befinden[796]. Unter den Begriff des Arbeitgebers im Sinne des Art. 7 GewG subsumiert diese Gegenansicht aus diesem Grund auch solche Personen, die einen effektiven oder domierenden Einfluss auf die Arbeitsbedingungen des Arbeitnehmers haben[797].

2. Entscheidung des Obersten Gerichtshofs

Im Jahr 1995 äußerte sich schließlich der Oberste Gerichtshof zu der Frage, ob Art. 7 GewG auch auf den Entleiher Anwendung findet, wenn dieser sich weigert, mit einer Gewerkschaft der Leiharbeitnehmer zu verhandeln.

793 Shimoi, in: Tomandl (Hrsg.), S. 136.

794 Yamakawa, Japan Labor Bulletin, Dezember 1995, S. 7.

795 Muranaka, in: Tomandl (Hrsg.), S. 109; Yamakawa, Japan Labor Bulletin, Dezember 1995, S. 7; Tsuchida, ジュリスト, No. 1075 (1995), S. 150.

796 Yamakawa, Japan Labor Bulletin, Dezember 1995, S. 7; Sugeno, S. 630/631; Muranaka, in: Tomandl (Hrsg.), S. 109; Shimoi, in: Tomandl (Hrsg.), S. 136, Hanami/Komiya, S. 198; Tsuchida, ジュリスト, No. 1075 (1995), S. 148.

797 Yamakawa, Japan Labor Bulletin, Dezember 1995, S. 7; Tsuchida, ジュリスト, No. 1075 (1995), S. 149.

a) Sachverhalt[798]

Die Revisionsbeklagte, Asahi Broadcasting Co., produziert Fernseh- und Radiosendungen in der Stadt Osaka. Asahi Broadcasting Co. schloss einen Überlassungsvertrag mit Osaka Totsu und zwei weiteren Unternehmen, um von ihnen die notwendigen Leiharbeitnehmer zu erhalten. Die Leiharbeitnehmer unterstanden der Weisung und Beaufsichtigung durch die Direktoren der Revisionsbeklagten, die auch die Arbeitspläne ausarbeiteten, sowie die Ruhezeiten und Überstunden für die Leiharbeitnehmer festlegten. Jeden Monat wurde von der Revisionsbeklagten ein Programmplan ausgearbeitet, der die Arbeitszeiten und die Reihenfolge der zu produzierenden Programme enthielt und der schließlich dem Verleihunternehmen übergeben wurde. Die Leiharbeitnehmer waren vollständig in den Betrieb des Entleihunternehmens integriert. Die Gewerkschaft, in der die Leiharbeitnehmer von Osaka Totsu organisiert waren, forderte am 24. September 1974, dass die Leiharbeitnehmer wie Arbeitnehmer der Revisionsbeklagten behandelt werden und daher auch die gleichen Löhne wie vergleichbare Arbeitnehmer der Revisionsbeklagten erhalten sollten. Die Revisionsbeklagte weigerte sich, mit der Gewerkschaft zu verhandeln und berief sich darauf, dass sie nicht Arbeitgeber der Leiharbeitnehmer sei. Die Gewerkschaft sah darin eine unfaire Arbeitgebermaßnahme im Sinne des Art. 7 Nr. 2 GewG und brachte den Fall vor die örtliche Arbeitskommission[799] in Osaka.

---

798 Sachverhalt nach: Oberster Gerichtshof, Urteil vom 28. Februar 1995, www.courts.go.jp/english/judgements/text/1995.02.28-1993.-Gyo-Tsu-.No.17.html (Zugriff zuletzt am: 27. Mai 2012) sowie Yamakawa, Japan Labor Bulletin, Dezember 1995, S. 5/6 und Tsuchida, ジュリスト, No. 1075 (1995), S. 147/148.

799 Für Streitigkeiten auf dem Gebiet des kollektiven Arbeitsrechts wurden in Japan sogenannte Arbeitskommissionen als Verwaltungsbehörden mit quasi-richterlicher Gewalt eingerichtet (Port/McAlinn, S. 572; Nishitani, S. 36). Jede Präfektur verfügt über eine eigene Arbeitskommission und auf nationaler Ebene fungiert die Zentrale Arbeitskommission als Berufungsinstanz (Nishitani, S. 36). Die Kommissionen bestehen aus jeweils dreizehn, elf, neun, sieben oder fünf Vertretern der Arbeitgeber- und der Arbeitnehmerseite, die jeweils von den Gewerkschaften beziehungsweise den Arbeitgeberverbänden bestellt werden, sowie ebenso vielen Vertretern des öffentlichen Interesses (Art. 19-12 Abs. 2 GewG). Die Bestellung des Vertreters des öffentlichen Interesses setzt die Zustimmung beider Seiten voraus, Art. 19-12 Abs. 3 GewG. Außer bei Problemen unfairer Arbeitgebermaßnahmen tragen sie auch zur Vermittlung und Schlichtung bei Arbeitskämpfen bei (Art. 20 GewG; Nishitani, S. 37). In erster Instanz zuständig ist zum einen die Präfekturarbeitskommission am Hauptsitz des Arbeitgebers oder der Gewerkschaft und zum anderen die Präfekturarbeitskommission an dem Ort, an dem die unfaire Arbeitgebermaßnahme begangen wurde, Art. 27 Abs. 1 der Ausführungsanordnung des Kabinetts zum GewG (Im Internet abrufbar unter: www.jil.go.jp/english/laborinfo/library/documents/llj_law2_2.pdf). Zwar fungiert die Zentrale Arbeitskom-

b) Verlauf bis zur Entscheidung des Obersten Gerichtshofs

Die Arbeitskommission in Osaka teilte in ihrem Beschluss mit, dass der Entleiher „Arbeitgeber“ im Sinne des Art. 7 Nr. 2 GewG sei und verpflichtete daher die Revisionsbeklagte zur Teilnahme an den Kollektivverhandlungen[800]. Die Revisionsbeklagte reichte daraufhin Berufung bei der Zentralen Arbeitskommission ein, welche die Berufung jedoch zurückwies[801]. Das Bezirksgericht in Tokio schloss sich ebenfalls dieser Meinung an[802]. Erst vor dem Oberen Gericht in Tokio gelang der Revisionsbeklagten eine Aufhebung der Entscheidung, da zur Stellung des „Arbeitgebers“ nach Art. 7 Nr. 2 GewG die Nennung im Arbeitsvertrag sowie die Festlegung der wesentlichen Arbeitsbedingungen gehöre[803].

c) Entscheidung des Obersten Gerichtshofs

Der Oberste Gerichtshof hob am 28. Februar 1995 die Entscheidung des Oberen Gerichts in Tokio auf und bestätigte die vorangegangenen Entscheidungen. Das Gericht begründete seine Entscheidung sinngemäß wie folgt:

> *“Wie auch immer, unter Berücksichtigung, dass der besagte Artikel darauf abzielt, bestimmte Handlungen auszuschliessen, die das Organisationsrecht beeinträchtigen, und unfaire Arbeitgebermaßnahmen zu korrigieren und dabei eine normale Arbeitsmanagement-Beziehung aufzubauen, muss der Entleiher, auch dann wenn er nicht Arbeitgeber ist, sich aber in der Position befindet, überlassene Arbeitnehmer annehmen und in seinem Betrieb einsetzen, sie einer gegenwärtigen und spezifischen Kontrolle unterziehen und ihre grundlegenden Arbeitsbedingungen festlegen zu können, für diese Arbeitnehmer zumindest teilweise als mit einem Arbeitgeber vergleichbar angesehen werden und es ist daher*

---

mission in der Regel als Berufungsinstanz, in Fällen nationaler Wichtigkeit kann die Zentrale Arbeitskommission aber auch die erstinstanzliche Zuständigkeit an sich ziehen, Art. 27 Abs. 5 der Ausführungsanordnung des Kabinetts zum GewG.

800 Yamakawa, Japan Labor Bulletin, Dezember 1995, S. 5/6.

801 Yamakawa, Japan Labor Bulletin, Dezember 1995, S. 6.

802 Yamakawa, Japan Labor Bulletin, Dezember 1995, S. 6.

803 Yamakawa, Japan Labor Bulletin, Dezember 1995, S. 6.

angebracht, den Entleiher unter den Begriff des „Arbeitgebers" im besagten Artikel zu subsumieren[804]*"*.

II. Schlussfolgerung

Der Oberste Gerichtshof hat sich mit diesem Urteil der letztgenannten Literaturmeinung angeschlossen. Der Begriff des „Arbeitgebers" im Sinne des Art. 7 GewG ist nicht beschränkt auf den arbeitsvertraglichen Arbeitgeber, sondern umfasst auch solche Personen, die vergleichbar mit dem arbeitsvertraglichen Arbeitgeber beherrschenden Einfluss auf die Arbeitsbedingungen des Arbeitnehmers haben[805]. Der Arbeitsvertrag soll aber weiterhin eine Beweisfunktion ausüben[806]. Lediglich dann, wenn sich der Arbeitsvertrag als reine Formalität darstellt, die wesentlichen Arbeitsbedingungen, wie Lohn, Arbeitszeit und Arbeitsplatz, von einer anderen Person als dem vertraglichen Arbeitgeber festgelegt werden und diese andere Person Einfluss auf den Arbeitnehmer hat, soll nicht die im Arbeitsvertrag genannte Person „Arbeitgeber" im Sinne des Art. 7 GewG sein, sondern die andere Person[807]. Das Gericht vertritt somit die „Lehre von der partiellen Arbeitgeberfähigkeit", wonach sich mehrere Personen die Rolle des Arbeitgebers teilen können[808].

Nach höchstrichterlicher Rechtsprechung fällt daher auch der Entleiher unter den Begriff des „Arbeitgebers" in Art. 7 Nr. 2 GewG und kann eine unfaire Arbeitgebermaßnahme begehen, wenn er sich weigert, mit der Gewerkschaft der Leiharbeitnehmer zu verhandeln. Voraussetzung ist dabei allerdings, dass er dominierend bei der Festlegung der wesentlichen Arbeitsbedingungen auftritt. Zu den wesentlichen Arbeitsbedingungen zählt der Oberste Gerichtshof die Einteilung der Arbeitszeit, den Tätigkeitsinhalt sowie die Festlegung des Arbeitsplatzes[809].

Allerdings beschränkt das Gericht die Verhandlungspflicht dahingehend, dass nur über Arbeitsbedingungen im Entleiherbetrieb verhandelt werden muss[810]:

---

804 Oberster Gerichtshof, Urteil vom 28. Februar 1995, www.courts.go.jp/english/judgements/text/1995.02.28-1993.-Gyo-Tsu-.No.17.html.
805 Tsuchida, ジュリスト, No. 1075 (1995), S. 149.
806 Tsuchida, ジュリスト, No. 1075 (1995), S. 149.
807 Tsuchida, ジュリスト, No. 1075 (1995), S. 149.
808 Tsuchida, ジュリスト, No. 1075 (1995), S. 149.
809 Tsuchida, ジュリスト, No. 1075 (1995), S. 151.
810 Yamakawa, Japan Labor Bulletin, Dezember 1995, S. 5.

> *„Wir können festhalten, dass es der Revisionsbeklagten nicht gestattet ist, die Teilnahme an den Kollektivverhandlungen (...) zu verweigern (...), solange es keine rechtfertigenden Gründe hierfür gibt und soweit sich die Verhandlungen auf die Regelung von Arbeitszeiten, die Arten der zu leistenden Arbeit, die Arbeitsumwelt oder andere Angelegenheiten beschränken, über die die Revisionsbeklagte selbständig entscheiden kann“*[811].

Nicht verhandelt werden kann daher unter anderem über die Lohnhöhe, da die Löhne vom Verleiher gezahlt und von Verleiher und Entleiher gemeinsam festgelegt werden. In diesem Fall müssen sich die Gewerkschaften an den vertraglichen Arbeitgeber, den Verleiher, halten. Diese Einschränkung wurde in einer neueren Entscheidung zum Umfang der Verhandlungspflicht bestätigt. Nach dieser Entscheidung des Obersten Gerichtshofs vom 12. April 2011[812] betrifft die Verhandlungspflicht nach Art. 7 Abs. 2 GewG lediglich solche Arbeitsbedingungen und andere Behandlungen des Arbeitnehmers sowie die Handhabung von Arbeitsbeziehungen zwischen Gewerkschaft und Arbeitgeber, hinsichtlich derer der „Arbeitgeber“ auch die Entscheidungsbefugnis hat[813].

811 Oberster Gerichtshof, Urteil vom 28. Februar 1995, www.courts.go.jp/english/judgements/text/1995.02.28-1993.-Gyo-Tsu-.No.17.html.

812 Oberster Gerichtshof, Urteil vom 12. April 2011, Rôdô Hanrei, Vol. 1026, S. 27.

813 Oberster Gerichtshof, Urteil vom 12. April 2011, Rôdô Hanrei, Vol. 1026, S. 27; Takeuchi-Okuno, Japan Labor Review, Vol. 9 (2012), No. 1, S. 92.

Kapitel 11: Zusammenfassung

Japans Zeitarbeitsmarkt, der sich in den letzten 25 Jahren zum drittgrößten der Welt entwickelt hat, verschafft den Unternehmen die notwendige Flexibilität, die sie aufgrund des Prinzips der lebenslangen Beschäftigung benötigen, um im internationalen Wettbewerb bestehen zu können.

Die Arbeitnehmerüberlassung wird dabei weitgehend durch das JAÜG sowie Ausführungsverordnungen und Richtlinien des Ministeriums für Gesundheit, Arbeit und Soziales reguliert. Anders als in Deutschland umfasst das japanische Arbeitnehmerüberlassungsgesetz dabei nicht jede wirtschaftliche Tätigkeit, sondern ausschließlich solche, die mit Wiederholungsabsicht vorgenommen wird.

Hinsichtlich der Einstellungsformen hat sich Japan gegenwärtig für einen Mittelweg zwischen dem deutschen und dem US-amerikanischen Modell entschieden. So gibt es einerseits Unternehmen, die die Leiharbeitnehmer als Vollzeitarbeitskräfte auf unbefristeter Basis anstellen (deutsches Modell), andererseits aber auch solche Unternehmen, die die Dauer des Arbeitsvertrages mit der Dauer des Überlassungsvertrages synchronisieren und die Leiharbeitnehmer zu diesem Zweck lediglich in eine Kartei aufnehmen (US-amerikanisches Modell).

Anders als in Deutschland besteht gerade für die Unternehmen, die dem deutschen Modell folgen, keine Genehmigungspflicht, sondern lediglich eine Verpflichtung, dem Ministerium für Arbeit und Soziales die Aufnahme der Unternehmenstätigkeit anzuzeigen. Nur für die Unternehmen nach dem Registrierungsprinzip hat der japanische Gesetzgeber eine Genehmigungspflicht eingeführt.

Die Rechtsbeziehung zwischen Entleiher und Verleiher ist immer noch durch das Bestehen einer Höchstüberlassungsdauer gekennzeichnet. Die Überlassungsdauer muss unter Mitwirkung der Gewerkschaft auf Seiten des Entleihers bereits vor Abschluss des Überlassungsvertrages festgelegt werden und darf mit Ausnahme der im Gesetz genannten Fälle höchstens drei Jahre betragen. Grundsätzlich stellt die Überlassungsdauer jedoch kein unüberwindbares Hindernis dar. Unter Einhaltung der sogenannten Cooling-off-Periode von drei Monaten kann derselbe Leiharbeitnehmer nach Ablauf der Höchstüberlassungsdauer erneut auf demselben Arbeitsplatz eingesetzt werden. Auf dem japanischen Arbeitsmarkt haben sich zur Überbrückung dieser drei Monate vielfältige Möglichkeiten herausgebildet, wobei jedoch die Gefahr besteht, dass diese Möglichkeiten von den Arbeitsbüros und Gerichten als Umgehungsmaßnahmen gewertet werden und schließlich zu einer Verpflichtung zur Festeinstellung des Leiharbeitnehmers führen.

In rechtlicher Hinsicht ist auch die Ausgestaltung des Temp-to-Perm interessant. So bestanden jahrelang Widersprüche zwischen der Zielsetzung des Temp-to-Perm und der gesetzlichen Ausgestaltung der Arbeitnehmerüberlassung. Erst durch den Einsatz des Ministeriums für Gesundheit, Arbeit und Soziales sowie einer Gesetzesüberarbeitung im Jahr 2004 gelang die vorläufige Verbesserung des Temp-to-Perm-Services.

Erhebliche Unterschiede zu Deutschland ergeben sich auch bei der konzerninternen Arbeitnehmerüberlassung. Während der deutsche Gesetzgeber in der letzten Reform 2011 sich bewusst für die Beibehaltung des Exklusivverleihs entschied, ist dieser in Japan bereits 1999 untersagt worden. Als Alternative hierzu hat sich über die letzten Jahrzehnte hinweg – noch vor Inkrafttreten des JAÜG 1986 – jedoch eine Beschäftigungsform entwickelt, die den konzerninternen Arbeitsnehmertransfer ermöglicht. Bei dieser als *shûkko* bezeichneten Maßnahme liegen aber anders als bei der klassischen Arbeitnehmerüberlassung zwei verschiedene Arbeitsverträge vor und es wird in der Regel erwartet, dass der Arbeitnehmer nach einer gewissen Zeit wieder an seinen alten Arbeitsplatz im ursprünglichen Unternehmen zurückkehrt.

Seit dem 28. März 2012 verfügt das JAÜG über eine abgeschwächte Form des Gleichbehandlungsgrundsatzes. Der Grundsatz der ausgeglichenen Behandlung verlangt bei der Festlegung des Lohnes die Orientierung an den Löhnen vergleichbarer Arbeitnehmer des Entleihers, wobei die übernommenen Aufgaben, der Erfolg, der Arbeitseifer, die Fähigkeiten und Erfahrungen des Leiharbeitnehmers berücksichtigt werden müssen.Eine Ungleichbehandlung bleibt so zwar weiterhin möglich, jedoch nur noch bis zu einem sozial vertretbaren Ausmaß.

Abschließend soll noch erwähnt werden, dass lange strittig war, ob für den Entleiher eine Verpflichtung bestand, mit der Gewerkschaft der Leiharbeitnehmer zu verhandeln. Diese Frage ist inzwischen zugunsten der Leiharbeitnehmer geklärt.

Anhang: Japanische Begriffe

Japanisch		**Deutsch**
Arubaito	アルバイト	Nebentätigkeit
Asahi Hôsô jiken	朝日放送事件	Asahi-Broadcasting-Fall
Asahi Shimbun	朝日新聞	Asahi Zeitung
Bôryokudonin niyoru Futôna Kôi no Bôritônikansuru Hôritsu	暴力団員による不当な行為の防止等に関する法律	Gesetz zum Schutz vor organisierter Kriminalität
Bôryokukôitô Shobatsunikansuru Hôritsu	暴力行為等処罰に関する法律	Gesetz zum Schutz vor körperlicher Gewalt und ähnlichen Straftaten
Chôkai kaiko	懲戒解雇	Disziplinarkündigung
Daiichi	第 1	Erstens
Eiyôshi Hô	栄養士法	Diätetikergesetz
Frita	フリーター	Freeter
Gyô	業	Arbeit, Beruf, Dienst, Gewerbe
Gyô toshite okonau	業として行う	Als Beruf betreiben
Haiten	配転	Versetzung
Haken-giri	**派遣切り**	Kündigung von Leiharbeitnehmern
Hakenrôdôsha	派遣労働者	Leiharbeitnehmer

Hakenrôdôsha chû-sakeka	派遣労働者実態調査結果	Untersuchungsergebnisse zur Lage der Leiharbeitnehmer
Hakenrôdôsha chû-sakeka no gaiyô	派遣労働者実態調査結果の概要	Übersicht über die Untersuchungsergebnisse zur Lage der Leiharbeitnehmer
Hakensaki	派遣先	Überlassungsort
Hakenshain hôgo he ipo	派遣社員保護へ一歩	Ein Schritt in Richtung Leiharbeitnehmerschutz
Hamba	飯場	Arbeitercamp
Hanreishû	判例集	Sammlung von Präzedensfällen
Hedohanteingu	ヘッドハンティング	Headhunting
Heisei	平成	„Frieden und Erfolg“
Heisei 20 nen	平成20年	2008 (Jahr)
Heisei 22 nen	平成22年	2010 (Jahr)
Hinjyôkinshokuin	非常勤職員	Teilzeitarbeitskräfte
Hiseishain	非正社員	Nicht-regulärer Beschäftigter
Hiyôtori	日取傭	Tagelöhner
Hokenshi Jyosanshi Kangoshi Hô	保健師助産師看護師法	Krankenschwestern, Geburtshelfer und Pflegergesetz
Ikujikyûgyô Kaigo-kyûgyôra Ikuji ma-taha Kazoku Kaigo o O-	育児休業、介護休業等育児又は家族介護を行う	Gesetz zum Schutz von Arbeitnehmern im Kinderpflege- und Familienpflegeurlaub

konau no Rôdôsha no Fukushinikansuru Hôristu	労働者の福祉に関する法律	
Ippan rôdôsha haken jigyo	一飯労働者派遣事業	Verleihunternehmen, die Leiharbeitnehmer im Registrierungsprinzip einstellen
Ishi Hô	医師法	Ärztegesetz
Jigyôsha	事業者	Geschäftsmann
Jôyô gata	常用型	Beschäftigungsprinzip
Juristo	ジュリスト	Jurist
Kaisei haken hôan kyô seiritsu	改正派遣法案きょう成立	Heute Verabschiedung des Gesetzesentwurfs zur Leiharbeit
Kasô ukeoi	偽装請負	Verschleiernder Werkvertrag
Keibi Gyô Hô	警備業法	Gesetz über Sicherheitsdienstleistungen
Keihôten	刑法	Strafgesetzbuch
Keiretsu	系列	Unternehmensgruppe
Keiyaku shain	契約社員	Vertragsangestellter
Kigyôbetsukumiai	企業別組合	Unternehmensgewerkschaft
Kobun	子分	Anhänger, Schützling
Kokkai	国会	Parlament, Nationalversammlung

Kokumin Shintô	国民新党	Neue Volkspartei
Kôgai ukeoi	構外請負	Werkvertragsangestellte, die in der Produktionsstätte ihres Arbeitgebers tätig werden
Kônai ukeoi	構内請負	Werkvertragsangestellte, die in der Produktionsstätte des Nutzerunternehmens tätig werden
Kônenreijara no Koyô no Anteira Nikan-suru Hôritsu	高年齢者等の雇用の安定等に関する法律	Gesetz zur Arbeitsplatzsicherung von älteren Menschen
Kôshinoyobi yatoi yamenikansuru ki-jyun	更新及び雇止めに関する基準	Richtlinien zur Erneuerung und Beendigung von Arbeitsverträgen
Koyô no Bunya Niokero Nannyo no Kin-tôna Kinai Oyobi Taigû no Kakuhonado Nikansuru Hôri-tsu	雇用の分野における男女の均等な機会及び待遇の確保等に関する法律	Gesetz zur gleichen Beschäftigungsmöglichkeit und zur Gleichbehandlung von Männern und Frauen im Beruf
Koyôshu	雇用主	Arbeitgeber
Meiji Ishin	明治維新	Meiji-Restauration
Mimpô	民法	Zivilgesetzbuch
Minshutô	民主党	Demokratische Partei Japans
Moppara gaisha	専ら会社	Konzerninterne Verleihunternehmen
Naikaku	内閣	Kabinett

Nenkôjoretsuseido	年功序列制度	Senioritätsprinzip
Nihon Koku Kenpô	日本国憲法	Japanische Verfassung
Nihon Rôdokenkyû Zashi	日本労働研究雑誌	Studien zum japanischen Arbeitsrecht
Oyabun	親分	Oberhaupt, Boss
Rominshu		Urteils- und Entscheidungssammlung zum Arbeitsrecht
Rôdô Hanrei	労働判例	Präzedensfälle im Arbeitsrecht
Rôdô Keiyaku Hô	労働契約法	Arbeitsvertragsgesetz
Rôdô Kijun Hô	労働基準法	Arbeitsstandardgesetz
Rôdô Kijyun Hô Kenkyûkai Hôkoko	労働基準法研究会報告	Bericht der Untersuchungsgruppe zum ASG
Rôdô Kijyun Hô no „rôdôsha“ no handankijyunnitsuite	労働基準法の「労働者」の判断基準について	Beurteilungskriterien zum Begriff des “Arbeitnehmers” im ASG
Rôdô Kijyun Hô Shikôkisoku	労働基準法施行規則	Ausführungsverordnung zum Arbeitsstandardgesetz
Rôdô Kijun Kantokusho		Arbeitsnormenaufsichtsbüro
Rôdô kumiai	年労働組合	Gewerkschaft
Rôdô kumiai chûsa no gaikyû	年労働組合基礎調査の概況	Untersuchung zur allgemeinen Lage der Gewerkschaften
Rôdô Kumiai Hô	労働組合法	Gewerkschaftsgesetz

Rôdô kyôyaku	労働協約	Kollektivvereinbarungen
Rôdôsha	労働者	Arbeitnehmer
Rôdôshahaken	労働者派遣	Arbeitnehmerüberlassung
Rôdôshahaken Hô no kaiseinitsuite	労働者派遣法の改正について	Verbesserung des Arbeitnehmerüberlassungsgesetzes
Rôdôshahaken Hô no Kaisei no motomero ikensho	労働者派遣法の改正を求める意見書	Stellungsnahme zur Überarbeitung des Arbeitnehmerüberlassungsgesetzes
Rôdôshahakenjigyô	労働者派遣事業	Verleihunternehmen
Rôdôshahakenjigyô no igitô	労働者派遣事業の意義等	Die Bedeutung von Verleihunternehmen und Ähnlichem
Rôdôshahakenjigyô no Tekisaina Unei no Kakuhooyobi Haken-rôdôsha no Hogotô ni-kansuro Hôritsu (kurz: Rôdôshahaken Hô)	労働者派遣事業の適正な運営の確保及び派遣労働者の保護等に関する法律	Gesetz zur Sicherung der ordnungsgemäßen Durchführung von Arbeitnehmerüberlassungsgeschäften und zum Schutz von Leiharbeitnehmern (Fassung seit dem 28. März 2012, kurz: Arbeitnehmerüberlassungsgesetz)
Rôdôshahakenjigyô no Tekisaina Unei no Kakuhooyobi Haken-rôdôsha no Shôgyô-jyôken no Seibira ni-kansuro Hôritsu	労働者派遣事業の適正な運営の確保及び派遣労働者の保護等に関する法律	Gesetz zur Sicherstellung der ordnungsgemäßen Durchführung der Arbeitnehmerüberlassungsgeschäfte und verbesserter Arbeitsbedingungen für Leiharbeitnehmer (Fassung bis zum 27. März 2012)
Rôdôshahakenjigyô no Tekisaina Unei no Kakuhooyobi Haken-	労働者派遣事業の適正な運営の確保及び派遣労	Gegenüberstellung von alten und neuen Regelungen insbesondere des Änderungsgesetzes zum Ge-

rôdôsha no Shôgyô-jyôken no Seibira ni-kansuro Hôritsutô no Ichibu o Kaisei-suro Hôritsu Shinkyû Taishô Jyôbun	働者の就業条件の整備等に関する法律等の一部を改正する法律新旧対照条文	setz zur Sicherstellung der ordnungsgemäßen Durchführung von Arbeitnehmerüberlassungsgeschäften und der Verbesserung der Arbeitsbedingungen von Leiharbeitnehmern
Rôdôshahakenjigyô no Tekisaina Unei no Kakuhooyobi Haken-rôdôsha no Shôgyô-jyôken no Seibira ni-kansuro Hôritsu Shi-kôkisoku	労働者派遣事業の適正な運営の確保及び派遣労働者の就業条件の整備等に関する法律施行規則	Ausführungsverordnung zum Gesetz zur Sicherstellung der ordnungsgemäßen Durchführung von Arbeitnehmerüberlassungsgeschäften und der Verbesserung der Arbeitsbedingungen von Leiharbeitnehmern
Rôdôshahakenjigyô no Tekisaina Unei no Kakuhooyobi Haken-rôdôsha no Shôgyô-jyôken no Seibira ni-kansuro Hôritsu Shikôrei	労働者派遣事業の適正な運営の確保及び派遣労働者の就業条件の整備等に関する法律施行令	Ausführungsanordnung zum Gesetz zur Sicherstellung der ordnungsgemäßen Durchführung von Arbeitnehmerüberlassungsgeschäften und der Verbesserung der Arbeitsbedingungen von Leiharbeitnehmern
Rôdôshahaken o meguruhôteki sendai	労働者派遣をめぐる法的問題	Rechtliche Probleme bei der Arbeitnehmerüberlassung
Saikô Saibansho	最高裁判所	Oberster Gerichtshof
Saikô Saibansho Hanreishû	最高裁判所判例集	Präzedensfallsammlung des Obersten Gerichtshofs
Saizôgyômu ukeoi no jireini miru gyômu ukeoi tekiseika no kaidai	製造業務請負の事例に見る業務請負適正化の課題	Die Umsetzung des Überlassungsvertrages im produzierenden Gewerbe
Sashausagyôjûji	些少作業従事	Geringfügige Beschäftigung

Seiri kaiko	整理解雇	Betriebsbedingte Kündigung
Seishain	正社員	Regulärer Arbeitnehmer
Shakai Minshutô	社会民主党	Sozialdemokratische Partei
Shigotokyû	仕事給	Berufslohn
Shikaeiseishi Hô	歯科衛生士法	Zahnhygienikergesetz
Shikagikôshi Hô	歯科技工士法	Zahntechnikergesetz
Shikaishi Hô	歯科医師法	Zahnärztegesetz
Shinryôhôshasengishi Hô	診療放射線技師法	Strahlentherapeutengesetz
Shitauke	下請	Subunternehmervertrag
Shitauke Daikin Shihara Chienra Bôshi Hô	下請代金支払遅延等防止法	Gesetz gegen Zahlungsrückstände bei Subunternehmerarbeit
Shitauke kigyô no rôdôsha ni taisuro ukeire kigyô no dantaigôshû ueno shiyôshasaga	下請企業の労働者に対すろ受入企業の団体交渉上の使用者性	Die Arbeitgebereigenschaft des Nutzerunternehmens gegenüber Arbeitnehmern des beauftragten Unternehmens bei Kollektivverhandlungen
Shitauke Shôkigyô Shinkô Hô	下請中小企業振興法	Gesetz zur Förderung der Subunternehmerbeziehungen von kleinen und mittelständischen Unternehmen
Shokai Yotei Haken	紹介予定派遣	Temp-to-Perm
Shokugyô Antei Hô	職業安定法	Arbeitsplatzsicherungsgesetz

Shokugyô Antei Hô Shikôkisoku	職業安定法施行規則	Ausführungsverordnung zum Arbeitsplatzsicherungsgesetz
Shokugyô shôkai	職業紹介	Arbeitsvermittlung
Shokugyô shôkaijyo	職業紹介所	Arbeitsamt
Shokutaku shain	嘱託社員	Arbeitnehmer nach Erreichen des Rentenalters
Shôgun	将軍	Militärtitel (Anführer der Samurai)
Shutoken Seinen Yunion	首都圏青年ユニオン	„Tokios Junge Union“
Shutsunyûkokuka-nioyobi Nanmin Nintei Hô	出入国管理及び難民認定法	Immigrationskontroll- und Flüchtlingsanerkennungsgesetz
Shûgyô kisoku	就業規則	Arbeitsordnung
Shûshinkoyô	終身雇用	Prinzip der lebenslangen Beschäftigung
Sôdan Mura Kansai	相談村関西	Beratungsdorf Kansai
Sôgôkyû	総合給	Syntheselohn
Tanjikan Rôdôsha no Koyôkanri no Kaizentô Nikansuro Hô-ritsu	短時間労働者の雇用管理の改善等に関する法律	Gesetz zur Verbesserung des Beschäftigungsmanagements für Teilzeitarbeitskräfte
Tanki keiyaku	短期契約	Befristeter Vertrag
Tehaishi	手配師	Jobvermittler

Tennô	天皇	Kaiser
Tenseki shûkko	転籍	Dauerhafter Arbeitnehmertransfer
Tokudan rôdôsha haken jigyô	特段労働者派遣事業	Verleihunternehmen, die Leiharbeitnehmer nach dem Beschäftigungsprinzip einstellen
Toshikoshi Hakenmura	年越派遣村	Silvesterdorf für Leiharbeitnehmer
Tôroku gata	登録型	Registrierungstypus
Ukeoi	請負	Werkvertrag
Yakuzaishi Hô	薬剤師法	Pharmazeutengesetz
Yoseba	寄せ場	Versammlungsort
Yûki rôdôkeiyaku teiketsu	有期労働契約の締結	Befristung von Arbeitsverträgen
Zaiseki shûkko	出向	Vorübergehender Arbeitnehmertransfer
Zokujiinkyû	俗事員給	Persönlicher Lohn

Literaturverzeichnis

Abe, Kohki, Dynamics of International Human Rights in Japan, Refuge, Vol. 18 (1999), No. 2, S. 22 – 31

Adhikari, Dev Raj, National Factors and Employment Relations in Japan, 2005, abrufbar unter: web.jil.go.jp/profile/documents/Adhikari.pdf (Zugriff zuletzt am: 25. Mai 2012)

Arai, Eizo / Watanabe, Yuko, An Interview Survey on Fixed-Term Contracts for Worker and Employment Management: Companies' Current Application of Fixed-Term Employment Contracts and Related Policy Issues (Summary), JILPT Research Report No. 126, 2010/2011, abrufbar unter: www.jil.go.jp/english/reports/documents/jilpt-research/no.126.pdf (Zugriff zuletzt am: 25. Mai 2012)

Araki, Takashi, 1999 Revisions of Employment Security Law and Worker Dispatching Law: Drastic Reforms of Japanese Labor Market Regulations, Japan Labor Bulletin, September 1999, S. 5 – 12

Araki, Takashi, Changing Employment Practices, Corporate Governance, and the Role of Labor Law in Japan, Comparative Labor Law and Policy Journal, Vol. 28 (2007), S. 251 – 281

Araki, Takashi, Changing Japanese Labor Law in Light of Deregulation Drive: A Comparative Analysis, Japan Labor Bulletin, Mai 1997, S. 5 – 10

Araki, Takashi, Characteristics of Regulations on Dispatched Work (Temporary Work) in Japan, Japan Labor Bulletin, August 1994, S. 5 – 8

Araki, Takashi, Die Flexibilität der japanischen Arbeitsbeziehungen aus rechtlicher Sicht, Zeitschrift für ausländisches und internationales Arbeits- und Sozialrecht 1993, S. 1 – 19

Araki, Takashi, Re-examining the Role of Labor Unions in the Era of the Diversified Workforce, Japan Labor Bulletin, Mai 2002, S. 6 – 14

Araki, Takashi, The System of Regulating the Terms and Conditions of Employment in Japan, in: JILPT (Hrsg.), The Mechanism for Establishing and Changing Terms and Conditions of Employment / The Scope of Labor Law and the Notion of Employees – 2004 JILPT Comparative Labor Law Seminar, JILPT Report No. 1, 2004, Japan Institute for Labour Policy and Training Press, Tokio, S. 3 – 19

Asahi Shimbun Online, Dispatched workers, Asahi Shimbun Online, 5. Mai 2010, abrufbar unter: www.asahi.com/english/TKY201005040224.html (Zugriff zuletzt am: 25. Mai 2012)

Asakura, Mutsuko , Should Wages for Regular and Part-time Workers be Based on the Principle of 'Equal Pay for Work of Equal Value'?, Japan Labor Bulletin, Oktober 2002, S. 8 – 10

Asao, Yutaka, Overview of Non-Regular Employment in Japan, in: JILPT (Hrsg.), Non-regular Employment – Issues and Challenges Common to the Major Developed Countries, 2011, Japan Institute for Labour Policy and Training Press, Tokio, S. 1 – 42

Asao, Yutaka, Study on Trends in Diversification of Employment: Customized Calculations in the Ministry of Health, Labour and Welfare's General Survey on Diversified Types of Employment, Japan Labor Review, Vol. 7 (2010), No. 4, S. 84 – 96

Assman, Stephanie / Maslow, Sebastian, Dispatched and Displaced: Rethinking Employment and Welfare Protection in Japan, The Asia-Pacific Journal, 12. April 2010, abrufbar unter: japanfocus.org /-Sebastian-Maslow/3342 (Zugriff zuletzt am: 28 Mai 2012)

Auslin, Michael, The Prosecution of Power in Japan: Recent political fund-raising scandals threaten the DPJ's credibility, The Wall Street Journal Online, 7. January 2010, abrufbar unter: online.wsj.com/article/SB1000 14240527 4870484260457464298121614 0274.html?KEYWORDS=Auslin (Zugriff zuletzt am: 28. Mai 2012)

Bassenge, Peter et al., Palandt Bürgerliches Gesetzbuch, 71. Auflage, 2012, C. H. Beck Verlag, München

Bauer, Jobst-Hubertus / Krets, Jérôme, Gesetze für moderne Dienstleistungen am Arbeitsmarkt, Neue Juristische Wochenschrift 2003, S. 537 – 545

Bayreuther, Frank, Tarifpolitik im Spiegel der verfassungsgerichtlichen Rechtsprechung zum „equal-pay“-Beschluss des BVerfG, Neue Zeitschrift für Arbeitsrecht 2005, S. 341 – 343

Bertero, Anthony, The Haken Crisis, 2010, abrufbar unter: papers.ssrn.com/sol3/papers.cfm?abstract_id=1882103, (Zugriff zuletzt am: 28. Mai 2012)

Böhm, Wolfgang, Lohndumping durch konzerninterne Arbeitnehmerüberlassung?! – Bad cases make bad laws („Fall Schlecker“) –, Der Betrieb 2010, S. 672 – 675

Boemke, Burkhard / Lembke, Mark, Arbeitnehmerüberlassungsgesetz, 2. Auflage, 2005, Verlag Recht und Wirtschaft, Frankfurt am Main

Bredgaard, Thomas / Larsen, Flemming, Comparing Flexicurity in Denmark and Japan, 2007, abrufbar unter: www.epa.aau.dk/fileadmin/user_upload/conniek/Dansk/Research_papers/5-Comparing_ Flexicurity_01.pdf (Zugriff zuletzt am: 27. Mai 2012)

Chalmers, Norma J., Industrial Relations in Japan: The Peripheral Workforce, 1989, Routledge, London

Coe, Neil M. / Johns, Jennifer / Ward, Kevin, The Japanese Staffing Market: Industry Practices and Regulatory Change, Geographies of Temporary Staffing Unit Working Brief 16, März 2006, abrufbar unter: www.sed.manchester.ac.uk/geography/research/gotsu/outputs/working-briefs/download/gotsu_wb16.pdf (Zugriff zuletzt am: 28. Mai 2012)

Coe, Neil M. / Johns, Jennifer / Ward, Kevin, Transforming the Japanese labour market: deregulation and the rise of temporary staffing, Geographies of Temporary Staffing Unit Working Paper 11, Juni 2009, abrufbar unter: www.sed.manchester.ac.uk/geography/research/gotsu/outputs/working-papers/download/gotsu_wp11.pdf (Zugriff zuletzt am: 28. Mai 2012)

Däubler, Wolfgang et al., Arbeitsrecht, 2. Auflage, 2010, Nomos Verlagsgesellschaft, Baden-Baden

Deutscher Bundestag, Stenographischer Bericht 190. Sitzung am 27. September 2001, Plenarprotokoll 14/190

Dieterich, Thomas, Flexibilisiertes Tarifrecht und Grundgesetz, Recht der Arbeit 2002, S. 1 – 17

Endo, Koshi, The Three or Four Pillars Employment System in Transition, Meiji Business Review, Vol. 53 (2006), No. 4, S. 9 – 20

Ernst, Angelika, Dauerbeschäftigung und Flexibilität in Japan: Beschäftigungspolitik japanischer Unternehmen in Rationalisierungs- und Krisenphasen, 1988, Campus Verlag, Frankfurt/Main

Ernst, Angelika, Japans langer Abschied von der Vollbeschäftigung, 1986, Verlag des Instituts für Asienkunde, Hamburg

Ernst, Angelika, Mittelbare Beschäftigungsverhältnisse: Varianten des Arbeitskräfteverleihs im japanischen Arbeitsmarkt, Mitteilungen aus der Arbeitsmarkt- und Berufsforschung, Vol. 20 (1987), S. 99 – 111

Flämig, Sandra, Arbeitnehmerüberlassung im internationalen Konzern: Eine rechtsvergleichende Untersuchung am Beispiel der Länder Niederlande, Japan und USA, 2003, Shaker Verlag, Aachen

Foote, Daniel H., Judicial Creation of Norms in Japanese Labor Law: Activism in the Service of – Stability?, UCLA Law Review, Vol. 43 (1996), S. 638 – 709

Franck, Thomas M. / Thiruvengadam, Arun K. , International Law and Constitution-Making, Chinese Journal of International Law 2003, S. 467 – 518

Fuchs, Maximilian, Das Gleichbehandlungsgebot in der Leiharbeit nach der neuen Leiharbeitsrichtlinie, Neue Zeitschrift für Arbeitsrecht 2009, S. 57 – 63

Fujimoto, Makoto / Kimura, Takuma, Business Strategy and Human Resource Management at Contract Companies in the Manufacturing Sector, Japan Labor Review, Vol. 2 (2005), No. 2, S. 104 – 122

Fujimura, Hiroyuki, Japan's Labor Unions: Past, Present, Future, Japan Labor Review, Vol. 9 (2012), No. 1, S. 6 – 24

Fukao, Mitsuhiro, Japanese Financial Crisis and Crisis Management, Vortrag vom 21. September 2009, abrufbar unter: www.oecd.org/dataoecd/33/59 /43762939.pdf (Zugriff zuletzt am: 30. Mai 2012)

Fukue, Natsuko, Party platforms offer no quick fix to job woes, The Japan Times Online, 12. August 2009, abrufbar unter: www.japantimes.co.jp/ text/nn20090812f1.html (Zugriff zuletzt am: 28. Mai 2012)

Fukue, Natsuko, Temps again get short end? Labor bill loopholes may let manufacturers still have 'disposable' ranks, The Japan Times Online, 12. Februar 2010, abrufbar unter: www.japantimes.co.jp/text/nn20100212f2 .html (Zugriff zuletzt am: 28. Mai 2012)

Fukushima, Yoshihiko, Non-regular Employment and Labour Costs, 2008, abrufbar unter: www.waseda-pse.jp/file/file/20081001_fukushima,yoshihiko.pdf (Zugriff zuletzt am: 26. Mai 2012)

Futagami, Shinho / Waragai, Tomoki / Westphal, Thomas, Shukko in Japanese Companies and its Economic and Managerial Effects, WZB Discussion Papers FS IV 98 – 5, Juni 1998, Wissenschaftszentrum Berlin, abrufbar unter: www.econstor.eu/dspace/bitstream/10419/5120 3/1/252813197.pdf (Zugriff zuletzt am: 2. Juni 2012)

Genda, Yuji , Youth Employment and Parasite Singles, Japan Labor Bulletin, März 2000, S. 6 – 12

Gesamtmetall, Zeitarbeit bei M + E nach Einsatzdauer, 2008, abrufbar unter: www.gesamtmetall.de/gesamtmetall/meonline. nsf/id/DE_Zeitarbeit_bei M+E_nach_Einsatzdauer!OpenDocument (Zugriff zuletzt am: 3. Juni 2012)

Godwin, Peter et al., Japan's new government intending to amend Worker Dispatch Law, Japan regulatory newsletter, No. 17, 2010, abrufbar unter: www.herbertsmith.com/NR/rdonlyres/CDEA6857-9B6B-4871-B939-D33B06953E47/14146/RegulatoryNewsletterNo17EJanuary2010.pdf (Zugriff zuletzt am: 2. Juni 2012)

Goka, Kazumichi / Sato, Asuka, Agency temporary work and government policy in contemporary Japan, in: Burgess, John / Connell, Julia (Hrsg.), International Perspectives on Temporary Agency Work, 2004, Routledge, London, S. 112 – 128

Gottfried, Heidi, Japan: The reproductive bargain and the making of precarious employment, in: Vosko, Leah F. / MacDonald, Martha / Campbell, Iain (Hrsg.), Gender and the Contours of Precarious Employment, 2009, Routledge, Abington, S. 76 – 91

Gottfried, Heidi, Pathways to Economic Security: Gender and Nonstandard Employment in Contemporary Japan, Social Indicator Research, Vol. 88 (2008), S. 179 – 196

Grainger, Richard J. / Miyamoto, Tadayuki , Human Values and HRM Practice: The Japan Shukko System, Journal of Human Values, Vol. 9 (2003), No. 2, S. 105 – 115

Grobys, Marcel / Schmidt, Charlotte / Brocker, Till, Verfassungsmäßigkeit von „Equal Pay"?, Neue Zeitschrift für Arbeitsrecht 2003, S. 777 – 783

Guyonnet, Emilie, Young Japanese Temporary Workers Create Their Own Unions, The Asia-Pacific Journal, 18. April 2011, abrufbar unter: www.japanfocus.org/-Emilie-Guyonnet/3518 (Zugriff zuletzt am: 1. Juni 2012)

Hamada, Koichi, The Heisei Recession: An Overview, 2003, abrufbar unter: www.esri.go.jp/jp/workshop/030918/030918hamada.pdf (Zugriff zuletzt am: 6. Juni 2012)

Hamaguchi, Keiichiro / Ogino, Noboru, Non-regular work: Trends, labour law policy, and industrial relations developments – The case of Japan, Working Paper No. 29, 2011, International Labour Office, Industrial and Employment Relations Department, abrufbar unter: www.ilo.org/wcmsp5/groups/public/---ed_dialogue/---dialogue/documents/publication/wcms_166735.pdf (Zugriff zuletzt am: 6. Juni 2012)

Hamann, Wolfgang, Die Richtlinie Leiharbeit und ihre Auswirkungen auf das nationale Recht der Arbeitnehmerüberlassung, Europäische Zeitschrift für Arbeitsrecht 2009, S. 287 – 331

Hamann, Wolfgang, Gewerbsmäßige Arbeitnehmerüberlassung, JURA 2003, S. 361 – 368

Hamann, Wolfgang, Kurswechsel bei der Arbeitnehmerüberlassung?, Neue Zeitschrift für Arbeitsrecht 2011, S. 70 – 77

Hanami, Tadashi, Japan, in: Blanpain, Roger / Graham, Ronnie (Hrsg.), Temporary Agency Work and the Information Society, 2004, Kluwer Law International, Den Haag, S. 159 – 170

Hanami, Tadashi, Japanization of Western labor law, in: Coing, Helmut et al. (Hrsg.), Die Japanisierung des westlichen Rechts: japanisch-deutsches Symposion in Tübingen vom 26. bis 28 Juli 1988, 1990, J. C. B. Mohr, Tübingen, S. 285 – 306

Hanami, Tadashi, The Changing Labour Market, Industrial Relations and Labour Policy, in: Haak, René (Hrsg.), The Changing Structure of Labour in Japan: Japanese Human Resource Management: between Continuity and Innovation, 2006, Palgrave Macmillan, Basingstoke und New York, S. 10 – 17

Hanami, Tadashi / Komiya, Fumito, Labour Law in Japan, 2011, Kluwer Law International, Alpena an den Rijn

Hashimoto, Shuichi, Unionization of Non-Regular Workers by Enterprise Unions, Japan Labor Review, Vol. 9 (2012), No. 1, S. 25 – 43

Hashimoto, Yoko, Erweiterung der Beschäftigungsformen und aktuelle Entwicklung des Arbeitsrechts in Japan, Zeitschrift für japanisches Recht, Vol. 17 (2004), S. 67 – 85

Hemmert, Martin, Konflikte zwischen Klein- und Großunternehmen: Ist die Struktur der japanischen Industrie dualistisch?, in: Krebs, Gerhard / Küppers, Andreas N. (Hrsg.), Japanstudien Band 3, 1992, iudicium Verlag, München

Hirobe, Naoko, Regulating „Atypical Work“ in the EU and in Japan, in: Ueta, Takako / Remacle, Éric (Hrsg.), Japan and Enlarged Europe: Partners in Global Governance, 2005, Presses Interuniversitaires Européennes, Brüssel, S. 211 – 229

Höpfner, Clemens, „Arbeitsrecht und Methode" – Kölner Konferenz am 1. und 2.10.2010, Neue Zeitschrift für Arbeitsrecht – Beilage 2011, S. 97 – 99

Holzhausen, Arne, Japanese Employment Practices in Transition: Promotion Policy and Compensation Systems in the 1990s, Social Science Japan Journal, Vol. 3 (2000), No. 2, S. 221 – 235

Hornsby, Anne, Lifetime Employment in Japan: Myths and Misconceptions, ASIANetwork Exchange, Vol. 12 (2004), No. 2, S. 19 – 21

Hunnekuhl, Peter / zu Dohna-Jaeger, Verena, Ausweitung des Arbeitnehmer-Entsendegesetzes auf die Zeitarbeitsbranche – Im Einklang mit der Verfassung?, Neue Zeitschrift für Arbeitsrecht 2007, S. 954 – 958

Ikezoe, Hirokuni, Legal Concept of "Employee" in Labor Protective Laws of Japan – From an Analysis of Court Cases -, Japan Labor Review, Vol. 3 (2007), No. 3, S. 121 – 139

Imai, Jun, The Expanding Role of Temporary Help Agencies in Japan's Emerging External Labor Market, Japanese Studies, Vol. 29 (2009), No. 2, S. 255 – 271

Imai, Jun, The Rise of Temporary Employment in Japan: Legalisation and Expansion of a Non-Regular Employment Form, Duisburger Arbeitspapiere Ostasienwissenschaften, 2004, abrufbar unter: www.uni-due.de/in-east/fileadmin/publications/gruen/paper62.pdf (Zugriff zuletzt am: 2. Juni 2012)

Imai, Jun / Shire, Karen, Employment Deregulation and the Expanding Market for Temporary Labour in Japan, in: Haak, René (Hrsg.), The Changing Structure of Labour in Japan: Japanese Human Resource Management: between Continuity and Innovation, 2006, Palgrave Macmillan, Basingstoke und New York, S. 78 – 89

Index Mundi, Japan – GDP – real growth rate, abrufbar unter: www.indexmundi.com/g/g.aspx?c=ja&v=66 (Zugriff zuletzt am: 3. Juni 2012)

Internationaler Währungsfond , Japan: A tale of stubborn deflation and weak growth, Juni 2003, abrufbar unter: www.imf.org/external/pubs/ft/fandd/2003/06/pdf/country.pdf (Zugriff zuletzt am: 2. Juni 2012)

Ishida, Makoto / Kuroiwa, Yoko / Akimoto, Yoko, Labor Law, Waseda Bulletin of Comparative Law, Vol. 28 (2010), S. 126 – 134

Ishiguro, Kuniko, Japanese Employment in Transformation: The Growing Number of Non-Regular Workers, Electronic Journal of Contemporary Japanese Studies, Artikel 10 in 2008, abrufbar unter: www.Japanesestudies.org.uk/articles/2008/Ishiguro.html (Zugriff zuletzt am: 30. Mai 2012)

Iwasa, Takuro, The Japanese Lifetime Employment Model – In Changing European Academic Images –, Osaka Keidai Ronshu, Vol. 62 (2011), No. 1, S. 73 – 86

Iwasawa, Yuji, International Human Rights Adjudication in Japan, in: Conforti, Benedetto / Francioni, Francesco (Hrsg.), Enforcing International Human Rights in Domestic Courts, 1997, Kluwer Law International, The Haag, S. 223 – 293

Iwasawa, Yuji, International Law in the Japanese Legal Order: Recent Developments, Proceedings of the Annual Meeting (American Society of International Law), Vol. 91 (1997), S. 301 – 307

Japan Documentation Center, A review of the Deregulation Promotion Program in FY1996: a new Japan with creative thinking, 1996, abrufbar unter: lcweb2.loc.gov/cgi-bin/query/r?frd/jdc:@field(DOCID+@lit(LRS96-12 480)) (Zugriff zuletzt am: 1. Juni 2012, enthält nur eine Zusammenfassung des Aufsatzes)

Japan External Trade Organization (JETRO), Japanese Market Report No. 66 – Regulations & Practices: The Staffing and Placement Businesses, 2003, abrufbar unter: www.jetro.go.jp/jfile/report/05000722/05000722_002 _BUP_0.pdf (Zugriff zuletzt am: 1. Juni 2012)

Japan Institute for Labour Policy and Training (JILPT), Guidelines for Balanced Treatment of Part-time Workers, Japan Labor Bulletin, Oktober 2002, S. 4 – 5

JILPT, 'Interviews' Commonly Conducted before Dispatching Workers, Japan Labor Bulletin, Januar 2002, S. 1 – 3

JILPT, Japanese Working Life Profile 2008/2009 – Labor Statistics, 2009, The Japan Institute for Labour Policy and Training Press, Tokio

JILPT, Japanese Working Life Profile 2011/2012 – Labor Statistics, 2012, The Japan Institute for Labour Policy and Training Press, Tokio

JILPT, Labor Situation in Japan and Its Analysis: General Overview 2011/2012, 2012, abrufbar unter: www.jil.go.jp/english/laborsituation/2011-2012 /general_overview/general_2011-2012.pdf (Zugriff zuletzt am: 1. Juni 2012)

JILPT, Main Labor Economic Indicators: March 2012, 2012, abrufbar unter: www.jil.go.jp/english/estatis/eshuyo/201203/esyuyou.pdf (Zugriff zuletzt am: 5. Juni 2012)

JILPT, Ministry of Health, Labour and Welfare Founded, Japan Labor Bulletin, Januar 2001, S. 1 – 2

JILPT, Recent Trends in Transfering Employees, Japan Labor Bulletin, Dezember 2001, S. 3 – 4

JILPT, Revised Worker Dispatching Law Passed, Japan Labor Bulletin, August 2003, S. 3 – 4

JILPT, "Temp-to-Perm" Services Deregulated, Japan Labor Bulletin, März 2001, S. 1 – 2

JILPT, The Current Status and the Challenges of Dispatched Work in Japan, in: JILPT (Hrsg.), Labor Situation in Japan and Analysis: Detailed Exposition 2011/2012, 2011, Japan Institute for Labour Policy and Training Press, Tokio, S. 12 – 32

JILPT, The "Freeter" Issue, Japan Labor Bulletin, November 2000, S. 2 – 4

Japan Press Weekly, 100 temporary workers win direct employment at Mazda, 2. Juli 2009, abrufbar unter: www.japan-press.co.jp/modules/news /index.php?id=1020 (Zugriff zuletzt am: 6. Juni 2012)

Japan Press Weekly, Labor bureau sees the use of ALT in Kashiwa illegal, Japan Press Weekly, 17. April 2010, abrufbar unter: www.japan-press.co.jp/modules/news/index.php?id= 264 (Zugriff zuletzt am: 1. Juni 2012)

Japan Staffing Service Association (JASSA), Operation of the Association/Organizational History, abrufbar unter: www.jassa.jp/english/operation.html (Zugriff zuletzt am: 1. Juni 2012)

JASSA, Profile of JASSA (Japan Staffing Service Association), abrufbar unter: www.jassa.jp/english/profile.html (Zugriff zuletzt am: 1. Juni 2012)

Japan Times Online, Security for dispatch workers, The Japan Times Online, 2. März 2010, anrufbar unter: www.japantimes.co.jp/text/ed20100302a1.html (Zugriff zuletzt am: 1. Juni 2012)

Jehle, Jörg-Martin / Lipp, Volker / Yamanaka, Keiichi, Vorwort der Herausgeber, in: Jehle, Jörg-Martin / Lipp, Volker / Yamanaka, Keiichi (Hrsg.), Rezeption und Reform im japanischen und deutschen Recht: Zweites Rechtswissenschaftliches Symposion Göttingen – Kansai, 2008, Universitätsverlag Göttingen, Göttingen, S. 5 – 7

Kagawa, Kozo, Deregulation Policy of Labour Laws in Japan, Journal of International Cooperation Studies, Vol. 7 (1999), No. 1, S. 1 – 14

Kamiya, Setsuko, More pros than cons in 'temp-to-perm', The Japan Times Online, 28. November 2000, abrufbar unter: www.japantimes.co.jp/text/nb20001128a5.html (Zugriff zuletzt am: 1. Juni 2012)

Kato, Takao, The End of Lifetime Employment in Japan?: Evidence from National Surveys and Field Research, Journal of the Japanese and International Economics, Vol. 15 (2001), S. 489 – 514

Kaufman, Bruce E., The global evolution of industrial relations: Events, ideas and the IIRA, 2004, International Labour Office, Genf

Kegan, Amelia S., As a Negative Right, Article 25 Can Have a Positive Effect Combating Japan's Poverty, Pacific Rim Law and Policy Journal, Vol. 17 (2008), S. 735 – 766

Keizer, Arjan B., Non-Regular Employment in Japan: Continued and Renewed Dualities, 2007, Working Paper Series, Working Paper No. 07/13, abrufbar unter: www.brad. ac.uk/acad/management/external/pdf/working-papers/2007/Booklet_07-13.pdf (Zugriff zuletzt am: 5. Juni 2012)

Kezuka, Katsutoshi, Legal Problems Concerning Part-time Work in Japan, Japan Labor Bulletin, September 2000, S. 6 – 12

Kimura, Fukunari , Subcontracting and the Performance of Small and Medium Firms in Japan, 2001, abrufbar unter: wb.rcsme.ru/texts/3_eng.pdf (Zugriff zuletzt am: 1. Juni 2012)

Kimura, Takuma, 製造業務請負の事例に見る業務請負適正化の課題 (Die Umsetzung des Überlassungsvertrages im produzierenden Gewerbe), 日本労働研究雑誌 (Journal für Japanische Arbeitsstudien), Vol. 582 (2009), S.40 – 50

Kingston, Jeff, Contemporary Japan: History, Politics, and Social Change since the 1980s, 2011, Wiley-Blackwell Press, Chichester, West Sussex

Kishimoto, Takeshi, Japanese Employment Measures in the Face of a Global Recession, Social Science Japan, September 2009, S. 3 – 6

Kittner, Michael / Zwanziger, Bertram / Deinert, Olaf, Arbeitsrecht, 6. Auflage, 2011, Bund Verlag, Frankfurt am Main

Kobayashi, Yoshinobu, Revising the Worker Dispatching Act: The Real Story Behind the Non-regular Employment Saga, Social Science Japan, September 2009, S. 11 – 14

Kojima, Noriaki / Fujikawa, Keiko, Nonstandard Work Arrangements in Japan and the United States, in: Houseman, Susan / Osawa, Machiko (Hrsg.), Nonstandard Work in Developed Economies: Causes and Consequences, 2003, W. E. Upjohn Institute for Employment Research, Kalamazoo, Michigan, S. 389 – 422

Kojima, Noriaki / Fujikawa, Keiko, The Meaning and Issues of the Amendment Act of Temporary Work Business, Osaka University Law Review, Vol. 47 (2000), S. 31 – 42

Kojima, Noriaki / Fujikawa, Keiko, Three Issues on Amendment of the Worker Dispatch Law – Amendment should be based on proper data reflecting agency workers' voice –, Osaka University Law Review, Vol. 50 (2003), S. 21 – 32

Kojima, Shinji, When dismissal becomes a business transaction: Analysis of the processes and consequences of haken-giri under the global recession, Contemporary Japan, Vol. 22 (2010), S. 23 – 45

Komiya, Fumito, Japan, in: Blanpain, Roger (Hrsg.), Private Employment Agencies, 1999, Kluwer Law International, The Hague, S. 281 – 298

Konishi, Kunitomo, Unfaire Arbeitgebermaßnahmen, in: Mukooyama, Hirô / Akuzawa, Kameo / Hanau, Peter (Hrsg.), Studien zum japanischen Arbeitsrecht, 1984, Carl Heymanns Verlag KG, Köln, S. 69 – 77

Kubo, Keiji / Marutschke, Peter, Einleitung: Die Regelung des Arbeitsverhältnisses in der japanischen Rechtsordnung, in: Marutschke, Peter (Hrsg.), Arbeitsordnungen und Tarifverträge japanischer Unternehmen, 1999, Carl Heymanns Verlag KG, Köln, S. 1 – 27

Kuwahara, Yasuo , What does the Increase of Temporary Workers bring to the Japanese Employment System?, Japan Labor Bulletin, Februar 1985, S. 5 – 8

Lembke, Mark, Befristung von Arbeitsverträgen mit Leiharbeitnehmern nach "Hartz I", Der Betrieb 2003, S. 2702 – 2706

Lembke, Mark, Die geplanten Änderungen im Recht der Arbeitnehmerüberlassung, Der Betrieb 2011, S. 414 – 420

Leuchten, Alexius, Das neue Recht der Leiharbeit: Die wesentlichen Neuerungen im AÜG, Neue Zeitschrift für Arbeitsrecht 2011, S. 608 – 612

Lincoln, James R. / Ahmadjian, Christina, Shukko (Employee Transfers) and Tacit Knowledge Exchange in Japanese Supply Networks: The Electronic Industry Case, Working Paper No. 75, 2000, University of California, Berkeley, Institute of Industrial Relations, abrufbar unter: escholarship.org/uc/item/6pv144kk (Zugriff zuletzt am: 1. Juni 2012)

Maki, John M., Court and Constitution in Japan: Selected Supreme Court Decisions, 1948-60, 1964, University of Washington Press, Seattle

Marutschke, Hans Peter, Einführung in das japanische Recht, 1999, C. H. Beck Verlag, München

Matanle, Peter, Beyond Lifetime Employment? Re-fabricating Japan's Employment Culture, in: Matanle, Peter / Lusing, Wim (Hrsg.), Perspectives on Work, Employment and Society in Japan, 2006, Palgrave Macmillan, Basingstoke und New York, S. 58 – 78

Matsumoto, Naoko, Transfer europäischer Rechtsnormen nach Japan, Europäische Geschichte Online, 3. Dezember 2010, abrufbar unter: www.ieg-ego.eu/en/threads/europe-and-the-world/european-overseas-rule/transfer-europaeischer-rechtsnormen/naoko-matsumoto-transfer-europaeischer-rechtsnormen-nach-japan (Zugriff zuletzt am: 5. Juni 2012)

Matsuura, Yuko, 派遣社員保護へ一歩： 改正派遣法案きょう成立 (Ein Schritt in Richtung Leiharbeitnehmer-Schutz: Heute Verabschiedung des Gesetzesentwurfs für verbesserte Leiharbeit), 朝日新聞 (Asahi Shimbun), 28. März 2012.

Menkhaus, Heinrich / Meinhardt, Falk, "Neues" Kündigungsschutzrecht in Japan?!, Zeitschrift für ausländisches und internationales Arbeits- und Sozialrecht 2004, S. 201 – 215

Minagawa, Hiroyuki, 労働者派遣をめぐる法的問題 (Rechtliche Probleme bei der Arbeitnehmerüberlassung), 日本労働研究雑誌 (Studien zum japanischen Arbeitsrecht), Vol. 582 (2009), S. 4 – 12

Ministerium für Gesundheit, Arbeit und Soziales, 平成20年派遣労働者実態調査 (Allgemeine Untersuchung zur Arbeitnehmerüberlassung im Jahr 2008), 2008, auf Anfrage beim Ministerium erhältlich (englische Fassung)

Ministerium für Gesundheit, Arbeit und Soziales, 労働者派遣事業の適正な運営の確保及び派遣労働者の就業条件の整備等に関する法律等の一部を改正する法律新旧対照条文 (Gegenüberstellung von alten und neuen Regelungen insbesondere das Änderungsgesetz zum Gesetz zur Sicherstellung der ordnungsgemäßen Durchführung von Arbeitnehmerüberlassungsgeschäften und der Verbesserung der Arbeitsbedingungen von

Leiharbeitnehmern, 2012, abrufbar unter: www.mhlw.go.jp/seisakunitsuite/bunya/koyou_ roudou/koyou/haken-shoukai/dl/tp120410.pdf (Zugriff zuletzt am: 5. Juni 2012)

Ministerium für Gesundheit, Arbeit und Soziales, 平成22年労働組合基礎調査の概況 (Übersicht zur Grunderhebung bezüglich Gewerkschaften aus dem Jahr 2010), 2010, abrufbar unter: www.mhlw.go.jp/toukei/itiran/roudou/roushi/kiso/10/kekka03.html (Zugriff zuletzt am: 25. Mai 2012)

Ministerium für Gesundheit, Arbeit und Soziales, 平成20年派遣労働者実態調査結果の概要 (Zusammenfassung der Untersuchungsergebnisse zur Leiharbeit 2008), 2008, abrufbar unter: www.mhlw.go.jp/toukei/itiran/roudou/koyou/haken/08/index.pdf (japanische Fassung, Zugriff zuletzt am: 27. Mai 2012)

Mizumachi, Yuichiro, Why Are There Many Expendable Workers in Japan? Issues and Mechanisms Underlying the Non-Regular Worker Problem, Social Science Japan, September 2009, S. 7 – 10

Mizushima, Ikuko, Recent Trends in Labour Market Regulations, Japan Labor Review, Vol. 1 (2004), No. 4, S. 6 – 26

Moriguchi, Chiaki / Ono, Hiroshi, Institutional Change in Japan – Japanese Lifetime Employment: A Century's Perspective, 2004, abrufbar unter: swopec.hhs.se/eijswp/papers/eijswp0205.pdf (Zugriff zuletzt am: 25. Mai 2012)

Morozumi, Michiyo, Balanced Treatment and Bans on Discrimination – Significance and Issues of the Revised Part-Time Work Act –, Japan Labor Review, Vol. 6 (2009), No. 2, S. 39 – 55

Müller-Glöge, Rudi / Preis, Ulrich / Schmidt, Ingrid, Erfurter Kommentar zum Arbeitsrecht, 12. Auflage, 2012, C. H. Beck Verlag, München

Muranaka, Takashi, Der Gleichheitsgrundsatz im Arbeitsrecht, in: Tomandl, Theodor (Hrsg.), Arbeitsrecht und Arbeitsbeziehungen in Japan, 1991, Wirtschaftsverlag Dr. Anton Orac, Wien, S. 167 – 175

Muranaka, Takashi, Die Bereinigung von Streitfällen, in: Tomandl, Theodor (Hrsg.), Arbeitsrecht und Arbeitsbeziehungen in Japan, 1991, Wirtschaftsverlag Dr. Anton Orac, Wien, S. 217 – 245

Muranaka, Takashi, Kollektive Verhandlungen und sonstige Formen der Kommunikation, in: Tomandl, Theodor (Hrsg.), Arbeitsrecht und Arbeitsbeziehungen in Japan, 1991, Wirtschaftsverlag Dr. Anton Orac, Wien, S. 105 – 115

Nakakubo, Hiroya , Should the Treatment of Regular and Part-time Workers be Equalized? Discrepancies in Conditions and 'Focused' Legal Regulations, Japan Labor Bulletin, Oktober 2002, S. 6 – 7

Nakakubo, Hiroya, The 2003 Revision of the Labor Standards Law: Fixed-term Contracts, Dismissal and Discretionary-work Schemes, Japan Labor Review, Vol. 1 (2004) No. 2, S. 4 – 25

Nakanishi, Kaname, The Current State of Japan's Non-Regular Workers, Mainly Temporary Workers, 2009, abrufbar unter: www.iadllaw.org/files/Kaname%20NAKANISHI%20The%20Current%20State%20of%20Japan%E2%80%99s%20Non-Regular%20Workers,%20Mainly%20Temporary%20Workers.doc (Zugriff zuletzt am: 2. Juni 2012)

Nakata, Yoshi-Fumi / Miyazaki, Satoru, Increasing Labor Flexibility during the Recession in Japan: The Role of Female Workers in Manufacturing, 2007, abrufbar unter: www.irle.berkeley.edu/events/fall07/symposium/nakata.pdf (Zugriff zuletzt am: 1. Juni 2012)

Nanto, Dick K., The Global Financial Crisis: Lessons from Japan's Lost Decade of the 1990s, 2009, abrufbar unter: fpc.state.gov/documents/organization/125542.pdf (Zugriff zuletzt am: 1. Juni 2012)

Niemann, Sonja / Sauga, Michael / Schlegel, Christoph, Die deutsche Krankheit, Der Spiegel 6/2002, S. 82 – 90

Nishimura, Kenichiro, Die Beendigung des Arbeitsvertrags, in: Tomandl, Theodor (Hrsg.), Arbeitsrecht und Arbeitsbeziehungen in Japan, 1991, Wirtschaftsverlag Dr. Anton Orac, Wien, S. 189 – 198

Nishimura, Kenichiro, Die Lohnzahlungspflicht des Arbeitgebers, in: Tomandl, Theodor (Hrsg.), Arbeitsrecht und Arbeitsbeziehungen in Japan, 1991, Wirtschaftsverlag Dr. Anton Orac, Wien, S. 143 – 152

Nishitani, Satoshi, Flexibilisierung der Beschäftigung und des Arbeitsrechts in Japan, Zeitschrift für japanisches Recht, Vol. 10 (2000), S. 73 – 84

Nishitani, Satoshi, Kündigungsschutzrecht in Japan, Arbeit und Recht 2001, S. 444 – 451

Nishitani, Satoshi, Vergleichende Einführung in das japanische Arbeitsrecht (übersetzt von Monika und Hans-Peter Marutschke), 2003, Carl Heymanns Verlag KG, Köln

Nitta, Michio, Temporary Worker Termination and the Employment Portfolio Systems, Social Science Japan, September 2009, S. 15 – 17

North, Scott, Japan's temps may get new deal, sorts of, The Asia Times Online, 27. Januar 2010, abrufbar unter: www.atimes.com/atimes/Japan/LA27D h01.html (Zugriff zuletzt am: 2. Juni 2012)

Odagawa, Yoshikazu, Statement On Prime Minister Hatoyama's resignation, 2. Juni 2010, abrufbar unter: www.zenroren.gr.jp/jp/english/2010/06/english100604_01.html (Zugriff zuletzt am: 1. Juni 2012)

Ono, Hiroshi, Lifetime Employment in Japan: Concepts and Measurements, SSE/EFI Working Paper Series in Economics and Finance No. 624, 2007, abrufbar unter: swopec.hhs.se/hastef/papers/hastef0624.pdf (Zugriff zuletzt am: 1. Juni 2012)

Oshige, Kotaro, Arbeitsmarktstruktur und industrielle Beziehungen in Japan: Eine Bestandsaufnahme mit Thesen zur Zukunftsentwicklung, Duisburger Arbeitspapiere Ostasienwissenschaften No. 50/2003, 2003, abrufbar unter: www.iaq.uni-due.de/aktuell/veroeff/2003/oshige_paper.pdf (Zugriff zuletzt am: 26. Mai 2012)

Ouchi, Shinya, Change in Japanese Employment Security: Reflecting on the Legal Points, Japan Labor Bulletin, Januar 2002, S. 7 – 11

Ouchi, Shinya, Legal Problems Surrounding the Practice of Farming Out: The Nippon Steel Corporation Case, Japan Labor Bulletin, Juli 2003, S. 6 – 9

Ouchi, Shinya, The Actual Legal Problems on Labor Contract in Japanese Labor Law – Impact of the "Individualization" of Working Conditions –, Kobe University Law Review, Vol. 36 (2002), S. 1 – 17

Pascha, Werner, Wirtschaft, in: Kevenhörster, Paul / Pascha, Werner / Shire, Karen (Hrsg.), Japan: Wirtschaft – Gesellschaft – Politik, 2. Auflage, 2010, Verlag für Sozialwissenschaften, Wiesbaden, S. 11 – 163

Patterson, Patrick O., Report on the Joint Symposia on Employment in Japan, 1998, abrufbar unter: www.ubuntuworks.com/ubuntuworks/Japan_files/Japan%20Symposia%20Report.pdf (Zugriff zuletzt am: 1. Juni 2012)

Port, Kenneth L. / McAlinn, Gerald Paul, Comparative Law: Law and the Legal Process in Japan, 2. Auflage, 2003, Carolina Academic Press, Durham

Porter, Eduardo, Whoops! It's 1985 All Over Again, New York Times Online, 19. Dezember 2004, www.nytimes.com/2004/12/19/business/yourmoney/19doll.html (Zugriff zuletzt am: 1. Juni 2012)

Powell, Benjamin, Explaining Japan's Recession, The Quarterly Journal of Austrian Economics, Vol. 5 (2002), No. 2, S. 35 – 50

Rahn, Guntram, Rechtsdenken und Rechtsauffassung in Japan, 1990, C. H. Beck Verlag, München

Rebick, Marcus, The Japanese Employment System: Adapting to a New Economic Environment, 2005, Oxford University Press, Oxford

Reichold, Hermann, Grundlagen und Grenzen der Flexibilisierung im Arbeitsvertrag, Recht der Arbeit 2002, S. 321 – 333

Reim, Uwe, Neue Flexibilität bei der Leiharbeit, Zeitschrift für Tarifrecht 2003, S. 106 – 113

Richardi, Reinhard et al., Münchner Handbuch zum Arbeitsrecht, 2. Band, 3. Auflage, 2009, C. H. Beck Verlag, München

Richter, Klaus, Die Harmonisierung des europäischen Privatrechts und ihre Auswirkungen auf das japanische BGB, Referat zur Tagung „Globalisierung und Recht – Beiträge Japans und Deutschlands zu einer internationalen Rechtsordnung im 21. Jahrhundert“, Tokio (29.9. – 1.10.2005), abrufbar unter: www.klaus-richter.eu/fileadmin/user_upload/klausrichter /standard/pdf/japan_kr.pdf (Zugriff zuletzt am: 1. Juni 2012)

Rieble, Volker / Klebeck, Ulf, Lohngleichheit für Leiharbeit, Neue Zeitschrift für Arbeitsrecht 2003, S. 23 – 29

Röhl, Wilhelm, Die historische Entwicklung des japanischen Rechts, in: Baum, Harald / Stiege, Tatjana (Hrsg.), Japan – Kultur und Recht. Eine Einführung: Symposium der EL§A-Bayreuth, 11. – 13. Februar 1993, 1993, Deutsch-Japanische Juristenvereinigung, Hamburg, S. 39 – 57

Rolfs, Christian et al., Beck'scher Online-Kommentar Arbeitsrecht, Stand März 2012, Edition: 23, C. H. Beck Verlag, München

Rüthers, Bernd, Mehr Beschäftigung durch Entrümpelung des Arbeitsrechts?, Neue Juristische Wochenzeitschrift 2003, S. 546 – 552

Rusch, Arnold F., Methoden und Ziele der Rechtsvergleichung, Jusletter 13. Februar 2006, abrufbar unter: www.arnoldrusch.ch/pdf/060213rechtsvergleichung.pdf (Zugriff zuletzt am: 1. Juni 2012)

Saito, Takashi / Vuszkun, Balazs, What is the Lifetime of the ‚Lifetime Employment‘? Empirical Research from Japan, Journal of Asia Pacific Studies, Vol. 1 (2010), No. 3, S. 591 – 614

Sakuraba, Ryoko, Effectiveness of the Labour Law and the Role of the Labour Inspection in Japan, 2011, abrufbar unter: www.congresomundial-trabajo 2012.com/wp-content/uploads/2011/01/Ryoko-Sakuraba.pdf (Zugriff zuletzt am: 2. Juni 2012)

Sakuraba, Ryoko, Employment Discrimination Law in Japan: Human Rights or Employment Policy?, in: JILPT, New Developments in Employment Discrimination Law, JILPT Report No. 6, 2008, The Japan Institute for Labour Policy and Training Press, Tokio

Sanders, Anne, Die japanische Rezeption europäischen Zivilrechts – Ein Modell für die europäische Rechtsvereinheitlichung?, Zeitschrift für europäisches Privatrecht 2002, S. 96 – 121

Sandmann, Georg / Marschall, Dieter / Schneider, Tobias, Arbeitnehmerüberlassungsgesetz, Stand Dezember 2011, Luchterhand Verlag, Köln

Sansone, Piero, Gleichstellung von Leiharbeitnehmern nach deutschem und Unionsrecht, 2011, Nomos Verlagsgesellschaft, Baden-Baden

Sato, Hiroki, Atypical Employment: A Source of Flexible Work Opportunities?, Social Science Japan Journal, Vol. 4 (2001), No. 2, S. 161 – 181

Sato, Hiroki, Use of On-site Contract Workers in the Manufacturing Sector and Revision of the Worker-dispatching Law, Japan Labor Bulletin, April 2003, S. 7 – 11

Schad-Seifert, Annette, Japans kinderarme Gesellschaft: Die niedrige Geburtenrate und das Gender-Problem, Working Paper 06/1, Deutsches Institute für Japanstudien, 2006, abrufbar unter: www.dijtokyo.org/doc/WP0601 SchadSeifert.pdf (Zugriff zuletzt am: 1. Juni 2012)

Schaede, Ulrike, Choose and Focus: Japanese Business Strategies for the 21st Century, 2008, Cornell University Press, Ithaca

Schenck, Paul-Christian, Der deutsche Anteil an der Gestaltung des modernen japanischen Rechts- und Verfassungswesens: Deutsche Rechtsberater im Japan der Meiji-Zeit, 1997, Franz Steiner Verlag, Stuttgart

Schindele, Fritz, Tarifpolitik auf den Kopf gestellt: Tarifliche Abweichung von equal pay in der Leiharbeit, Arbeit und Recht 2008, S. 31 – 36

Schlachter, Monika / Meinhardt, Falk, Das flexible Arbeitsverhältnis – ein Blick nach Japan, Recht der Internationalen Wirtschaft 2003, S. 764 – 773

Schregle, Johannes, Dismissal protection in Japan, International Labour Review, Vol. 132 (1993), No. 4, S. 507 – 520

Schüren, Peter, Arbeitnehmerüberlassungsgesetz, 2. Auflage, 2003, C. H. Beck Verlag, München

Schüren, Peter, Das Synchronisationsverbot bei der gewerbsmäßigen Arbeitnehmerüberlassung, in: Heinze, Meinhard / Söllner, Alfred (Hrsg.), Arbeitsrecht in der Bewährung: Festschrift für Otto Rudolf Kissel zum 65. Geburtstag, 1994, C. H. Beck Verlag, München, S. 1037 – 1053

Schüren, Peter, Die Verfassungsmäßigkeit der Reform des Arbeitnehmerüberlassungsgesetzes – ein Rückblick mit Ausblicken, Recht der Arbeit 2006, S. 303 – 307

Schüren, Peter / Behrend, Britta, Arbeitnehmerüberlassung nach der Reform – Risiken der Neuen Freiheit, Neue Zeitschrift für Arbeitsrecht 2003, S. 521 – 526

Schüren, Peter / Hamann, Wolfgang, Kommentar zum Arbeitnehmerüberlassungsgesetz, 4. Auflage, 2010, C. H. Beck Verlag, München

Seifert, Hartmut, Atypical Employment in Japan and Germany, 2010, abrufbar unter: www.jil.go.jp/profile/documents/Seifer t.pdf (Zugriff zuletzt am: 1. Juni 2012)

Sekretariat des Kabinetts, Management and Coordination Agency, abrufbar unter: www.kantei.go.jp/foreign/link/link2.html (Zugriff zuletzt am: 1. Juni 2012)

Shimoi, Takashi, Arbeitnehmer- und Arbeitgeberbegriff, in: Tomandl, Theodor (Hrsg.), Arbeitsrecht und Arbeitsbeziehungen in Japan, 1991, Wirtschaftsverlag Dr. Anton Orac, Wien, S. 127 – 139

Shimoi, Takashi, Geschichtliche Entwicklung und Grundstruktur des japanischen Arbeitsrechts, in: Tomandl, Theodor (Hrsg.), Arbeitsrecht und Arbeitsbeziehungen in Japan, 1991, Wirtschaftsverlag Dr. Anton Orac, Wien, S. 43 – 58

Shinoda, Toru, Which side are you on?: Hakenmura and the Working Poor as a Tipping Point in Japanese Labor Politics, Japan Focus, 10. April 2009, abrufbar unter: japanfocus.org/-Toru-Shinoda/3113 (Zugriff zuletzt am: 1. Juni 2012)

Shire, Karen, Stability and Change in Japanese Employment Institutions: The Case of Temporary Work, ASIEN, Vol. 84 (2002), S. 21 – 30

Shire, Karen / van Jaarsveld, Danielle, The Temporary Staffing Industry in Protected Employment Economies: Germany, Japan and the Netherlands, 2008, abrufbar unter: web.mit.edu/is08/pdf/shire_vanJaarsveld.pdf (Zugriff zuletzt am: 2. Juni 2012)

Song, Jiyeoun, Japan's Labor Market Reform after the Collapse of the Bubble Economy: Political Determinants of Regulatory Changes, Asian Survey, Vol. 50 (2010), No. 6, S. 1011 – 1031

Statistikbüro des Ministeriums für Internationale Angelegenheiten und Kommunikation, Statistical Handbook of Japan 2011, 2011, abrufbar unter: www.stat.go.jp/english/data/handbook/pdf/c12cont.pdf (Zugriff zuletzt am: 1. Juni 2012)

Sugeno, Kazuo, Japanese Labor Law (übersetzt von Leo Kanowitz), 1992, University of Washington Press, Seattle

Sugeno, Kazuo, Shukko (Transfers to Related Firms): An Aspect of the Changing Labor Market in Japan, Japan Labor Bulletin, April 1989, S. 3 – 8

Sugeno, Kazuo, The Birth of the Labor Tribunal System in Japan: A Synthesis of Labor Law Reform and Judicial Reform, Comparative Labor Law and Policy Journal, Vol. 25 (2005), S. 519 – 533

Suwa, Yasuo, Flexibility and security in employment: The Japanese Case, The International Journal of Comparative Labour Law and Industrial Relations, Vol. 6 (1990/91), No. 4, S. 229 – 267

Suwa, Yasuo, Relation of Collective Agreement to Rules of Employment, Japan Labor Bulletin, März 1993, S. 5 – 8

Suzuki, Hiromasa, The Changing Models of Human Resource Management in Japanese Firms: A Long-Term-View, in: Haak, René (Hrsg.), The Changing Structure of Labour in Japan: Japanese Human Resource Management: between Continuity and Innovation, 2006, Palgrave Macmillan, Basingstoke und New York, S. 18 – 30

Takahashi, Hiroyasu, 労働者派遣法の改正について（1）(Zur Überarbeitung des Arbeitnehmerüberlassungsgesetzes Teil 1), 5. April 2012, im Internet abrufbar: j-net21.smrj.go.jp/well/law/column/1_26.html (Zugriff zuletzt am: 1. Juni 2012)

Takeuchi-Okuno, Hisashi, General Unions and Community Unions, and Japanese Labor Law, Japan Labor Review, Vol. 9 (2012), No. 1, S. 86 – 102

Takeuchi-Okuno, Hisashi, The Regulation of Fixed-Term Employment in Japan, in: Blanpain, Roger (Hrsg.), Regulation of Fixed-Term Employment Contracts: A comparative Overview, 2010, Kluwer Law International, Alphen aan den Rijn

Takeuchi-Okuno, Hisashi, The Regulation of Fixed-term Employment in Japan, in: JILPT (Hrsg.), Labor Policy on Fixed-term Employment Contracts, 2010, Japan Institute for Labour Policy and Training Press, Tokio, S. 69 – 83

Thüsing, Gregor, Arbeitnehmerüberlassungsgesetz, 2. Auflage, 2008, C. H. Beck Verlag, München

Tokyo Bar Association, 労働者派遣法の改正を求める意見書 (Stellungnahme zur Überarbeitung des Arbeitnehmerüberlassungsgesetzes), 9. Februar 2009, abrufbar unter: www.toben.or.jp/message/ikensyo/pdf/20090209_01.pdf (Zugriff zuletzt am: 1. Juni 2012)

Tomandl, Theodor, Die Arbeitsbeziehungen in Japan vor dem Hintergrund des österreichischen Modells – Zugleich eine Zusammenfassung, in: Tomandl, Theodor (Hrsg.), Arbeitsrecht und Arbeitsbeziehungen in Japan, 1991, Wirtschaftsverlag Dr. Anton Orac, Wien, S. 3 – 42

Troppenz, Elke, Leiharbeit in Japan: Arbeitsrechtliche Grundlagen und praktische Ausgestaltung, 1994, Universitätsverlag Dr. N. Brockmeyer, Bochum

Tsuchida, Michio, 下請企業の労働者に対すろ受入企業の団体交渉上の使用者性 − −朝日放送事件 (Die Arbeitgebereigenschaft des Nutzerunternehmens gegenüber Arbeitnehmern des beauftragten Unternehmens bei Kollektivverhandlungen – der Asahi-Broadcasting-Fall), ジュリスト (Jurist), No. 1075 (1995), S. 147 – 153

Tsuchida, Michio, Career Formation and Balanced Treatment of Part-time Workers: An Examination Focusing on Legal Policy, Japan Labor Review, Vol. 1 (2004), No. 4, S. 27 – 47

Tsuneki, Atsushi / Matsunaka, Manabu, Labor Relations and Labor Law in Japan, Pacific Rim Law and Policy Journal, Vol. 20 (2011), No. 3, S. 529 – 561

Ueno, Setsuko / Ohba, Yuko / Takahashi, Hiroyuki, Japan, in: Collins, Erika C. (Hrsg.), The Employment Law Review, 2. Auflage, 2011, Law Business Research Ltd., London, S. 319 – 333

Ulber, Jürgen, Arbeitnehmerüberlassungsgesetz, 3. Auflage, 2006, Bund-Verlag, Frankfurt am Main

Ulber, Jürgen, Die Richtlinie zur Leiharbeit, Arbeit und Recht 2010, S. 10 – 15

Ulber, Jürgen, Personal-Service-Agenturen und Neuregelung der Arbeitnehmerüberlassung: Änderungen des AÜG durch das Erste Gesetz für moderne Dienstleistungen am Arbeitsmarkt, Arbeit und Recht 2003, S. 7 – 15

Untersuchungs- und Beratungskomitee zum ASG , 労働基準法研究会報告（労働基準法の「労働者」の判断基準について） [Untersuchungsbericht zum Arbeitsstandardgesetz (Beurteilungskriterien zum Begriff „Arbeitnehmer“ im ASG)], 19. Dezember 1985, abrufbar unter: www.mhlw.go.jp/stf/shingi/2r9852000000xgbw-att/2r9852000000xgi8.pdf (Zugriff zuletzt am: 1. Juni 2012)

Upham, Frank K., Stealth Activism: Norm Formation by Japanese Courts, Washington University Law Review, Vol. 88 (2011), S. 1493 – 1505

Urban-Crell, Sandra / Germakowski, Gudrun, Arbeitnehmerüberlassungsgesetz, 2010, Luchterhand Verlag, Köln

Uzama, Austin, A Critique of Lifetime Employment in Japan (Shushinkoyou), Ritsumeikan Asia Pacific Journal, Vol. 24 (2008), No. 3, S. 71 – 86

Vereinte Nationen, Concluding Observations of the Committee on Economic, Social and Cultural Rights: Japan, 24.09.2001, E/C.12/1/Add.67., abrufbar unter: www.unhchr.ch/tbs/doc.nsf/%28Symbol%29/E.C.12.1.Add.67.En?Opendocument (Zugriff zuletzt am: 2. Juni 2012)

Vogel, Steven K., Japan Remodeled: How Government and Industry are reforming Japanese Capitalism, 2006, Cornell University Press, Ithaca

Wadoku e. V., Japanisch-Deutsches Wörterbuch, abrufbar unter: www.wadoku.de (Zugriff zuletzt am: 5. Juni 2012)

Waldenberger, Franz, The Evolution of the Japanese Employment System in Comparative Perspective, in: Matanle, Peter / Lunsing, Wim (Hrsg.), Perspectives on Work, Employment and Society in Japan, 2006, Palgrave Macmillan, Basingstoke/Hampshire, S. 8 – 30

Waltermann, Raimund, Fehlentwicklung in der Leiharbeit, Neue Zeitschrift für Arbeitsrecht 2010, S. 482 – 487

Wank, Rolf, Der Richtlinienvorschlag der EG-Kommission zur Leiharbeit und das "Erste Gesetz für moderne Dienstleistungen am Arbeitsmarkt", Neue Zeitschrift für Arbeitsrecht 2003, S. 14 – 23

Watanabe, Akira, Employee Dispatching Business Law, Japan Labor Bulletin, November 1985, S. 5 – 8

Watanabe, Akira, Outline of government and ministerial ordinances for implementing the Employee Dispatching Business Law, Japan Labor Bulletin, Juli 1986, S. 6 – 8

Weathers, Charles, Changing White-collar Workplaces and Female Temporary Workers in Japan, Social Science Japan Journal, Vol. 4 (2001), No. 2, S. 201 – 218

Weathers, *Charles*, The Rising Voice of Japan's Community Unions, in: Vinken, Henk et al. (Hrsg.), Civic Engagement in Contemporary Japan: Established and Emerging Repertoires, 2010, Springer Verlag, New York

Weathers, Charles, Women in Japan's Temporary Service Industry, JPRI Working Paper No. 85, März 2002, abrufbar unter: www.jpri.org/publications/workingpapers/wp85.html (Zugriff zuletzt am: 1. Juni 2012)

Wei-hsin, Yu, Jobs for Mothers: Married Women's Labor Force Reentry and Part-Time, Temporary Employment in Japan, Sociological Forum, Vol. 17 (2002), No. 3, S. 493 – 523

Wendehorst, Christiane C., Rezeption deutschen Zivilrechts – Was bleibt übrig im 21. Jahrhundert?, in: Jehle, Jörg-Martin / Lipp, Volker / Yamanaka, Keiichi (Hrsg.), Rezeption und Reform im japanischen und deutschen Recht: Zweites Rechtswissenschaftliches Symposion Göttingen – Kansai, 2008, Universitätsverlag Göttingen, Göttingen, S. 19 – 30

Wensing, Hans-Hubert / Freise, Agnes, Beteiligungsrechte des Betriebsrats bei der Übernahme von Leiharbeitnehmern, Betriebs-Berater 2004, S. 2238 – 2245

Yamada, Masahiro, Parasite Singles Feed on Family System, Japan Quarterly, Vol. 48 (2001), No. 1, S. 10 – 16

Yamakawa, Ryûichi, From Security to Mobility? Changing Aspects of Japanese Dismissal Law, in: Foote, Daniel H. (Hrsg.), Law in Japan: A Turning Point, 2007, University of Washington Press, Seattle, S. 483 – 520

Yamakawa, Ryûichi, Labor Law Reform in Japan: A Response to Recent Socio-Economic Changes, The American Journal of Comparative Law, Vol. 49 (2001), No. 4, S. 627 – 651

Yamakawa, Ryûichi, New Wine in Old Bottles?: Employee/Independent Contractor Distinction Under Japanese Labor Law, Comparative Labor Law and Policy Journal, Vol. 21 (1999), S. 99 – 126

Yamakawa, Ryûichi, Overhaul After 50 Years: The Amendment of the Labour Standards Law, Japan Labor Bulletin, November 1998, S. 5 – 12

Yamakawa, Ryûichi, Strangers when we met: The influence of foreign labor relations law and its domestication in Japan, Pacific Rim Law and Policy Journal 1995, S. 363 – 394

Yamakawa, Ryûichi, The Reality of "Rotating Japanese Staff", Japan Labor Bulletin, Dezember 1993, S. 5 – 8

Yasueda, Hidenobu, Die Versetzung – Rechte und Pflichten im Vollzug der Arbeitsverhältnisse, in: Tomandl, Theodor (Hrsg.), Arbeitsrecht und Arbeitsbeziehungen in Japan, 1991, Wirtschaftsverlag Dr. Anton Orac, Wien, S. 161 – 166

Zweigert, Konrad / Kötz, Hein, Einführung in die Rechtsvergleichung auf dem Gebiete des Privatrechts, 3. Auflage, 1996, J. C. B. Mohr, Tübingen

Schriften zum Arbeitsrecht und Wirtschaftsrecht

Herausgegeben von Abbo Junker

Band 1 Christoph-N. Lerche: Der Europäische Betriebsrat und der deutsche Wirtschaftsausschuß. Eine vergleichende Analyse der betrieblichen Mitwirkung der Arbeitnehmer vor dem Hintergrund der Globalisierung der Märkte. 1997.

Band 2 Christian Walter Mecke: Zur rechtlichen Verbindlichkeit kollektiver Vereinbarungen in England. 1997.

Band 3 Katja Francke: Die betriebliche Mitwirkung der Arbeitnehmer in Belgien. Unter Berücksichtigung vergleichender Aspekte zum deutschen Betriebsverfassungsrecht. 1997.

Band 4 Christian Schulze: Die Zulässigkeit einstweiliger Verfügungen gegen Betriebsänderungen. 1998.

Band 5 Stefan Miersch: Die Rechtsfolgen mitbestimmungswidriger Maßnahmen für das Arbeitsverhältnis. Eine zivilrechtsdogmatische Untersuchung. 1998.

Band 6 Heike Wegner: Internationaler Verbraucherschutz beim Abschluß von Timesharingverträgen: § 8 Teilzeitwohnrechtegesetz. 1998.

Band 7 Julia Wichmann: Dienstleistungsfreiheit und grenzüberschreitende Entsendung von Arbeitnehmern. 1998.

Band 8 Johann-Volker Peter: Société par actions simplifiée (S.A.S.). Die Vereinfachte Aktiengesellschaft in Frankreich, eine Rechtsform für die Kooperation von Unternehmen. 1999.

Band 9 Sylvia Schnelle: Der Europäische Betriebsrat in Spanien. Zugleich eine Einführung in das spanische Recht der Arbeitnehmervertretung. 1999.

Band 10 Viktoria Bornhagen: Die Zumutbarkeit als Rechtsgedanke im Arbeitsrecht. 1999.

Band 11 Thorsten Schacht: Der Übereilungsschutz beim arbeitsrechtlichen Aufhebungsvertrag. Arbeitnehmerschutz bereits de lege lata? 2000.

Band 12 Marcus Hellmann: Immobilienkauf nach spanischem Recht. 1999.

Band 13 Nicolaus Johannes Ehinger: Die juristischen Personen des öffentlichen Rechts als herrschende Unternehmen. 2000.

Band 14 Alexander Lentz: Das kollektive Arbeitsrecht der Republik Südafrika. Eine Untersuchung mit Bezügen zum deutschen Recht. 2000.

Band 15 Michaela Brunssen: Der Arbeitgeberverbandswechsel. Tarifrechtliche und arbeitskampfrechtliche Konsequenzen. 2000.

Band 16 Morten Petersenn: Das Recht des Grundstückskaufs in Südafrika. 2000.

Band 17 Stefan Krüger: Die umwandlungsrechtliche Haftungsregelung bei der Betriebsaufspaltung und ihre Analogiefähigkeit. 2001.

Band 18 Jürgen Kitzinger: Der GmbH-Geschäftsführer zwischen Arbeits- und Gesellschaftsrecht. Im Blickpunkt: Zuständigkeit der Arbeitsgerichte. 2001.

Band 19 Anja Ruge: Die Lohnersatzansprüche ehemaliger Zwangsarbeiter gegen deutsche Industrieunternehmen. 2001.

Band 20 Michael Knoll: Die Sozialauswahl im Arbeitsrecht. 2001.

Band 21 Britta Albrecht: Mediation im Arbeitsrecht. Individualarbeitsrecht und Betriebsverfassungsrecht. 2001.

Band 22 Annusch Barten: Das System der Arbeitnehmervertretung in Frankreich. 2001.

Band 23 Diane Westera: Der Wiedereinstellungsanspruch nach wirksamer Kündigung. 2001.

Band 24 Kristin Doerlich: Die Tariffähigkeit der Gewerkschaft. Eine Analyse der Mächtigkeitsrechtsprechung des Bundesarbeitsgerichts im Lichte neuerer Erfahrungen. 2002.

Band 25 Tina Witten: Vertragsgestaltung und Gesetzesbindung im Recht der Zeitarbeit. 2002.

Band 26 Martin Hellfeier: Die Leistungszeit im Arbeitsverhältnis. Eine Untersuchung zum Fixschuldcharakter der Arbeitspflicht und zu den Folgen ihrer Nichterfüllung. 2003.

Band 27 Almut Maulshagen: Betriebliche Arbeitskampfregelungen. 2003.

Band 28 Maren Band: Tarifkonkurrenz, Tarifpluralität und der Grundsatz der Tarifeinheit. 2003.

Band 29 Manuela Schulz: Der Bereitschaftsdienst in öffentlich-rechtlich organisierten Krankenhäusern. Eine rechtliche Bewertung. 2003.

Band 30 Felix Benedikt: Die Kürzung von Tariflöhnen zur Sanierung. Eine verfassungskonforme Auslegung des § 3 III TVG entsprechend § 626 BGB. 2003.

Band 31 Tim Kaden: Individuelle Bündnisse für Arbeit und Günstigkeitsprinzip. 2003.

Band 32 Simone Kreiling: Die Erstreckung betrieblicher und betriebsverfassungsrechtlicher Tarifnormen auf Außenseiter. 2004.

Band 33 Carsten Beck: Betriebliche Mitbestimmung und Kündigungsschutz. Die Funktionen betrieblicher Mitbestimmung im und deren Einfluß auf den Kündigungsschutz nach dem KSchG. 2004.

Band 34 Jost Eder: Die Regelungsabrede als Alternative zur Betriebsvereinbarung bei der Gestaltung materieller Arbeitsbedingungen. 2004.

Band 35 Christian Pfab: Wirkungsweise und Reichweite tarifvertraglicher Öffnungsklauseln. 2004.

Band 36 Julia Amlang: Die unternehmerische Entscheidungsfreiheit bei „betriebsbedingten Kündigungen" im europäischen Rechtsvergleich. Kündigung aus wirtschaftlichen Gründen in Deutschland, Frankreich, Spanien, Großbritannien und Schweden. 2005.

Band 37 Alida Milthaler: Das Fragerecht des Arbeitgebers nach den Vorstrafen des Bewerbers. 2006.

Band 38 Doreen Peter: Nebentätigkeiten von Arbeitnehmern. Interessenkollisionen von Arbeitgebern und Arbeitnehmern. 2006.

Band 39 Julia V. C. Bartlog: Das Verhältnis von Gesetz und Tarifvertrag. 2006.

Band 40 Michael Fuhlrott: Der geschädigte Arbeitnehmer. Zur Verfassungsmäßigkeit des Ausschlusses von Schmerzensgeld in der Unfallversicherung sowie zur Herleitung der Haftung bei Eigenschäden im Hinblick auf das Verschuldensprinzip. 2006.

Band 41 Femke Reinecke: Leistungsbestimmung des Arbeitnehmers. 2006.

Band 42 Maria M. Bausback: Der Bestandsschutz des Arbeitsverhältnisses auf europäischer und internationaler Ebene. Entwicklungen vom Mittelalter bis zur Gegenwart. Teil 1 / Teil 2. 2007.

Band 43 Jens Günther: AGB-Kontrolle von Arbeitsverträgen. Analyse der deutschen Rechtslage nach der Schuldrechtsreform und vergleichende Betrachtung des österreichischen Kontrollsystems. 2007.

Band 44 Claudiana Triskatis: Ethikrichtlinien im Arbeitsrecht. 2008.

Band 45 Annette Bruder: Die Weitergabe von Insiderinformationen durch Arbeitnehmervertreter. 2008.

Band 46 Ute Dietrich: Nichtraucherschutz am Arbeitsplatz. 2008.

Band 47 Markus Ebert: Übertragung und Zuordnung von Versorgungsverpflichtungen gegenüber Arbeitnehmern im Rahmen einer umwandlungsrechtlichen Spaltung. 2008.

Band 48 Susanne Schneider: Broad-based Black Economic Empowerment in der Republik Südafrika. 2008.

Band 49 Mandy Reichel: Die Einbeziehung des Außenseiter-Arbeitgebers in den Verbandsarbeitskampf. 2008.

Band 50 Abbo Junker (Hrsg.): Betriebsübergang in Europa. Symposion aus Anlass des 10-jährigen Bestehens der Schriften zum Arbeitsrecht und Wirtschaftsrecht am 10.10.2008 in München. 2009.

Band 51 Till Bender: Vorschläge zur Neuordnung des Sonderkündigungsschutzes nach MuSchG und SGB IX. 2009.

Band 52 Manuela Rauch: Die geschlechtsbezogene Diskriminierung am Arbeitsplatz nach kalifornischem Recht. 2009.

Band 53 Tina Luise Allenberg: Das französische règlement intérieur d'entreprise. Die Arbeitsordnung im französischen Arbeitsrecht. 2009.

Band 54 Bernd Haas: Anwaltliches Mandatsverhältnis zum Betriebsrat. 2009.

Band 55 Martin Fröhlich: Die erweiterte Weisungsbefugnis des Arbeitgebers im spanischen Recht. 2009.

Band 56 Stefanie Lorenzen: Inhaltskontrolle beim Betriebsübergang. Die Anpassung tariflicher Arbeitnehmerpflichten nach Privatisierungen. 2009.

Band 57 Oliver E. Aldea: Das französische Kündigungsrecht im Spannungsfeld von Abfindungen und Bestandsschutz. 2010.

Band 58 Wolfgang Stock: Die Einsetzung einer Transfergesellschaft. Unter besonderer Berücksichtigung betriebsverfassungs- und arbeitsförderungsrechtlicher Vorgaben. 2010.

Band 59 Claudia Hagedorn: Zulässigkeit und Grenzen von Tarifsozialplänen. 2010.

Band 60 Daniela Quink: Inhaltskontrolle von Freiwilligkeitsvorbehalten in Arbeitsverträgen. 2010.

Band 61 Kathrin Kentner: Arbeitskampfmittel der Arbeitgeber. 2010.

Band 62 Angela Nunes Fernandes Gil Wolf: Arbeitnehmereinsatz im Ausland. Das auf doppelte Arbeitsverhältnisse anwendbare Recht am Beispiel der Vertragsgestaltung eines internationalen Konzerns. 2010.

Band 63 Annemarie Berthold: Whistleblowing in der Rechtsprechung des Bundesarbeitsgerichts. 2010.

Band 64 Malte Koch: Die Beteiligung von Arbeitnehmervertretern an Aufsichtsrats- und Verwaltungsratsausschüssen einer Europäischen Aktiengesellschaft. 2011.

Band 65 Agnes Maria Kollerbaur: Die französische Arbeitsinspektion. Eine Untersuchung unter besonderer Berücksichtigung ihrer Rolle bei Kündigungen. 2011.

Band 66 Marcus Christian Leinenweber: Landesschlichtungsgesetze? 2011.

Band 67 Frederike Cathérine Gärtner: Die gesetzliche Regulierung von Bahnstreiks in Frankreich. Arbeitskampf vs. Kontinuität öffentlicher Dienstleistungen. 2011.

Band 68 Carolin van Straelen: Der Rollenkonflikt des Arbeitnehmervertreters zwischen Betriebsratsmitglied und Gewerkschaftsfunktionär. 2012.

Band 69 Anna Maria Jordan: Entgeltdiskriminierung in Frauenberufen? 2012.

Band 70 Dominic Köstner: Compliance-Richtlinien im Unternehmen. Arbeits- und datenschutzrechtliche Implementierungsaspekte. 2012.

Band 71 Michael Kobler: Fremdeinflüsse auf die tarifliche Willensbildung. 2012.

Band 72 Anne Kraas: Zulässigkeit und Grenzen der arbeitsvertraglichen Entgeltflexibilisierung. 2012.

Band 73 Melanie Amann: Die Belegschaftsabstimmung. 2012.

Band 74 Christina Mennemeyer: „Dritter Weg" und rechtliche Grenzen der Flexibilisierung des Arbeitsrechts der katholischen Kirche. 2012.

Band 75 Joël Philipp Hofmann: Rechtsmissbrauch und Verwirkung bei Widerspruch gegen den Übergang des Arbeitsverhältnisses nach § 613a BGB. 2013.

Band 76 Jennifer Junker: Das Recht der Arbeitnehmerüberlassung in Japan. 2013.

www.peterlang.de